企业复工复产相关法律知识指引

王国强　徐　丹　主　编
朱冠宇　王　旭　苑春壹　副主编

中国财经出版传媒集团
中国财政经济出版社

图书在版编目（CIP）数据

企业复工复产相关法律知识指引／王国强，徐丹主编．--北京：中国财政经济出版社，2020.5
ISBN 978-7-5095-9743-9

Ⅰ.①企… Ⅱ.①王…②徐… Ⅲ.①劳动法-中国-问题解答 Ⅳ.①D922.505

中国版本图书馆 CIP 数据核字（2020）第 054254 号

责任编辑：胡 博　　责任印制：刘春年
封面设计：陈宇琰　　责任校对：李 丽

中国财政经济出版社 出版

URL：http：//www.cfeph.cn
E-mail：cfeph@cfemg.cn

社址：北京市海淀区阜成路甲 28 号　邮政编码：100142
营销中心电话：010-88191537
北京财经印刷厂印装　各地新华书店经销
880×1230 毫米　32 开　9.625 印张　206 000 字
2020 年 5 月第 1 版　2020 年 5 月北京第 1 次印刷
定价：48.00 元
ISBN 978-7-5095-9743-9
（图书出现印装问题，本社负责调换）
本社质量投诉电话：010-88190744
打击盗版举报热线：010-88191661　QQ：2242791300

前　言

2020年初，一场由新型冠状病毒引发的肺炎疫情暴发，给中国人民的身体健康和生命安全造成了极大威胁，也给整个中国经济带来冲击。全国人民万众一心、同舟共济，发起了抗击疫情的举国战役，并取得重大战略成果。疫情虽然走向消退，但是，随着企业复工复产的推进，其在经济运行上的影响却逐渐显露。比如：员工因为隔离造成的误工如何处理；供销双方受疫情影响，如何处理交货付款上的延误；外贸企业如何处理因疫情导致的履约纠纷；等等。诸如此类的问题，开始困扰人们，并给经济运行造成阻滞。

法律事关每个国民、每个企业的切身利益，已经成为当代社会不可或缺的运行基础和整个社会和谐发展的维系与促进机制。基于此，我们撰写了本书，从法律的角度对抗击疫情和企业复工复产中遇到的现实问题给予解决指引，以化解社会摩擦、协调社会利益、维护社会稳定，为大众和企业提供有关矛盾的解决方案和法律建议，为经济和社会顺畅运行加油助力。

本书较为全面地阐述了疫情和复工复产中可能遇到的问题。在行文上，本书以问答的形式提供解决方案和法理依据；在特色上，本书解答简明，依据充分，逻辑清晰。

本书包括4篇内容，分别为：第1篇职工权益与保护，第2

篇企业疫情防控的主体责任与法律风险，第3篇复工复产中各行业面临的法律挑战及应对，第4篇复工复产相关纠纷的法律适用。

本书是朋信律师事务所团队建设的结晶，王国强律师和徐丹律师主持了本书的写作，具体分工为：苑春壹律师编写第1篇，王旭律师编写第2篇，王国强、徐丹律师编写第3篇，朱冠宇律师编写第4篇，最后由王国强、徐丹总纂定稿。

本书得以付梓，还要感谢众多的良师益友：高成波律师为本书提供了著作权法律咨询；东北财经大学金融学院校友会刘峰先生心系公益，热情帮助我们推荐；田玉海副编审提供了专业的出版意见，为本书厘定框架；中国财政经济出版社的王芝文老师和胡博老师为本书运筹优化、润色文字，将本书最终打磨成器；在写作过程中，我们还参考了一些专业人士的著述和研究。在此一并表示诚挚的谢意！

需要指出的是，本书写作时疫情还没有完全结束，有关法规和政策还会更新和变动。读者在应用法律建议时，还要具体分析，要注意所用法律法规的适用性，必要时还要咨询专业人士的意见。同时，由于自身的能力和水平有限，书中可能存在错漏，还请广大读者批评指正。

疾疫无情，春花有期，中国人民抗击疫情的全面胜利一定会到来。具体而微者，希望本书能给企业界的朋友带来切实、有益的帮助，那是我们最大的荣幸。

作者

2020年4月

目　录

— 第 1 篇 —
职工权益与保护

第 1 章　休假及停工期间待遇问题

1. 2020 年春节延长三天假期的性质

为应对疫情，国务院出台了延长三天春节假期的措施，这三天假期是什么性质？

【解答】 主流观点认为春节延长三天假期性质为休息日。

【分析】 为加强新型冠状病毒感染的肺炎疫情防控工作，有效减少人员聚集，国务院发布通知，将 2020 年春节假期延长到 2 月 2 日，延长了三天假期，即 1 月 31 日、2 月 1 日、2 月 2 日。

实践中对于这三天性质的认定存在争议，主要有两种观点：

观点一：这三天属于法定节假日。

观点二：这三天并非法定节假日，是国务院为应对疫情对春节假期做出的特殊安排，属于休息日。

我们倾向于第二种观点。

这三天不属于法定节假日。法定节假日有明确规定，春节期间的法定节假日只有初一、初二、初三这三天，因此延长三天假期不属于法定节假日。

这三天属于休息日。在延长的三天中，1 月 31 日是星期五，本为正常的上班时间；2 月 1 日是星期六，为调休之后的补上班时间；2 月 2 日为星期日，本就是休息日。因此，增加的假期仅为 1 月 31 日和 2 月 1 日两天。

根据《国务院关于职工工作时间的规定》，休息日指的是星期六和星期日，可以调休；在特殊条件下从事劳动和有特殊情况，需要适当缩短工作时间的，按照国家有关规定执行。国务院出台延长 2020 年春节假期的通知的目的是“为加强新型冠状病毒感染的肺炎疫情防控工作，有效减少人员聚集，阻断疫情传播，更好保障人民群众生命安全和身体健康，”符合“在特殊条件下从事劳动和有特殊情况，需要适当缩短工作时间”这一条件，因此 1 月 31 日和 2 月 1 日两天是国务院特殊安排的休息日。再加上 2 月 2 日本就是休息日，那么延长的三天假期都以休息日来对待。

【相关法律法规】

1.《国务院办公厅关于延长 2020 年春节假期的通知》：“一、延长 2020 年春节假期至 2 月 2 日（农历正月初九，星期日），2 月 3 日（星期一）起正常上班。”

2.《全国年节及纪念日放假办法》第二条：“全体公民放假的节日：……（二）春节，放假 3 天（农历正月初一、初二、初三）。”

3.《国务院关于职工工作时间的规定》第四条：“在特殊条件下从事劳动和有特殊情况，需要适当缩短工作时间的，按照国家有关规定执行。”

第七条：“国家机关、事业单位实行统一的工作时间，星期六和星期日为周休息日。企业和不能实行前款规定的统一工作时间的事业单位，可以根据实际情况灵活安排周休息日。”

2. 2020年春节延长三天假期可否折抵年假？

春节延长的三天假期能否折抵年假？

【解答】不能折抵年休假。

【分析】按照主流观点，2020年春节延长的三天假期性质为休息日。根据《职工带薪年休假条例》的规定，休息日不计入年休假的假期。因此，2020年春节延长3天假期不能折抵年休假。

【相关法律法规】

《职工带薪年休假条例》第三条第二款：“国家法定休假日、休息日不计入年休假的假期。”

3. 2020年春节延长三天假期工资怎么发？

2020年春节延长三天假期中，企业未安排员工工作和安排员工工作情况下如何发放工资？

【解答】未安排员工工作的，视为正常工作发放工资；安排员工工作的，尽量安排补休，不能安排补休的，依法支付加班工资。

【分析】如前所述，2020年春节延长三天假期以休息日来对待。因此，企业未安排员工工作的，视同正常工作发放工资；企业安排员工工作的，尽量安排补休，不能安排补休的，依法支付加班工资。这在《国务院办公厅关于延长2020年春节假期的通知》也有所体现，因疫情防控不能休假的职工，应安排补休，未休假期的工资报酬应保障落实。

此外，这种工资支付方式在我国已有先例。2015年，为纪念中国人民抗日战争暨世界反法西斯战争胜利70周年，国务院规定9月3日（星期四）放假。之后，人社部发布通知，用人单位因工作需要，在9月3日放假期间安排劳动者工作的，应支付工资报酬并安排补休；对不能安排补休的，应按照不低于劳动者本人日或小时工资标准的200%支付工资报酬。

【相关法律法规】

1.《国务院办公厅关于延长2020年春节假期的通知》："因疫情防控不能休假的职工，应根据《中华人民共和国劳动法》规定安排补休，未休假期的工资报酬应按照有关政策保障落实。"

2.《国务院关于中国人民抗日战争暨世界反法西斯战争胜利70周年纪念日调休放假的通知》（国发明电〔2015〕1号）："2015年是中国人民抗日战争暨世界反法西斯战争胜利70周年。为使全国人民广泛参与中央及各地区各部门举行的纪念活动，2015年9月3日全国放假1天。为方便公众安排假日期间生产生活，特作如下调休：9月3日至5日调休放假，共3天。其中9月3日（星期四）放假，9月4日（星期五）调休，9月6日（星期日）上班。"

3.《人力资源和社会保障部关于2015年9月3日放假期间安排劳动者工作工资计发问题的通知》（人社部发〔2015〕74号）："用人单位因工作需要，在9月3日放假期间安排劳动者工作的，应支付工资报酬并安排补休；对不能安排补休的，应按照不低于劳动者本人日或小时工资标准的200%支付工资报酬。"

4. 推迟复工七天的性质

为应对疫情，多省出台政策要求推迟复工七天，这七天属于什么性质？

【解答】 2020年2月3日至2月7日为停工、停业期，2月8日和2月9日为休息日。

【分析】 对于推迟复工期间的性质，实践中存在争议：主流观点认为2月3日至2月7日为停工、停业期，2月8日和2月9日为休息日；还有一种观点认为这七天均为休息日。我们倾向于主流观点。

在国务院延长三天假期的基础上，全国多地发布推迟复工的通知，不得早于2月9日上班，即从2月3日到2月8日停工7天。以辽宁省为例，辽宁省政府于1月31日发布辽政办明电〔2020〕6号通知，规定省内各类企业不早于2月9日24时前复工，涉及重要国计民生的相关企业除外。

推迟复工期间非《全国年节及纪念日放假办法》规定的假日，不属于法定节假日。推迟复工期间也不全是休息日。在特殊条件下从事劳动和有特殊情况，需要适当缩短工作时间的，按照国家有关规定执行。而推迟复工的通知是各省政府发布的，并非国家规定，因此推迟复工期间的性质不属于休息日。

推迟复工期间属于停工、停业期。根据《传染病防治法》的规定，在传染病暴发、流行时，县级以上地方人民政府可以采取停工、停业、停课等紧急措施并予以公告。《国家突发公共卫生事件应急预案》也有规定，在国家突发公共卫生事件时，当地政府可以采取停工、停业、停课等疫情防控措施。

【相关法律法规】

1. 《辽宁省人民政府办公厅关于延迟企业复工和学校开学的通知》："省内各类企业不早于2月9日24时前复工。涉及保障城市运行必需（供水、供气、供电、通讯等行业）、疫情防控必需（医疗器械、药品、防护品生产和销售等行业）、群众生活必需（超市卖场、食品生产和供应等行业）及其他涉及重要国计民生的相关企业除外。用人单位须依法保障员工合法权益。视疫情发展变化情况，最早复工时间如有调整另行通知。”

2. 《全国年节及纪念日放假办法》第二条：“全体公民放假的节日：……（二）春节，放假3天（农历正月初一、初二、初三）。”

3. 《中华人民共和国传染病防治法》第四十二条：“传染病暴发、流行时，县级以上地方人民政府应当立即组织力量，按照预防、控制预案进行防治，切断传染病的传播途径，必要时，报经上一级人民政府决定，可以采取下列紧急措施并予以公告：……（二）停工、停业、停课。”

4. 《国家突发公共卫生事件应急预案》4.2.1：“（4）疫情控制措施：当地人民政府可以在本行政区域内采取限制或者停止集市、集会、影剧院演出，以及其他人群聚集的活动；停工、停业、停课；封闭或者封存被传染病病原体污染的公共饮用水源、食品以及相关物品等紧急措施；临时征用房屋、交通工具以及相关设施和设备。”

5. 推迟复工七天工资怎么发?

推迟复工七天的工资应该如何发放，能否安排补休，能否折抵年假?

【解答】推迟复工期间的工资发放，各地有不同的规定。主流观点认为，企业可与员工协商灵活处理劳动用工问题，可以协商在家办公、协商工资发放，并可以折抵年休假等假期，用完休假后仍不能提供劳动的，按照停工、停产期间工资支付规定发放工资。但这段时间无论提供劳动与否，都应当支付工资。

【分析】对于推迟复工期间的工资支付，一种观点认为属于休息日，若安排在家办公需要支付加班工资或予以补休。另一种观点认为属于停工期，可以安排在家办公，不能在家办公折抵年休假等假期，但无论提供劳动与否，都应当支付工资。我们倾向第二种观点。

根据主流观点，企业可与员工协商解决复工前的用工问题，支持协商未返岗期间的工资待遇，以标准工时制为例，可以采取以下方式：

（1）除因疫情防控需要返岗工作以外，其他企业可协商在家办公。对因受疫情影响职工不能按期到岗或企业不能开工生产的，企业与职工沟通，可安排职工通过电话、网络等灵活办公方式在家完成工作任务。职工在2月3日至2月7日提供劳动的，按劳动合同的标准支付工资；2月8日至2月9日本就是休息日，职工提供劳动的，尽量安排补休，不能补休的，依法支付加班工资。

（2）不能在家办公的，可以折抵年假等各类假期。对在2月3日至2月7日不具备远程办公条件的企业，与职工协商优先使用带薪年休假、企业自设福利假等各类假。

（3）用完休假后仍不能提供劳动的，根据不同情况发放工资或生活费。在受疫情影响的延迟复工或未返岗期间，对用完各类休假仍不能提供正常劳动或其他不能提供正常劳动的职工，企业参照国家关于停工、停产期间工资支付相关规定与职工协商，在一个工资支付周期内的按照劳动合同规定的标准支付工资；超过一个工资支付周期的按有关规定发放生活费。

【相关法律法规】

1.《关于妥善处理新型冠状病毒感染的肺炎疫情防控期间劳动关系问题的通知》（人社厅明电〔2020〕5号）：“企业停工停产在一个工资支付周期内的，企业应按劳动合同规定的标准支付职工工资。超过一个工资支付周期的，若职工提供了正常劳动，企业支付给职工的工资不得低于当地最低工资标准。职工没有提供正常劳动的，企业应当发放生活费，生活费标准按各省、自治区、直辖市规定的办法执行。”

2.《关于做好新型冠状病毒感染肺炎疫情防控期间稳定劳动关系支持企业复工复产的意见》（人社部发〔2020〕8号文件）：“二、灵活处理疫情防控期间的劳动用工问题。（一）鼓励协商解决复工前的用工问题。对因受疫情影响职工不能按期到岗或企业不能开工生产的，要指导企业主动与职工沟通，有条件的企业可安排职工通过电话、网络等灵活的工作方式在家上班完成工作任务；对不具备远程办公条件的企业，与职工协商优先使用带薪年休假、企业自设福利假等各类假。要指导企业工会积极动员职工与企业同舟共济，在兼顾企业和劳动者双方合法权益的基础上，帮助企业尽可能减少受疫情影响带来的损失。三、协商处理疫情防控期间的工资待遇问题。……（四）支持协商未返岗期间的工资待遇。在受疫情影响的延迟复工或未返岗期间，对用完各类休假仍不能提供正常劳动或其他不能提供正常劳动的职工，指导企业参照国家关于停工、停产期间工资支付相关规定与职工协商，在一个工资支付周期内的按照劳动合同规定的标准支付工资；超过一个工资支付周期的按有关规定发放生活费。”

6. 员工隔离 14 天工资怎么发？

为应对疫情，多地出台措施要求异地回城员工在家自我隔离 14 天，这期间的工资应该如何发放？能否折抵年假？

【解答】企业应当支付职工在此期间的工作报酬，企业可与员工协商在家办公；无法在家办公的，协商使用各类休假；用完休假仍不能提供劳动的，参照停工、停产期间的工资支付规定支付工资。

【分析】对于自我隔离 14 天期间的工资发放，各地有不同的规定。根据主流观点，因政府实施隔离措施或采取其他紧急措施导致不能提供正常劳动的企业职工，企业应当支付职工在此期间的工作报酬，灵活处理这段时间的劳动用工问题。例如，企业可与职工沟通，安排职工通过电话、网络等灵活办公方式在家完成工作任务，通常按照正常上班支付工资；对不具备远程办公条件的企业，与职工协商优先使用带薪年休假、企业自设福利假等各类假；对用完各类休假仍不能提供正常劳动或其他不能提供正常劳动的职工，企业参照国家关于停工、停产期间工资支付相关规定与职工协商，在一个工资支付周期内的按照劳动合同规定的标准支付工资；超过一个工资支付周期的按有关规定发放生活费。

【相关法律法规】

1.《关于妥善处理新型冠状病毒感染的肺炎疫情防控期间劳动关系问题的通知》（人社厅明电〔2020〕5 号）第一条："对新型冠状病毒感染的肺炎患者、疑似病人、密切接触者在其隔离治疗期间或医学观察期间以及因政府实施隔离措施或采取其他紧急措施导致不能提供正常劳动的企业职工，企业应当支付职工在此期间的工作报酬，并不得依据劳动合同法第四十条、四十一条与职工解除劳动合同。在此期间，劳动合同到期的，分别顺延至职工医疗期期满、医学观察期期满、隔离期期满或者政府采取的紧急措施结束。”

2.《关于做好新型冠状病毒感染肺炎疫情防控期间稳定劳动关系支持企业复工复产的意见》（人社部发〔2020〕8号文件）：“（一）鼓励协商解决复工前的用工问题。对因受疫情影响职工不能按期到岗或企业不能开工生产的，要指导企业主动与职工沟通，有条件的企业可安排职工通过电话、网络等灵活的工作方式在家上班完成工作任务；对不具备远程办公条件的企业，与职工协商优先使用带薪年休假、企业自设福利假等各类假。……（四）支持协商未返岗期间的工资待遇。在受疫情影响的延迟复工或未返岗期间，对用完各类休假仍不能提供正常劳动或其他不能提供正常劳动的职工，指导企业参照国家关于停工、停产期间工资支付相关规定与职工协商，在一个工资支付周期内的按照劳动合同规定的标准支付工资；超过一个工资支付周期的按有关规定发放生活费。”

第2章　感染新冠肺炎工伤的认定

7. 构成工伤的人员范围

在抗击疫情工作中，哪些人员感染新冠肺炎可以构成工伤？

【解答】截至2020年3月3日，明确规定构成工伤的有两类：医护及相关工作人员和城乡社区工作者。

【分析】（1）医护及相关工作人员。根据人社部函〔2020〕11号文，在新型冠状病毒肺炎预防和救治工作中，医护及相关工作人员因履行工作职责，感染新型冠状病毒肺炎或因感染新型冠状病毒肺炎死亡的，应认定为工伤。

(2) 城乡社区工作者。根据国发明电〔2020〕8号文，城乡社区工作者在疫情防控期间发生事故伤害或患病，符合《工伤保险条例》认定情形的，应依法认定为工伤。

以上仅为截至2020年3月3日的规定，建议大家随时关注人社部信息。

【相关法律法规】

1.《关于因履行工作职责感染新型冠状病毒肺炎的医护及相关工作人员有关保障问题的通知》（人社部函〔2020〕11号）："在新型冠状病毒肺炎预防和救治工作中，医护及相关工作人员因履行工作职责，感染新型冠状病毒肺炎或因感染新型冠状病毒肺炎死亡的，应认定为工伤，依法享受工伤保险待遇。已参加工伤保险的上述工作人员发生的相关费用，由工伤保险基金和单位按工伤保险有关规定支付；未参加工伤保险的，由用人单位按照法定标准支付，财政补助单位因此发生的费用，由同级财政予以补助。"

2.《中央应对新型冠状病毒感染肺炎疫情工作领导小组关于全面落实疫情防控一线城乡社区工作者关心关爱措施的通知》（国发明电〔2020〕8号）："二、切实做好城乡社区工作者职业伤害保障。城乡社区工作者在疫情防控期间发生事故伤害或患病，符合《工伤保险条例》认定情形的，应依法认定为工伤，已经参加工伤保险的，发生的相关费用按照《工伤保险条例》相关规定支付；未参加工伤保险的，由用人单位按照法定标准支付，财政补助单位因此发生的费用，由同级财政予以补助。对于因履行职责感染新冠肺炎或病亡的城乡社区工作者，符合《人力资源社会保障部财政部国家卫生健康委关于因履行工作职责感染新型冠状病毒肺炎的医护及相关工作人员有关保障问题的通知》（人社部函〔2020〕11号）规定的，可按规定享受相关待遇。”

8. 志愿者感染新冠肺炎构成工伤吗?

在抗击疫情工作中，除了医护人员和社区工作者，还有很多志愿者也做出了贡献，他们如果感染新冠肺炎是否构成工伤?

【解答】可以被认定为工伤，但还需结合具体个案情况综合判断。

【分析】截至2020年3月3日，还没有明确的规定志愿者是否构成工伤。在相关规定出台之前，应当依据《工伤保险条例》的规定来认定。该条例第十五条规定了视同工伤的情形，其中第（二）项为“在抢险救灾等维护国家利益、公共利益活动中受到伤害的”，可供志愿者来主张工伤，能否被认定为工伤需要结合个案判断。提醒注意的是，上述条例规定视同工伤的前提是志愿者具有劳动者身份，如果是在校大中专院校学生或者退休人员等不属于劳动者身份的主体，显然不在《工伤保险条例》的适用范围内。

【相关法律法规】

《工伤保险条例》第十五条：“职工有下列情形之一的，视同工伤：（一）在工作时间和工作岗位，突发疾病死亡或者在48小时之内经抢救无效死亡的；（二）在抢险救灾等维护国家利益、公共利益活动中受到伤害的；（三）职工原在军队服役，因战、因公负伤致残，已取得革命伤残军人证，到用人单位后旧伤复发的。职工有前款第（一）项、第（二）项情形的，按照本条例的有关规定享受工伤保险待遇；职工有前款第（三）

项情形的，按照本条例的有关规定享受除一次性伤残补助金以外的工伤保险待遇。”

9. 被指派到疫区工作的人员感染构成工伤吗?

在疫情期间，单位指派员工到疫区工作，员工可能因此感染新冠肺炎，这种情况是否构成工伤?

【解答】可以被认定为工伤，但还需结合相关规定以及具体个案情况综合判断。

【分析】根据《工伤保险条例》，指派员工到疫区工作是否构成工伤主要看是否符合“因工外出期间，由于工作原因受到伤害或者发生事故下落不明的”“在工作时间和工作岗位，突发疾病死亡或者在48小时之内经抢救无效死亡的”“在抢险救灾等维护国家利益、公共利益活动中受到伤害的”等情形，并根据实际情况综合判断。

此外，有些地区出台的工伤保险条例中有明确规定职工受用人单位指派前往疫区工作而感染该疫病的，视同工伤，比如福建省、广东省、吉林省、内蒙古自治区、云南省、河南省、四川省。

【相关法律法规】

1.《工伤保险条例》第十四条：“职工有下列情形之一的，应当认定为工伤：……（五）因工外出期间，由于工作原因受到伤害或者发生事故下落不明的。”

第十五条：“职工有下列情形之一的，视同工伤：（一）在工作时间和工作岗位，突发疾病死亡或者在48小时之内经抢救无效死亡的；（二）在抢险救灾等维护国家利益、公共利益活动中受到伤害的；（三）职工原在军队服役，因战、因公负伤致残，已取得革命伤残军人证，到用人单位后旧伤复发的。职工有前款第（一）项、第（二）项情形的，按照本条例的有关规定享受工伤保险待遇；职工有前款第（三）项情形的，按照本条例的有关规定享受除一次性伤残补助金以外的工伤保险待遇。”

2. 福建省《关于切实做好新型冠状病毒感染的肺炎防控期间社会保险经办工作的通知》：“对企业职工由用人单位指派前往国家宣布的疫区工作而感染疫病的，应参照闽人社文〔2020〕16号文‘对因履行工作职责感染新型冠状病毒肺炎的医护人员及相关工作人员做好工伤认定等保障工作’执行。”

3. 《广东工伤保险条例》第十条：“职工有下列情形之一的，视同工伤：……（四）由用人单位指派前往依法宣布为疫区的地方工作而感染疫病的。”

4. 《吉林省实施〈工伤保险条例〉办法》第十三条：“除《工伤保险条例》规定的情形外，职工有下列情形之一的，也应当认定为工伤：……（三）受用人单位指派前往疫区工作或公出，并经县级以上医疗机构诊断感染疫病的。”

5. 《内蒙古自治区工伤保险条例实施办法》第十五条：“职工有下列情形之一的，应当认定为工伤：……（五）因工外出期间，由于工作原因受到伤害或者发生事故下落不明的……受用人单位指派前往疫区工作而感染该疫病的，以及受用人单位指派参加竞技、文娱和体育比赛等活动而受到意外伤害的，适用前款第（五）项的规定。”

6. 《云南省人民政府关于印发云南省实施〈工伤保险条例〉办法的通知》第十五条：“职工有下列情形之一的，可依据条例第十四条规定，按照工伤处理：……（二）受用人单位指派前往疫区工作而感染该疫病的。”

7.《河南省工伤保险条例》第十三条："职工有国务院《工伤保险条例》第十四条、第十五条规定情形的，应当认定为工伤或视同工伤。职工受用人单位指派前往疫区工作而感染该疫病的，视同工伤。"

8.《河南省人力资源和社会保障厅关于工伤保险若干问题的意见》："《河南省工伤保险条例》第十三条第二款规定'职工受用人单位指派前往疫区工作而感染该疫病的，视同工伤'，是指职工被用人单位派往疫区进行疫病防治工作而感染该疫病的情形。"

9.《四川省工伤保险条例》第十条："职工有下列情形之一的，视同工伤：……（四）由用人单位指派前往国家宣布的疫区工作而感染疫病的。"

10. 普通劳动者感染构成工伤吗?

若非医护人员，非社区工作者，非志愿者，也没有受单位指派到疫区工作等特殊情形的普通劳动者因工作原因感染新冠肺炎，能否被认定为工伤？上下班途中被感染新冠肺炎能否认定为工伤？

【解答】能否认定为工伤需要看是否符合《工伤保险条例》的规定，但是在上下班途中感染新冠肺炎的不能认定为工伤。

【分析】根据《工伤保险条例》，构成工伤一般需要满足以下三个标准，即工作时间、工作场所、因为工作原因。如果不完全符合，看是否符合视同工伤的情形，比如"在工作时间和工作岗位，突发疾病死亡或者在48小时之内经抢救无效死亡的视同工伤"。

需要注意的是，职工在上下班途中感染新冠病毒，不属于工伤。根据《工伤保险条例》规定，在上下班途中，受到非本人主要责任的交通事故或者城市轨道交通、客运轮渡、火车事故伤害的，才能被视为工伤，并不包括感染疾病。

【相关法律法规】

《工伤保险条例》第十四条："职工有下列情形之一的，应当认定为工伤：（一）在工作时间和工作场所内，因工作原因受到事故伤害的；（二）工作时间前后在工作场所内，从事与工作有关的预备性或者收尾性工作受到事故伤害的；（三）在工作时间和工作场所内，因履行工作职责受到暴力等意外伤害的；（四）患职业病的；（五）因工外出期间，由于工作原因受到伤害或者发生事故下落不明的；（六）在上下班途中，受到非本人主要责任的交通事故或者城市轨道交通、客运轮渡、火车事故伤害的；（七）法律、行政法规规定应当认定为工伤的其他情形。"

第十五条："职工有下列情形之一的，视同工伤：（一）在工作时间和工作岗位，突发疾病死亡或者在48小时之内经抢救无效死亡的；（二）在抢险救灾等维护国家利益、公共利益活动中受到伤害的；（三）职工原在军队服役，因战、因公负伤致残，已取得革命伤残军人证，到用人单位后旧伤复发的。职工有前款第（一）项、第（二）项情形的，按照本条例的有关规定享受工伤保险待遇；职工有前款第（三）项情形的，按照本条例的有关规定享受除一次性伤残补助金以外的工伤保险待遇。"

11. 申请工伤认定的程序

申请工伤认定的主体是谁？向谁申请？申请时限是多久？

【解答】工伤认定先由用人单位向统筹地区社会保险行政部门申请，用人单位不申请的，工伤职工或者其近亲属、工会组织可以直接向用人单位所在地统筹地区社会保险行政部门提出工伤认定申请。

【分析】用人单位应当自事故伤害发生之日或者被诊断、鉴定为职业病之日起 30 日内，向统筹地区社会保险行政部门提出工伤认定申请。遇有特殊情况，经报社会保险行政部门同意，申请时限可以适当延长。用人单位不申请的，工伤职工或者其近亲属、工会组织在事故伤害发生之日或者被诊断、鉴定为职业病之日起 1 年内，可以直接向用人单位所在地统筹地区社会保险行政部门提出工伤认定申请。

社会保险行政部门对受理的事实清楚、权利义务明确的工伤认定申请，应当在 15 日内作出工伤认定的决定；其他的应当在 60 日内作出决定。

【相关法律法规】

《工伤保险条例》第十七条："职工发生事故伤害或者按照职业病防治法规定被诊断、鉴定为职业病，所在单位应当自事故伤害发生之日或者被诊断、鉴定为职业病之日起 30 日内，向统筹地区社会保险行政部门提出工伤认定申请。遇有特殊情况，经报社会保险行政部门同意，申请时限可以适当延长。用人单位未按前款规定提出工伤认定申请的，工伤职工或者其近亲属、工会组织在事故伤害发生之日或者被诊断、鉴定为职业病之日起 1 年内，可以直接向用人单位所在地统筹地区社会保险行政部门提出工伤认定申请。按照本条第一款规定应当由省级社会保险行政部门进行工伤认定的事项，根据属地原则由用人单位所在地的设区的市级社会保险行政部门办理。用人单位未在本条第一款规定的时限内提交工伤认定申请，在此期间发生符合本条例规定的工伤待遇等有关费用由该用人单位负担。"

第十八条："提出工伤认定申请应当提交下列材料：（一）工伤认定申请表；（二）与用人单位存在劳动关系（包括事实劳动关系）的证明材料；（三）医疗诊断证明或者职业病诊断证明书（或者职业病诊断鉴定书）。工伤认定申请表应当包括事故发生的时间、地点、原因以及职工伤害程度等基本情况。工伤认定申请人提供材料不完整的，社会保险行政部门应当一次性书面告知工伤认定申请人需要补正的全部材料。申请人按照书面告知要求补正材料后，社会保险行政部门应当受理。"

第十九条："社会保险行政部门受理工伤认定申请后，根据审核需要可以对事故伤害进行调查核实，用人单位、职工、工会组织、医疗机构以及有关部门应当予以协助。职业病诊断和诊断争议的鉴定，依照职业病防治法的有关规定执行。对依法取得职业病诊断证明书或者职业病诊断鉴定书的，社会保险行政部门不再进行调查核实。职工或者其近亲属认为是工伤，用人单位不认为是工伤的，由用人单位承担举证责任。"

第二十条："社会保险行政部门应当自受理工伤认定申请之日起60日内作出工伤认定的决定，并书面通知申请工伤认定的职工或者其近亲属和该职工所在单位。社会保险行政部门对受理的事实清楚、权利义务明确的工伤认定申请，应当在15日内作出工伤认定的决定。作出工伤认定决定需要以司法机关或者有关行政主管部门的结论为依据的，在司法机关或者有关行政主管部门尚未作出结论期间，作出工伤认定决定的时限中止。社会保险行政部门工作人员与工伤认定申请人有利害关系的，应当回避。"

第3章 劳动者被确诊为新冠肺炎的医疗费用及工资待遇

12. 确诊员工医疗费承担

对于被确诊为新冠肺炎患者的劳动者，医疗费谁来负担？

【解答】对参加基本医疗保险的确诊患者，在基本医保、大病保险、医疗救助等按规定支付后，个人负担部分由财政给予补助，个人不用负担。

【分析】在疫情刚开始的时候，有些人出现了症状但是因为经济问题没有及时就医，耽误了病情，也给其他人带来了安全隐患，其实《传染病防治法》就已经规定了，国家对患有特定传染病的困难人群实行医疗救助，减免医疗费用。具体办法由国务院卫生行政部门会同国务院财政部门等部门制定。

2020年1月22日，国家医疗保障局、财政部及时发布《关于做好新型冠状病毒感染的肺炎疫情医疗保障的通知》，明确对于确诊新型冠状病毒感染的肺炎患者发生的医疗费用，在基本医保、大病保险、医疗救助等按规定支付后，个人负担部分由财政给予补助；对于异地就医的确诊患者，先救治后结算，确保患者不因为费用问题影响就医。

1月25日，财政部、国家卫生健康委又发布《关于新型冠状病毒感染肺炎疫情防控有关经费保障政策的通知》，再次明确对于确诊患者发生的医疗费用，在按规定支付基本医保、大病保险、医疗救助等费用后，个人负担部分由财政给予补助。所需资金先由地方财政支付，中央财政对地方财政按实际发生费用的60%予以补助。

【相关法律法规】

1.《中华人民共和国传染病防治法》第六十二条:“国家对患有特定传染病的困难人群实行医疗救助,减免医疗费用。具体办法由国务院卫生行政部门会同国务院财政部门等部门制定。”

2.《关于做好新型冠状病毒感染的肺炎疫情医疗保障的通知》:“确保患者不因费用问题影响就医。一是对于确诊新型冠状病毒感染的肺炎患者发生的医疗费用,在基本医保、大病保险、医疗救助等按规定支付后,个人负担部分由财政给予补助,实施综合保障。二是对于确诊新型冠状病毒感染的肺炎的异地就医患者,先救治后结算,报销不执行异地转外就医支付比例调减规定。三是确诊新型冠状病毒感染的肺炎患者使用的药品和医疗服务项目,符合卫生健康部门制定的新型冠状病毒感染的肺炎诊疗方案的,可临时性纳入医保基金支付范围。”

3.《关于新型冠状病毒感染肺炎疫情防控有关经费保障政策的通知》(财社〔2020〕2号):“落实患者救治费用补助政策。对于确诊患者发生的医疗费用,在基本医保、大病保险、医疗救助等按规定支付后,个人负担部分由财政给予补助。所需资金由地方财政先行支付,中央财政对地方财政按实际发生费用的60%予以补助。”

13. 确诊员工工资发放

员工被确诊感染新冠肺炎,企业如何发放工资?

【解答】员工被确诊感染新冠肺炎,在其隔离治疗期间,企业应当按正常劳动支付其工资;隔离期结束后,对仍需停止工作进行治疗的职工,按医疗期有关规定支付工资。

【分析】根据人社厅明电〔2020〕5号文，新型冠状病毒感染的肺炎患者在其隔离治疗期间，企业应当支付职工在此期间的工作报酬，并不得依据劳动合同法第四十条（无过错性辞退）、第四十一条（经济性裁员）与职工解除劳动合同。根据人社部发〔2020〕8号文件，对因依法被隔离导致不能提供正常劳动的职工，要指导企业按正常劳动支付其工资；隔离期结束后，对仍需停止工作进行治疗的职工，按医疗期有关规定支付工资。根据《关于贯彻执行〈中华人民共和国劳动法〉若干问题的意见》，在规定的医疗期间内由企业按有关规定支付其病假工资或疾病救济费，病假工资或疾病救济费可以低于当地最低工资标准支付，但不能低于最低工资标准的80%。即隔离期结束后，对仍需停止工作进行治疗的职工，按医疗期有关规定支付其病假工资或疾病救济费。

【相关法律法规】

1.《关于妥善处理新型冠状病毒感染的肺炎疫情防控期间劳动关系问题的通知》（人社厅明电〔2020〕5号）："对新型冠状病毒感染的肺炎患者、疑似病人、密切接触者在其隔离治疗期间或医学观察期间以及因政府实施隔离措施或采取其他紧急措施导致不能提供正常劳动的企业职工，企业应当支付职工在此期间的工作报酬，并不得依据劳动合同法第四十条、四十一条与职工解除劳动合同。在此期间，劳动合同到期的，分别顺延至职工医疗期期满、医学观察期期满、隔离期期满或者政府采取的紧急措施结束。"

2.《关于做好新型冠状病毒感染肺炎疫情防控期间稳定劳动关系支持企业复工复产的意见》（人社部发〔2020〕8号文件）："保障职工工资待遇权益。对因依法被隔离导致不能提供正常劳动的职工，要指导企业按正常劳动支付其工资；隔离期结束后，对仍需停止工作进行治疗的职工，按医疗期有关规定支付工资。对在春节假期延长假期间因疫情防控不能休假的职工，指导企业应先安排补休，对不能安排补休的，依法支付加班工资。”

3.《关于贯彻执行〈中华人民共和国劳动法〉若干问题的意见》：“职工患病或非因工负伤治疗期间，在规定的医疗期间内由企业按有关规定支付其病假工资或疾病救济费，病假工资或疾病救济费可以低于当地最低工资标准支付，但不能低于最低工资标准的80%。”

第4章 复工复产社保政策

14. 社保费用减免

疫情期间，社会保险有哪些减免政策？

【解答】养老保险、失业保险、工伤保险企业缴费部分有所减免，个人部分不减免；医疗保险减半征收；生育保险不减免。

【分析】社会保险包括养老保险、医疗保险、失业保险、工伤保险、生育保险。

（1）养老保险、失业保险、工伤保险。自2020年2月起，湖北省可免征各类参保单位（不含机关事业单位）三项社会保险单位缴费部分，免征期限不超过5个月。除湖北以外各省、自治区、直辖市、新疆生产建设兵团免征中小微企业三项社会保险单位缴费部分，免征期限不超过5个月；对大型企业等其他参保单位（不含机关事业单位）三项社会保险单位缴费部分可减半征收，减征期限不超过3个月。

需要注意的是，减免的仅为三项社会保险中单位缴费的部分，个人缴费部分不减免，并且机关事业单位不享受该优惠政策。受疫情影响生产经营出现严重困难的企业，可申请缓缴社会保险费，缓缴期限原则上不超过6个月，缓缴期间免收滞纳金。

（2）医疗保险。自2020年2月起，各省、自治区、直辖市及新疆生产建设兵团可指导统筹地区根据基金运行情况和实际工作需要，在确保基金收支中长期平衡的前提下，对职工医保单位缴费部分实行减半征收，减征期限不超过5个月。

需要注意的是，减半征收的仅为医保中单位缴费的部分，个人缴费部分不减免。

（3）生育保险。没有减免等优惠政策。

【相关法律法规】

1.《关于阶段性减免企业社会保险费的通知》（人社厅明电〔2020〕5号）："自2020年2月起，各省、自治区、直辖市（除湖北省外）及新疆生产建设兵团（以下统称省）可根据受疫情影响情况和基金承受能力，免征中小微企业三项社会保险单位缴费部分，免征期限不超过5个月；对大型企业等其他参保单位（不含机关事业单位）三项社会保险单位缴费部分可减半征收，减征期限不超过3个月。自2020年2月起，湖北省可免征各类参保单位（不含机关事业单位）三项社会保险单位缴费部分，免征期限不超过5个月。受疫情影响生产经营出现严重困难的企业，可申请缓缴社会保险费，缓缴期限原则上不超过6个月，缓缴期间免收滞纳金。"

2.《关于阶段性减征职工基本医疗保险费的指导意见》：

“自2020年2月起，各省、自治区、直辖市及新疆生产建设兵团（以下统称省）可指导统筹地区根据基金运行情况和实际工作需要，在确保基金收支中长期平衡的前提下，对职工医保单位缴费部分实行减半征收，减征期限不超过5个月。原则上，统筹基金累计结存可支付月数大于6个月的统筹地区，可实施减征；可支付月数小于6个月但确有必要减征的统筹地区，由各省指导统筹考虑安排。缓缴政策可继续执行，缓缴期限原则上不超过6个月，缓缴期间免收滞纳金。”

15. 住房公积金缓交

住房公积金可否缓交？住房公积金贷款不能正常还款的怎么办？

【解答】企业可以申请缓交住房公积金。职工在2020年6月30日前住房公积金贷款不能正常还款的，不作逾期处理。

【分析】住房公积金不可减免，可缓缴。

企业的政策：企业可以申请在2020年6月30日前缓缴住房公积金，缓缴期间缴存时间连续计算，不影响职工正常提取和申请住房公积金贷款。

职工的政策：职工在2020年6月30日前住房公积金贷款不能正常还款的，不作逾期处理。对支付房租压力较大的职工，可合理提高租房提取额度、灵活安排提取时间。

【相关法律法规】

《关于妥善应对新冠肺炎疫情实施住房公积金阶段性支持政策的通知》（建金〔2020〕23号）：“受新冠肺炎疫情影响的企业，可按规定申请在2020年6月30日前缓缴住房公积金，缓缴期间缴存时间连续计算，不影响职工正常提取和申请住房公积金贷款。受新冠肺炎疫情影响的职工，2020年6月30日前住房公积金贷款不能正常还款的，不作逾期处理，不作为逾期记录报送征信部门，已报送的予以调整。对支付房租压力较大的职工，可合理提高租房提取额度、灵活安排提取时间。经认定的新冠肺炎疫情严重和较严重地区，企业在与职工充分协商的前提下，可在2020年6月30日前自愿缴存住房公积金。继续缴存的，自主确定缴存比例；停缴的，停缴期间缴存时间连续计算，不影响职工正常提取住房公积金和申请住房公积金贷款。各地区要按照本通知要求，高度重视，周密部署，加强对工作落实情况的指导监督。各设区城市人民政府要结合本地实际，抓紧提出实施住房公积金阶段性支持政策的具体办法，做好落实工作。"

16. 失业保险金的领取

领取失业保险金需要具备什么条件？如何领取？

【解答】对符合条件的城镇失业人员发放失业保险金、失业农民合同制工人发放一次性生活补助。人社部表示会积极推进失业保险金"畅通领、安全办"。

【分析】根据现行法律规定，失业保险的保障对象主要有两类：(1) 对单位和个人参保缴费满一年、非因本人意愿中断就业、办理失业登记并有求职意愿的城镇失业人员，按月发放失业保险金。(2) 对单位缴费、个人不缴费，连续工作满1年的失业农民合同制工人发放一次性生活补助。

为应对疫情的影响，保障失业人员基本生活，国务院实施了三项新举措：(1) 延长大龄失业人员领金期限。对领取失业保险金期满仍未就业且距法定退休年龄不足一年的，可以将失业保险金发放至法定退休年龄。(2) 阶段性实施失业补助金政策。2020年，对领取失业保险金期满仍旧没有就业以及不符合法定领取失业保险金条件的参保失业人员发放6个月的失业补助金。(3) 阶段性提高价格临时补贴。今年3月到6月，对领取失业保险金的人员和领取失业补助金的人员双倍发放价格临时补贴。

2020年4月10日，人社部积极推进失业保险金“畅通领、安全办”，推出五项举措。(1) 放宽申领期限。各地经办机构不得以失业人员超过60日的申领期限为由拒发失业保险金。(2) 减少证明材料。失业人员可以凭身份证或者社会保障卡到当地就业服务机构或者社会保险经办机构申领，无需提供解除劳动关系证明或者失业登记证明。(3) 优化经办流程。失业人员办理失业金申领时，可以和失业登记同时办理，避免“进多个门、跑多次腿”。(4) 取消各种附加条件。各地经办服务机构不得增加失业人员的领金义务，不得附加和捆绑非法定领金条件，同时也不得要求失业人员转移档案，更不能将失业人员的领金情况计入职工档案。(5) 加速推进线上申领失业保险金。目前已经向社会公布了297个城市的网上申领平台，力争4月底之前所有地级市都要实现网上申领。

【相关法律法规】

1.《失业保险条例》第四条：“失业人员符合《条例》第十四条规定条件的，可以申请领取失业保险金，享受其他失业保险待遇。其中，非因本人意愿中断就业的是指下列人员：(一) 终止劳动合同的；(二) 被用人单位解除劳动合同的；(三) 被用人单位开除、除名和辞退的；(四) 根据《中华人民共和国劳动法》第三十二条第二、三项与用人单位解除劳动合同的；(五) 法律、行政法规另有规定的。”

第十四条：“具备下列条件的失业人员，可以领取失业保险金：（一）按照规定参加失业保险，所在单位和本人已按照规定履行缴费义务满 1 年的；（二）非因本人意愿中断就业的；（三）已办理失业登记，并有求职要求的。失业人员在领取失业保险金期间，按照规定同时享受其他失业保险待遇。”

2.《失业保险金申领发放办法》第五条：“失业人员失业前所在单位，应将失业人员的名单自终止或者解除劳动合同之日起 7 日内报受理其失业保险业务的经办机构备案，并按要求提供终止或解除劳动合同证明等有关材料。”

第六条：“失业人员应在终止或者解除劳动合同之日起 60 日内到受理其单位失业保险业务的经办机构申领失业保险金。”

3.《关于进一步推进失业保险金“畅通领、安全办”的通知》（人社厅发〔2020〕24 号）：“对领取失业保险金期满仍未就业且距离法定退休年龄不足 1 年的失业人员，可继续发放失业保险金直至法定退休年龄，实施时间自 2019 年 12 月起。失业人员的领金期限、就业失业状态、法定退休年龄可通过失业保险参保缴费记录、身份证信息等内部信息比对确定。续发失业保险金无需个人提出申请，失业人员按照规定同时享受代缴基本医疗保险费等其他失业保险待遇。续发期间发生社会保险法第五十一条规定的停止发放失业保险金情形的，停止续发失业保险金。”

第 5 章　疫情防控期间个人信息的收集与使用

17. 疫情防控期间收集个人信息的法律依据

疫情防控期间，有哪些法律规定可以收集个人疫情信息？谁可以收集？

【解答】主要法律依据是《传染病防治法》《突发事件应对法》《突发公共卫生事件应急条例》等。各级疾病预防控制机构、医疗机构、县级以上人民政府及其有关部门、专业机构有权收集个人信息，街道、乡镇以及居民委员会、村民委员应当协助卫生行政主管部门和其他有关部门、医疗卫生机构收集信息。

【分析】《传染病防治法》规定，中国领域内的一切单位和个人必须接受疾病预防控制机构、医疗机构有关传染病的各类预防、控制措施，如实提供有关情况。县级以上地方人民政府应当制定传染病预防、控制预案，预案内容应包括关于信息的收集。因此疾病预防控制机构、医疗机构、县级以上地方人民政府有权收集个人信息。《突发事件应对法》规定，县级以上人民政府及其有关部门、专业机构应当通过多种途径收集突发事件信息。《突发公共卫生事件应急条例》规定，街道、乡镇以及居民委员会、村民委员会应当协助卫生行政主管部门和其他有关部门、医疗卫生机构收集信息。

【相关法律法规】

1.《中华人民共和国传染病防治法》第十二条："在中华人民共和国领域内的一切单位和个人，必须接受疾病预防控制机构、医疗机构有关传染病的调查、检验、采集样本、隔离治疗等预防、控制措施，如实提供有关情况。疾病预防控制机构、医疗机构不得泄露涉及个人隐私的有关信息、资料。"

第二十条："县级以上地方人民政府应当制定传染病预防、控制预案，报上一级人民政府备案。传染病预防、控制预案应当包括以下主要内容：……（二）传染病的监测、信息收集、分析、报告、通报制度。"

2.《中华人民共和国突发事件应对法》第三十七条："国务院建立全国统一的突发事件信息系统。县级以上地方各级人民政府应当建立或者确定本地区统一的突发事件信息系统，汇集、储存、分析、传输有关突发事件的信息，并与上级人民政府及其有关部门、下级人民政府及其有关部门、专业机构和监测网点的突发事件信息系统实现互联互通，加强跨部门、跨地区的信息交流与情报合作。"

第三十八条："县级以上人民政府及其有关部门、专业机构应当通过多种途径收集突发事件信息。"

3.《突发公共卫生事件应急条例》第四十条："传染病暴发、流行时，街道、乡镇以及居民委员会、村民委员会应当组织力量，团结协作，群防群治，协助卫生行政主管部门和其他有关部门、医疗卫生机构做好疫情信息的收集和报告、人员的分散隔离、公共卫生措施的落实工作，向居民、村民宣传传染病防治的相关知识。"

18. 用人单位可否收集员工信息?

疫情防控期间，用人单位是否有权收集员工的个人信息？

【解答】疫情防控期间可以收集与劳动合同、与疫情直接相关的个人信息。

【分析】企业在获得政府授权的情况下有权收集与疫情相关的个人信息，一般包括员工及其家庭成员健康状况、春节假期出行信息、是否接触过外省及重点疫区人员、员工在疫情期间乘坐交通工具的情况等。不同地区以及不同类型的企业需要收集的信息会有所差别。

此外，任何单位和个人，在发现传染病病人或者疑似传染病病人时，都应当及时向附近的疾病预防控制机构或者医疗机构报告，不得隐瞒、缓报、谎报或者授意他人隐瞒、缓报、谎报，当然也包括企业。

《劳动合同法》也规定，企业有权了解劳动者与劳动合同直接相关的基本情况。若员工存在染病、疑似染病，或者与确诊患者有过密切接触等情形，一是存在传染他人的可能性，二是可能会影响到企业的工作安排，所以企业有权收集与劳动合同直接相关的个人信息。

需要注意的是，企业不能收集与疫情防控无关的个人信息。为疫情防控、疾病防治收集的个人信息，不得用于其他用途。任何单位和个人未经被收集者同意，不得公开姓名、年龄、身份证号码等个人信息。

【相关法律法规】

1.《中华人民共和国传染病防治法》第三十一条："任何单位和个人发现传染病病人或者疑似传染病病人时，应当及时向附近的疾病预防控制机构或者医疗机构报告。"

2.《突发公共卫生事件应急条例》第二十一条："任何单位和个人对突发事件，不得隐瞒、缓报、谎报或者授意他人隐瞒、缓报、谎报。"

3.《中华人民共和国劳动合同法》第八条："用人单位招用劳动者时，应当如实告知劳动者工作内容、工作条件、工作地点、职业危害、安全生产状况、劳动报酬，以及劳动者要求了解的其他情况；用人单位有权了解劳动者与劳动合同直接相关的基本情况，劳动者应当如实说明。"

4.《关于做好个人信息保护利用大数据支撑联防联控工作的通知》："收集联防联控所必需的个人信息应参照国家标准《个人信息安全规范》，坚持最小范围原则，收集对象原则上限于确诊者、疑似者、密切接触者等重点人群，一般不针对特定地区的所有人群，防止形成对特定地域人群的事实上歧视。为疫情防控、疾病防治收集的个人信息，不得用于其他用途。任何单位和个人未经被收集者同意，不得公开姓名、年龄、身份证号码、电话号码、家庭住址等个人信息，因联防联控工作需要，且经过脱敏处理的除外。”

19. 谁有权发布个人疫情信息?

有权收集个人信息的主体并非都有权发布个人信息，哪些主体有权发布个人信息?

【解答】为疫情防控、疾病防治收集，因联防联控工作需要，并且经过脱敏的个人信息，国务院卫生行政部门以及其授权的省、自治区、直辖市人民政府卫生行政部门有权向社会发布，其他主体无权对外公开。

【分析】《传染病防治法》规定，传染病暴发、流行时，国务院卫生行政部门以及其授权的省、自治区、直辖市人民政府卫生行政部门负责向社会公布传染病疫情信息。

《突发公共卫生事件应急条例》规定，国务院卫生行政主管部门负责向社会发布突发事件的信息。必要时，可以授权省、自治区、直辖市人民政府卫生行政主管部门向社会发布本行政区域内突发事件的信息。

为疫情防控、疾病防治收集的个人信息，不得用于其他用途。任何单位和个人未经被收集者同意，不得公开姓名、年龄、身份证号码、电话号码、家庭住址等个人信息，因联防联控工作需要，且经过脱敏处理的除外。

【相关法律法规】

1.《中华人民共和国突发事件应对法》第九条：“国务院

和县级以上地方各级人民政府是突发事件应对工作的行政领导机关，其办事机构及具体职责由国务院规定。”

第五十三条：“履行统一领导职责或者组织处置突发事件的人民政府，应当按照有关规定统一、准确、及时发布有关突发事件事态发展和应急处置工作的信息。”

2.《中华人民共和国传染病防治法》第三十八条：“国家建立传染病疫情信息公布制度。国务院卫生行政部门定期公布全国传染病疫情信息。省、自治区、直辖市人民政府卫生行政部门定期公布本行政区域的传染病疫情信息。传染病暴发、流行时，国务院卫生行政部门负责向社会公布传染病疫情信息，并可以授权省、自治区、直辖市人民政府卫生行政部门向社会公布本行政区域的传染病疫情信息。公布传染病疫情信息应当及时、准确。”

3.《突发公共卫生事件应急条例》第二十五条：“国家建立突发事件的信息发布制度。国务院卫生行政主管部门负责向社会发布突发事件的信息。必要时，可以授权省、自治区、直辖市人民政府卫生行政主管部门向社会发布本行政区域内突发事件的信息。信息发布应当及时、准确、全面。”

20. 侵犯个人信息的法律责任

疫情期间，个人信息被非法收集或披露，侵犯个人信息行为将承担哪些法律责任？

【解答】侵权者可能承担民事侵权责任、行政责任、刑事责任。

【分析】（1）民事侵权责任。公民可以根据《侵权责任法》向被侵权人主张侵权责任，包括停止侵害；排除妨碍；消除危险；恢复原状；赔偿损失；赔礼道歉；消除影响、恢复名誉等。以上责任承担方式可以单独适用，也可以合并适用。（2）行政责任。《传染病防治法》规定了疾病预防控制机构、医疗机构故意泄露传染病病人、病原携带者、疑似传染病病人、密切接触者涉及个人隐私的有关信息、资料的行政责任。包括由县级以上人民政府卫生行政部门责令限期改正、通报批评、给予警告；对负有责任的主管人员和其他直接责任人员给予降级、撤职、开除的处分、吊销执业证书。《治安管理处罚法》规定，散布他人隐私的行政责任包括拘留、罚款。《网络安全法》规定了网络运营者、网络产品或者服务的提供者侵害个人信息的行政责任，包括责令改正，警告，没收违法所得，罚款，责令暂停相关业务、停业整顿、关闭网站、吊销相关业务许可证或者吊销营业执照。任何个人和组织利用网络窃取或者以其他非法方式获取、非法出售或者非法向他人提供个人信息的行政责任包括没收违法所得，罚款。（3）刑事责任。《刑法》规定了侵犯公民个人信息罪。单位或者公民都可能构成本罪。侵犯公民个人信息的行为包括违反国家有关规定，向他人出售或者提供公民个人信息；将在履行职责或者提供服务过程中获得的公民个人信息，出售或者提供给他人；窃取或者以其他方法非法获取公民个人信息。承担的责任包括罚金、拘役、有期徒刑。

【相关法律法规】

1.《中华人民共和国民法总则》第一百一十一条："自然人的个人信息受法律保护。任何组织和个人需要获取他人个人信息的，应当依法取得并确保信息安全，不得非法收集、使用、加工、传输他人个人信息，不得非法买卖、提供或者公开他人个人信息。"

2.《中华人民共和国侵权责任法》第十五条："承担侵权责任的方式主要有：（一）停止侵害；（二）排除妨碍；（三）消除

危险；（四）返还财产；（五）恢复原状；（六）赔偿损失；（七）赔礼道歉；（八）消除影响、恢复名誉。以上承担侵权责任的方式，可以单独适用，也可以合并适用。”

3.《中华人民共和国传染病防治法》第六十八条：“疾病预防控制机构违反本法规定，有下列情形之一的，由县级以上人民政府卫生行政部门责令限期改正，通报批评，给予警告；对负有责任的主管人员和其他直接责任人员，依法给予降级、撤职、开除的处分，并可以依法吊销有关责任人员的执业证书；构成犯罪的，依法追究刑事责任：……（五）故意泄露传染病病人、病原携带者、疑似传染病病人、密切接触者涉及个人隐私的有关信息、资料的。”

第六十九条：“医疗机构违反本法规定，有下列情形之一的，由县级以上人民政府卫生行政部门责令改正，通报批评，给予警告；造成传染病传播、流行或者其他严重后果的，对负有责任的主管人员和其他直接责任人员，依法给予降级、撤职、开除的处分，并可以依法吊销有关责任人员的执业证书；构成犯罪的，依法追究刑事责任：……（七）故意泄露传染病病人、病原携带者、疑似传染病病人、密切接触者涉及个人隐私的有关信息、资料的。”

4.《中华人民共和国治安管理处罚法》第四十二条：“有下列行为之一的，处五日以下拘留或者五百元以下罚款；情节较重的，处五日以上十日以下拘留，可以并处五百元以下罚款：……（六）偷窥、偷拍、窃听、散布他人隐私的。”

5.《中华人民共和国网络安全法》第二十二条第三款：“网络产品、服务具有收集用户信息功能的，其提供者应当向用户明示并取得同意；涉及用户个人信息的，还应当遵守本法和有关法律、行政法规关于个人信息保护的规定。”

第四十一条：“网络运营者收集、使用个人信息，应当遵循合法、正当、必要的原则，公开收集、使用规则，明示收集、使用信息的目的、方式和范围，并经被收集者同意。网络运营者不得收集与其提供的服务无关的个人信息，不得违反法律、行政法规的规定和双方的约定收集、使用个人信息，并应当依照法律、行政法规的规定和与用户的约定，处理其保存的个人信息。”

第四十三条：“个人发现网络运营者违反法律、行政法规的规定或者双方的约定收集、使用其个人信息的，有权要求网络运营者删除其个人信息；发现网络运营者收集、存储的其个人信息有错误的，有权要求网络运营者予以更正。网络运营者应当采取措施予以删除或者更正。任何个人和组织不得窃取或者以其他非法方式获取个人信息，不得非法出售或者非法向他人提供个人信息。”

第四十四条：“任何个人和组织不得窃取或者以其他非法方式获取个人信息，不得非法出售或者非法向他人提供个人信息。”

第六十四条：“网络运营者、网络产品或者服务的提供者违反本法第二十二条第三款、第四十一条至第四十三条规定，侵害个人信息依法得到保护的权利的，由有关主管部门责令改正，可以根据情节单处或者并处警告、没收违法所得、处违法所得一倍以上十倍以下罚款，没有违法所得的，处一百万元以下罚款，对直接负责的主管人员和其他直接责任人员处一万元以上十万元以下罚款；情节严重的，并可以责令暂停相关业务、停业整顿、关闭网站、吊销相关业务许可证或者吊销营业执照。

违反本法第四十四条规定，窃取或者以其他非法方式获取、非法出售或者非法向他人提供个人信息，尚不构成犯罪的，由公安机关没收违法所得，并处违法所得一倍以上十倍以下罚款，没有违法所得的，处一百万元以下罚款。”

6.《中华人民共和国刑法》（2017 年修正）第二百五十三条之一：“违反国家有关规定，向他人出售或者提供公民个人信息，情节严重的，处三年以下有期徒刑或者拘役，并处或者单处罚金；情节特别严重的，处三年以上七年以下有期徒刑，并处罚金。违反国家有关规定，将在履行职责或者提供服务过程中获得的公民个人信息，出售或者提供给他人的，依照前款的规定从重处罚。窃取或者以其他方法非法获取公民个人信息的，依照第一款的规定处罚。单位犯前三款罪的，对单位判处罚金，并对其直接负责的主管人员和其他直接责任人员，依照各该款的规定处罚。”

第 6 章　劳动关系变更与解除

21. 不能解除劳动合同的情形

疫情期间，有的员工成为新冠肺炎患者、疑似病人、密切接触者而被隔离治疗或医学观察；有的员工虽没有上述情形，但因政府实施隔离措施或采取其他紧急措施导致不能提供正常劳动，比如武汉“封城”导致员工无法离开武汉。企业能否与员工解除劳动关系？

【解答】一般情况不得解除。

【分析】人社厅明电〔2020〕5 号文规定了两种情形：一是

新冠肺炎患者、疑似病人、密切接触者在其隔离治疗期间或医学观察期间；二是因政府实施隔离措施或采取其他紧急措施导致不能提供正常劳动的职工。以上两种情形下，企业应当支付职工在此期间的工作报酬，并不得依据劳动合同法第四十条（无过错性辞退）、四十一条（经济性裁员）与职工解除劳动合同。但是不妨碍在职工有过错的情况下，用人单位依据劳动合同法第三十九条（过失性辞退）的规定辞退职工。在此期间，劳动合同到期的，分别顺延至职工医疗期期满、医学观察期期满、隔离期期满或者政府采取的紧急措施结束。

【相关法律法规】

1.《关于妥善处理新型冠状病毒感染的肺炎疫情防控期间劳动关系问题的通知》（人社厅明电〔2020〕5 号）第一条："对新型冠状病毒感染的肺炎患者、疑似病人、密切接触者在其隔离治疗期间或医学观察期间以及因政府实施隔离措施或采取其他紧急措施导致不能提供正常劳动的企业职工，企业应当支付职工在此期间的工作报酬，并不得依据劳动合同法第四十条、四十一条与职工解除劳动合同。在此期间，劳动合同到期的，分别顺延至职工医疗期期满、医学观察期期满、隔离期期满或者政府采取的紧急措施结束。"

2.《中华人民共和国劳动合同法》第三十九条："劳动者有下列情形之一的，用人单位可以解除劳动合同：（一）在试用期间被证明不符合录用条件的；（二）严重违反用人单位的规章制度的；（三）严重失职，营私舞弊，给用人单位造成重大损害的；（四）劳动者同时与其他用人单位建立劳动关系，对完成本单位的工作任务造成严重影响，或者经用人单位提出，拒不改正的；（五）因本法第二十六条第一款第一项规定的情形致使劳动合同无效的；（六）被依法追究刑事责任的。”

第四十条：“有下列情形之一的，用人单位提前三十日以书面形式通知劳动者本人或者额外支付劳动者一个月工资后，可以解除劳动合同：（一）劳动者患病或者非因工负伤，在规定的医疗期满后不能从事原工作，也不能从事由用人单位另行安排的工作的；（二）劳动者不能胜任工作，经过培训或者调整工作岗位，仍不能胜任工作的；（三）劳动合同订立时所依据的客观情况发生重大变化，致使劳动合同无法履行，经用人单位与劳动者协商，未能就变更劳动合同内容达成协议的。”

第四十一条：“有下列情形之一，需要裁减人员二十人以上或者裁减不足二十人但占企业职工总数百分之十以上的，用人单位提前三十日向工会或者全体职工说明情况，听取工会或者职工的意见后，裁减人员方案经向劳动行政部门报告，可以裁减人员：（一）依照企业破产法规定进行重整的；（二）生产经营发生严重困难的；（三）企业转产、重大技术革新或者经营方式调整，经变更劳动合同后，仍需裁减人员的；（四）其他因劳动合同订立时所依据的客观经济情况发生重大变化，致使劳动合同无法履行的。裁减人员时，应当优先留用下列人员：（一）与本单位订立较长期限的固定期限劳动合同的；（二）与本单位订立无固定期限劳动合同的；（三）家庭无其他就业人员，有需要扶养的老人或者未成年人的。用人单位依照本条第一款规定裁减人员，在六个月内重新招用人员的，应当通知被裁减的人员，并在同等条件下优先招用被裁减的人员。”

22. 员工违反防控构成刑事犯罪的，单位可否解除劳动合同？

疫情期间，员工因瞒报信息、拒绝隔离等行为构成刑事犯罪的，用人单位可否解除劳动合同？

【解答】劳动者被追究刑事责任的，用人单位可以单方面解除劳动合同。

【分析】根据法律规定，劳动者涉嫌违法犯罪被有关机关收容审查、拘留或逮捕的，用人单位在劳动者被限制人身自由期间，可与其暂时停止劳动合同的履行，暂停期间用人单位不承担劳动合同规定的相应义务。此时，劳动者只是有犯罪的嫌疑，还未被追究刑事责任，只能暂停劳动合同的履行，不能解除劳动合同。若劳动者被追究刑事责任，用人单位可以单方面解除劳动合同，并且无需支付经济补偿。解除劳动合同应当通知劳动者，并出具解除劳动合同证明。

【相关法律法规】

1. 《中华人民共和国劳动合同法》第三十九条："劳动者有下列情形之一的，用人单位可以解除劳动合同：……（六）被依法追究刑事责任的。"

2. 《关于贯彻执行〈中华人民共和国劳动法〉若干问题的意见》第 28 条："劳动者涉嫌违法犯罪被有关机关收容审查、拘留或逮捕的，用人单位在劳动者被限制人身自由期间，可与其暂时停止劳动合同的履行。暂时停止履行劳动合同期间，用人单位不承担劳动合同规定的相应义务。劳动者经证明被错误限制人身自由的，暂时停止履行劳动合同期间劳动者的损失，可由其依据《国家赔偿法》要求有关部门赔偿。"

第 29 条："劳动者被依法追究刑事责任的，用人单位可依据劳动法第二十五条解除劳动合同。'被依法追究刑事责任'是指：被人民检察院免予起诉的、被人民法院判处刑罚的、被人民法院依据刑法第三十二条（现为第三十七条）免予刑事处分的。劳动者被人民法院判处拘役、三年以下有期徒刑缓刑的，用人单位可以解除劳动合同。”

3.《中华人民共和国刑法》（2017年修正）第三十七条：“对于犯罪情节轻微不需要判处刑罚的，可以免予刑事处罚，但是可以根据案件的不同情况，予以训诫或者责令具结悔过、赔礼道歉、赔偿损失，或者由主管部门予以行政处罚或者行政处分。”

23. 员工可否拒绝出差？

疫情期间，企业指派劳动者出差的，劳动者能否拒绝？

【解答】 视具体情况而定。

【分析】 劳动者能否拒绝出差需要分情况讨论。（1）单位指派员工到疫情地区出差的，如果出差并无必要性，通过网络、电话等不见面方式就能解决的，一般可以拒绝。如果必须出差才能解决的，建议单位延期派遣员工出差；不能延期的，单位应当为员工提供必要的保护措施，准备好口罩、酒精等防疫必备物品，没有做好防护措施的，员工可考虑适用《劳动合同法》第三十八条，以“未按照劳动合同约定提供劳动保护或者劳动条件的”为由拒绝出差。（2）单位指派员工到非疫情地区出差的，一般不能拒绝，单位同样应当为员工提供必要的保护措施，准备好口罩、酒精等防疫必备物品。

【相关法律法规】

《中华人民共和国劳动合同法》第三十二条：“劳动者拒绝用人单位管理人员违章指挥、强令冒险作业的，不视为违反劳动合同。劳动者对危害生命安全和身体健康的劳动条件，有权对用人单位提出批评、检举和控告。”

第三十八条：“用人单位有下列情形之一的，劳动者可以解除劳动合同：（一）未按照劳动合同约定提供劳动保护或者劳动条件的；……用人单位以暴力、威胁或者非法限制人身自由的手段强迫劳动者劳动的，或者用人单位违章指挥、强令冒险作业危及劳动者人身安全的，劳动者可以立即解除劳动合同，不需事先告知用人单位。”

24. 在华工作的外籍员工要求回本国的，劳动关系如何处理?

疫情期间，在华工作的外籍员工决定回国的，劳动关系怎么办?

【解答】在合法就业的情况下，企业与员工可以协商变更或解除劳动合同。

【分析】第一，看外籍人员在华就业是否合法。外籍人员在华就业一般需要三个证书：外国人就业许可证书、外国人就业证、外国人居留证，在特殊情况下可以免办外国人就业许可证书和外国人就业证，具体见《外国人在中国就业管理规定》（2017 年修订）第九条和第十条。若未办理相关手续便意味着非法就业，那么双方的争议由民法来调整。

第二，在合法就业的情况下，用人单位与被聘用的外籍人员发生劳动争议，适用《劳动法》《劳动争议调解仲裁法》。对于是否适用《劳动合同法》，实践中存在差异。若双方对于劳动关系有约定的话从约定，没有约定或约定不明的情况下，可以签订补充协议，协商解决。此外，我国并未就企业与外国员工的劳动关系单独出台规定，可参考人社部发〔2020〕8 号文件，企业与员工协商解决复工前的用工问题、灵活安排工作时间。对不宜继续保持劳动关系的，可协商解除劳动合同。

【相关法律法规】

1. 《中华人民共和国劳动合同法》第三十五条：“用人单位与劳动者协商一致，可以变更劳动合同约定的内容。变更劳动合同，应当采用书面形式。变更后的劳动合同文本由用人单位和劳动者各执一份。”

第三十六条：“用人单位与劳动者协商一致，可以解除劳动合同。”

第三十七条：“劳动者提前三十日以书面形式通知用人单位，可以解除劳动合同。劳动者在试用期内提前三日通知用人单位，可以解除劳动合同。”

2. 《外国人在中国就业管理规定》（2017 年修订）第五条：“用人单位聘用外国人须为该外国人申请就业许可，经获准并取得《中华人民共和国外国人就业许可证书》（以下简称许可证书）后方可聘用。”

第八条：“在中国就业的外国人应持职业签证入境（有互免签证协议的，按协议办理），入境后取得《外国人就业证》（以下简称就业证）和外国人居留证件，方可在中国境内就业。”

第二十六条：“用人单位与被聘用的外国人发生劳动争议，应按照《中华人民共和国劳动法》和《中华人民共和国劳动争议调解仲裁法》处理。”

25. 职工拒绝返岗怎么办?

企业复工后，员工无正当理由拒绝返岗如何处理?

【解答】 疫情防控和复工复产要两手抓，两手硬，两促进，企业符合复工条件的，劳动者应当及时复工，经企业通知仍不到岗工作的，企业可以依据《中华人民共和国劳动合同法》第二十九条、第三十九条的规定，依法解除劳动合同。

【分析】若企业符合复工条件，员工也不存在被隔离、被医学观察、因政府其他紧急措施等导致不能提供正常劳动等例外情形，企业要求员工返岗的，员工应当返岗。员工拒绝返岗且没有正常理由的，企业应对员工进行劝导，劝导无效的，企业可以根据《劳动合同法》以及企业规章制度等规定来处理。

【相关法律法规】

《中华人民共和国劳动合同法》第二十九条："用人单位与劳动者应当按照劳动合同的约定，全面履行各自的义务。"

第三十九条："劳动者有下列情形之一的，用人单位可以解除劳动合同：（一）在试用期间被证明不符合录用条件的；（二）严重违反用人单位的规章制度的；（三）严重失职，营私舞弊，给用人单位造成重大损害的；（四）劳动者同时与其他用人单位建立劳动关系，对完成本单位的工作任务造成严重影响，或者经用人单位提出，拒不改正的；（五）因本法第二十六条第一款第一项规定的情形致使劳动合同无效的；（六）被依法追究刑事责任的。"

第7章　其他与复工复产相关的职工法律问题

26. 企业可否调整工作内容及工资？

受疫情影响，对于经营困难的企业，可否与员工协商变更工作内容及工资待遇？

【解答】困难企业可与职工协商工资待遇。

【分析】人社部发〔2020〕8号文规定，对于受疫情影响导致企业生产经营困难的，可以与职工协商调整工资待遇，轮岗轮休，缩短工时；对暂时没有能力支付工资的，与职工协商延期支付。不建议企业与职工解除劳动关系，尽量稳定劳动关系。

【相关法律法规】

《关于做好新型冠状病毒感染肺炎疫情防控期间稳定劳动关系支持企业复工复产的意见》（人社部发〔2020〕8号文件）："支持困难企业协商工资待遇。对受疫情影响导致企业生产经营困难的，鼓励企业通过协商民主程序与职工协商采取调整薪酬、轮岗轮休、缩短工时等方式稳定工作岗位；对暂无工资支付能力的，要引导企业与工会或职工代表协商延期支付，帮助企业减轻资金周转压力。"

27. 劳动仲裁时效是否受疫情影响？

疫情影响下劳动人事争议仲裁时效如何计算？

【解答】因受疫情影响造成当事人不能在法定仲裁时效期间申请劳动人事争议仲裁的，仲裁时效中止。从中止时效的原因消除之日起，仲裁时效期间继续计算。因受疫情影响导致劳动人事争议仲裁机构难以按法定时限审理案件的，可相应顺延审理期限。

【分析】劳动争议申请仲裁的时效期间为一年。仲裁时效期间从当事人知道或者应当知道其权利被侵害之日起计算。受疫情影响，当事人不能在法定仲裁时效期间申请劳动人事争议仲裁的，仲裁时效中止。从中止时效的原因消除之日起，仲裁时效期间继续计算。因受疫情影响导致劳动人事争议仲裁机构难以按法定时限审理案件的，可相应顺延审理期限。

【相关法律法规】

1.《中华人民共和国劳动争议调解仲裁法》第二十七条："劳动争议申请仲裁的时效期间为一年。仲裁时效期间从当事人知道或者应当知道其权利被侵害之日起计算。前款规定的仲裁时效，因当事人一方向对方当事人主张权利，或者向有关部门请求权利救济，或者对方当事人同意履行义务而中断。从中断时起，仲裁时效期间重新计算。因不可抗力或者有其他正当理由，当事人不能在本条第一款规定的仲裁时效期间申请仲裁的，仲裁时效中止。从中止时效的原因消除之日起，仲裁时效期间继续计算。劳动关系存续期间因拖欠劳动报酬发生争议的，劳动者申请仲裁不受本条第一款规定的仲裁时效期间的限制；但是，劳动关系终止的，应当自劳动关系终止之日起一年内提出。"

2.《人力资源社会保障部办公厅关于妥善处理新型冠状病毒感染的肺炎疫情防控期间劳动关系问题的通知》（人社厅明电〔2020〕5 号）："因受疫情影响造成当事人不能在法定仲裁时效期间申请劳动人事争议仲裁的，仲裁时效中止。从中止时效的原因消除之日起，仲裁时效期间继续计算。因受疫情影响导致劳动人事争议仲裁机构难以按法定时限审理案件的，可相应顺延审理期限。"

28. 在华签证到期怎么办？

在华签证或居留许可即将到期，或者签证入境次数使用完毕该怎么办？

【解答】 国家移民管理局出台了顺延期限、"互联网 + 政务"等政策和服务。

【分析】 根据国家移民管理局出台的十项措施助力疫情防

控服务经济民生政策，部分外国人在华停居留期限自动延长2个月。疫情防控期间，在华继续从事创新创业工作、科研的外国人，所持签证或停居留许可到期的，在华停居留期限自动顺延2个月，无需办理延期手续。上述人员顺延期限内可在华合法停居留或正常出境。

在华外国人可提前办理再入境签证。疫情防控期间，在华外国人所持签证入境次数使用完毕，需要临时短期出境参加商务贸易、科研学术交流等活动后再返回的，可预先为其办理再入境签证。来华外国人所持居留许可过期的，可凭原居留许可申办口岸签证入境。

29. 以案说法——劳动仲裁时效中止需要存在不可抗力或者其他正当理由

若不存在不可抗力或者其他正当理由，仲裁时效不能中止。对于本次疫情，人社部明确因受疫情影响造成当事人不能在法定仲裁时效期间申请劳动人事争议仲裁的，仲裁时效中止。

【案例摘要】吴某某与中央储备粮巴彦淖尔直属库劳动争议纠纷案，原告于2013年提起劳动仲裁，主张其在2003年2月至2008年12月期间的工资，理由是这一期间是被告因“非典”原因给其放假。法院认为原告应从知道或者应当知道其权利被侵害之日起在一年的仲裁时效期间申请劳动仲裁，但原告申请仲裁已超过该时效期间，且不具备中断、中止的法定事由，驳回原告的诉讼请求。本案涉及多个诉讼请求，笔者仅以原告主张“非典”期间的诉讼请求为主进行解析。

【案情介绍】内蒙古自治区巴彦淖尔市中级人民法院(2014)巴民三终字第15号民事判决书，2014年4月30日。上诉人(原审原告)：吴某某；被上诉人(原审被告)：中央储备粮巴彦淖尔直属库。

原告吴某某于 2003 年 2 月之前在被告中央储备粮巴彦淖尔直属库工作，双方之间存在劳动关系。2003 年 2 月至 2008 年 12 月期间原告吴某某未在被告处从事劳动，也未领取工资。原告主张该期间是被告因“非典”原因给其放假，被告不予认可。原告主张 2008 年 12 月至今与被告存在劳动关系，被告不予认可，被告主张该期间原告吴某某与案外人巴彦淖尔市振义装卸有限公司存在劳动关系，并提供相应证据。

就双方之间劳动争议，巴彦淖尔市调解仲裁委员会于 2013 年 4 月 19 日作出巴劳人仲字（2013）2 号仲裁裁决书，驳回原告吴某某的仲裁申请。原告吴某某不服该裁决，诉至法院，要求：1. 继续履行原、被告双方的劳动合同，并请求被告与原告签订无定期限的劳动合同；2. 请求被告支付 2003 年至 2008 年，5 年工资 27600 元；3. 被告支付扣发原告 6500 元工资，同时还支付 6500 元的赔偿金，同时支付 2012 年 11 月至给付时止的工资及赔偿金；4. 被告支付违法终止劳动合同赔偿金 27240 元；5. 请求被告交纳从 1995 年开始至今养老保险（按工资总额的 20% 交纳养老保险）。

【裁判观点】 法院认为：2003 年 3 月至 2008 年，吴某某未在被上诉人处实际工作，该期间是放假还是劳动关系终止，双方存在争议。吴某某认为被上诉人因“非典”原因放假，未发放工资，但吴某某不能提供放假的充分证据，并且吴某某在仲裁时认可自己 2003 年至 2008 年期间在外打零工，没有为被上诉人提供劳动，未领取工资。吴某某认可在此期间在外务工，未给被上诉人提供劳动，故其主张在此期间与被上诉人之间存在劳动关系无事实和法律依据，依法不能成立。既然吴某某认为在此期间被上诉人应该给其发放工资，而事实上被上诉人未给其发放，那么吴某某作为一名具有完全民事行为能力人，应从此时知道或者应当知道其权利被侵害，应在一年的仲裁时效期间申请劳动仲裁，吴某某在法定期限内未请求未主张，又无不可抗力或者其他正当理由，已丧失权利。

【判决结果】驳回原告诉讼请求。

—— 第2篇 ——
企业疫情防控的主体责任与法律风险

第8章　企业疫情防控的法律责任

30. 企业疫情防控的法定义务

防控疫情过程中，企业的法定义务有哪些？

【解答】 企业在防控疫情过程中承担的义务包括：接受疾病预防控制机构、医疗机构的预防、控制措施的义务；发现病患后的报告义务；不编造、传播虚假信息的义务；配合政府应急处置措施的义务。

【分析】 疫情期间企业的义务散见于《传染病防治法》《突发事件应对法》及中央、地方临时颁布的命令、措施、意见中。

首先，单位必须接受疾病预防控制机构、医疗机构有关传染病的调查、检验、采集样本、隔离治疗等预防、控制措施，如实提供有关情况。比如，疫情期间，有的城市的新冠疫情防控指挥部对管辖范围内的企业进行病患摸排、登记、对疑似患病的企业员工进行隔离，企业必须配合。

其次，企业发现新冠病毒肺炎患者或疑似患者，应当及时向附近的疾病预防控制机构或者医疗机构报告。比如疫情暴发期间，企业发现员工来自疫情集中地区或与病患接触的员工出现发热情况，就应当及时报告。

再次，企业不得编造、传播有关疫情事态发展或者应急处置工作的虚假信息。这次疫情让我们看到了，在有关疫情的消息中，掺杂了很多虚假消息，有捏造病患信息的，有捏造停工停业信息的，有捏造病患流动信息的，有捏造疫情治疗方案的。如果企业有此类行为，可能面临责令改正，给予警告甚至可能面临暂停业或者吊销其执业许可证等法律后果。

最后，企业应当关注当地政府发布的决定、命令，并配合人民政府采取的应急处置措施。针对本次疫情，各个地区根据疫情的严重程度，在不同阶段发布不同的决定、命令、措施。内容涉及延时复工、复工卫生要求、上报制度，等等。以延迟复工为例，疫情期间，各省相继出台了有关延期复工的通告，一般来说，除涉及保障城市运行必需（供水、供气、供电、通信等行业）、疫情防控必需（医疗器械、药品、防护品生产和销售等行业）、群众生活必需（超市卖场、食品生产和供应等行业）等涉及重要国计民生的相关企业，其他企业都不得早于某特定时点复工。如果企业违反或不配合执行，其负责人可能被处警告、罚款、拘留等行政处罚。如果造成严重后果，企业也可能面临停产停业、暂扣或者吊销许可证或者营业执照、罚款等处罚。

【相关法律法规】

1.《中华人民共和国传染病防治法》第十二条："在中华人民共和国领域内的一切单位和个人，必须接受疾病预防控制机构、医疗机构有关传染病的调查、检验、采集样本、隔离治疗等预防、控制措施，如实提供有关情况。疾病预防控制机构、医疗机构不得泄露涉及个人隐私的有关信息、资料。”

第三十一条：“任何单位和个人发现传染病病人或者疑似传染病病人时，应当及时向附近的疾病预防控制机构或者医疗机构报告。”

2. 《中华人民共和国突发事件应对法》第五十四条：“任何单位和个人不得编造、传播有关突发事件事态发展或者应急处置工作的虚假信息。”

3. 《中华人民共和国治安管理处罚法》第五十条：“拒不执行人民政府在紧急状态情况下依法发布的决定、命令的，处警告或者二百元以下罚款；情节严重的，处 5—10 日拘留，可以并处 500 元以下罚款。”

31. 疫情防控中的民事责任

企业疫情防控不利，可能触发哪些民事法律责任？

【解答】企业可能引发侵权责任。

【分析】新冠肺炎病毒的传染性是有目共睹的，现已被纳入《传染病防治法》规定的乙类传染病，并采取甲类传染病的预防、控制措施。而在《传染病防治法》中规定了单位和个人违反本法规定，导致传染病传播、流行，给他人人身、财产造成损害的，应当依法承担民事责任。这一条款，给了向单位追究民事责任的法律依据。同时，《侵权责任法》中规定了侵害民事权益，应当依照本法承担侵权责任。因此，《侵权责任法》也是要求企业承担民事责任的法律依据。

举例来说，企业明知员工 **A** 从武汉归来，无视 **A** 的发热症状，要求提前复工，企业也没有依据《传染病防治法》的要求配合调查、采取措施，导致人员交叉感染。这种情况下，感染者除了可以要求明知自己有感染新冠肺炎高度可能性的A承担责任，还可以要求企业在其过错范围内承担侵权责任。

【相关法律法规】

1.《中华人民共和国突发事件应对法》第六十七条：“单位或者个人违反本法规定，导致突发事件发生或者危害扩大，给他人人身、财产造成损害的，应当依法承担民事责任。”

第六十八条：“违反本法规定，构成犯罪的，依法追究刑事责任。”

2.《中华人民共和国国家卫生健康委员会公告》（2020年第1号）：“一、将新型冠状病毒感染的肺炎纳入《中华人民共和国传染病防治法》规定的乙类传染病，并采取甲类传染病的预防、控制措施。二、将新型冠状病毒感染的肺炎纳入《中华人民共和国国境卫生检疫法》规定的检疫传染病管理。”

3.《中华人民共和国传染病防治法》第七十七条：“单位和个人违反本法规定，导致传染病传播、流行，给他人人身、财产造成损害的，应当依法承担民事责任。”

4.《中华人民共和国侵权责任法》第二条：“侵害民事权益，应当依照本法承担侵权责任。本法所称民事权益，包括生命权、健康权、姓名权、名誉权、荣誉权、肖像权、隐私权、婚姻自主权、监护权、所有权、用益物权、担保物权、著作权、专利权、商标专用权、发现权、股权、继承权等人身、财产权益。”

32. 疫情防控中的行政责任

企业疫情防控不利，可能触发哪些行政处罚？

【解答】企业可能被处责令改正、给予警告、吊销执业许可证等行政处罚，企业负责人可能面临被处警告、罚款或拘留等行政处罚。

【分析】 疫情期间，违反企业法定义务的行为，都可能导致行政处罚。

首先，对于编造疫情事态发展或者应急处置工作的虚假信息，或者明知是虚假信息而进行传播的，企业会被责令改正，给予警告；如果造成严重后果，企业可能面临暂停其业务活动或者吊销其执业许可证的风险。对构成违反治安管理行为的，由公安机关依法给予处罚。

其次，对于不服从所在地人民政府及其有关部门发布的决定、命令或者不配合其依法采取的措施，构成违反治安管理行为的，由公安机关依法给予处罚。企业负责人可能面临被处警告或者二百元以下罚款；情节严重的，处五日以上十日以下拘留，可以并处五百元以下罚款。以本次疫情为例，江苏省就发生多起企业负责人违反地方延期复工的通知，企业负责人因拒不执行紧急状态下的决定、命令被公安机关处以行政拘留的处罚。

再次，虽然《传染病防治法》规定了单位发现传染病病人的报告义务，但并未规定违反该义务应当承担的法律责任，仅用兜底条款说明违反《传染病防治法》且导致传染病传播、流行，给他人人身、财产造成损害的，应当依法承担民事责任。由此推知，企业瞒报，根据《传染病防治法》仅可能追究民事责任。但是，这并不意味着企业可以就此逃避行政处罚，因为大部分地方颁布的疫情防控通知中，都包含不得迟报、瞒报、谎报的规定，因此，公安机关可以依据《中华人民共和国治安管理处罚法》对责任人处以警告或者二百元以下罚款；情节严重的，处五日以上十日以下拘留，可以并处五百元以下罚款的行政处罚。

最后，企业如果违反接受疾病预防控制机构、医疗机构的预防、控制措施的义务，既可以依据《传染病防治法实施办法》对企业处以通报批评，对其主管人员和直接责任人员给予行政处分，又可以依据《中华人民共和国治安管理处罚法》对责任人处以警告或者二百元以下罚款；情节严重的，处五日以上十日以下拘留，可以并处五百元以下罚款的行政处罚。

【相关法律法规】

1.《突发事件应对法》第六十六条："单位或者个人违反本法规定，不服从所在地人民政府及其有关部门发布的决定、命令或者不配合其依法采取的措施，构成违反治安管理行为的，由公安机关依法给予处罚。"

2.《传染病防治法实施办法》第七十条第（一）项："单位和个人，在传染病暴发、流行时，妨碍或者拒绝执行政府采取紧急措施的，县级以上政府卫生行政部门报请同级政府批准，对单位予以通报批评；对主管人员和直接责任人员由所在单位或者上级机关给予行政处分。"

3.《中华人民共和国治安管理处罚法》第五十条："有下列行为之一的，处警告或者二百元以下罚款；情节严重的，处五日以上十日以下拘留，可以并处五百元以下罚款：……拒不执行人民政府在紧急状态情况下依法发布的决定、命令的。"

33. 疫情防控中的刑事责任

企业疫情防控过程中，如果故意或者过失导致疫情传播，会触发什么样的刑事法律责任？

【解答】企业可能触发妨害传染病防治罪等刑事责任。

【分析】 针对本次疫情防控，最高人民法院、最高人民检察院、公安部、司法部发布了《关于依法惩治妨害新型冠状病毒感染肺炎疫情防控违法犯罪的意见》，其中与企业防控疫情管理有关的包括妨害传染病防治罪定罪，上文中，分析了拒绝执行卫生防疫机构依照传染病防治法提出的防控措施，承担民事、行政责任的情形，但如果拒绝执行防控措施，最终造成了新型冠状病毒传播或者有传播严重危险，那么就犯妨害传染病防治罪。举例来说，疫情期间，各地都依据《突发事件应对法》或《传染病防治法》规定发布的居家隔离14天的通告，如果企业不执行此规定，造成疫情扩散，引起新冠肺炎病毒传播或者有传播严重危险，就有按照妨害传染病防治罪定罪处罚的风险。企业可以被判处罚金，企业的直接负责的主管人员和其他直接责任人员，可以被处三年以下有期徒刑或者拘役；后果特别严重的，处三年以上七年以下有期徒刑。

【相关法律法规】

《中华人民共和国刑法》第三百三十条："违反传染病防治法的规定，有下列情形之一，引起甲类传染病传播或者有传播严重危险的，处三年以下有期徒刑或者拘役；后果特别严重的，处三年以上七年以下有期徒刑：（一）供水单位供应的饮用水不符合国家规定的卫生标准的；（二）拒绝按照卫生防疫机构提出的卫生要求，对传染病病原体污染的污水、污物、粪便进行消毒处理的；（三）准许或者纵容传染病病人、病原携带者和疑似传染病病人从事国务院卫生行政部门规定禁止从事的易使该传染病扩散的工作的；（四）拒绝执行卫生防疫机构依照传染病防治法提出的预防、控制措施的。单位犯前款罪的，对单位判处罚金，并对其直接负责的主管人员和其他直接责任人员，依照前款的规定处罚。甲类传染病的范围，依照《中华人民共和国传染病防治法》和国务院有关规定确定。”

34. 企业发现病例后采取的措施

企业对发现病例的相关场所内的人员，可以采取什么措施？

【解答】 如实报告，配合政府实施隔离、停业、封闭等措施。

【分析】 根据《传染病防治法》，企业发现新冠病毒肺炎患者或疑似患者，首先应当及时向附近的疾病预防控制机构或者医疗机构报告。其次应当配合政府实施的隔离措施。针对疫情严重程度不同，不同地区，可能面临的情况也有所不同。对已经发生新冠肺炎病例的场所或者该场所内的特定区域的人员，所在地的县级以上地方人民政府可以实施隔离措施，在新型冠状病毒感染肺炎暴发、流行地区，政府可以封闭可能造成传染病扩散的场所。无论政府采取何种方式，企业都有义务配合。

【相关法律法规】

《传染病防治法》第四十一条：“对已经发生甲类传染病病例的场所或者该场所内的特定区域的人员，所在地的县级以上地方人民政府可以实施隔离措施，并同时向上一级人民政府报告；接到报告的上级人民政府应当即时作出是否批准的决定。上级人民政府作出不予批准决定的，实施隔离措施的人民政府应当立即解除隔离措施。在隔离期间，实施隔离措施的人民政府应当对被隔离人员提供生活保障；被隔离人员有工作单位的，所在单位不得停止支付其隔离期间的工作报酬。隔离措施的解除，由原决定机关决定并宣布。”

第四十二条：“传染病暴发、流行时，县级以上地方人民政府应当立即组织力量，按照预防、控制预案进行防治，切断传染病的传播途径，必要时，报经上一级人民政府决定，可以采取下列紧急措施并予以公告：（一）限制或者停止集市、影剧院演出或者其他人群聚集的活动；（二）停工、停业、停课；（三）封闭或者封存被传染病病原体污染的公共饮用水源、食品以及相关物品；（四）控制或者扑杀染疫野生动物、家畜家禽；（五）封闭可能造成传染病扩散的场所。”

第 9 章 复工复产后公司治理如何满足疫情防控要求？

35. 股东会的召开

董事会已发出召集股东会的通知，却因疫情无法如期召开怎么办？

【解答】可以考虑会议延期或取消、直接形成书面决议或远程会议的方式。

【分析】关于股东会是否可以延期、取消，《公司法》并无直接规定，仅规定召开股东会会议，应当于会议召开十五日前通知全体股东；但是，公司章程另有规定或者全体股东另有约定的除外。因此，如果章程内包含会议延期、取消程序的，可遵照公司章程处理。公司章程没有规定的，因疫情属于不能预见、不能避免且不能克服的情况，可以适用《民法总则》中关于不可抗力的情形，即因不可抗力不能履行民事义务的，不承担民事责任。也就是说，由于疫情导致无法履行《公司法》要求召开股东会的要求，会议延期、取消，并不违反法律。

值得注意的是，法律对上市公司的股东会有特殊要求。上市公司发出股东大会通知后，无正当理由，股东大会不得延期或取消，股东大会通知中列明的提案不得取消。一旦出现延期或取消的情形，召集人应当在原定召开日前至少2个工作日公告并说明原因。也就是说对于上市公司，需要履行必要的公告程序。

如果会议的提案涉及的不是特别紧急的问题，可以考虑上述延期或暂时取消的方案，但如果会议议题是亟待决议的问题，那就要考虑是否可以不召开董事会而采取直接形成书面决议的方式，采取书面决议方式的前提是股东会对决议事项一致同意。因此，书面决议的方式适用于决议事项简单，股东对于事项容易达成一致，或在前期沟通时基本可以确定股东的意向能够达成一致的提案。

如果股东会面临的表决事项是亟待解决而又复杂的需要股东深入讨论的事项怎么办？可以考虑采用远程会议方式做出决议。虽然远程会议在疫情之前并不是一个常规的股东会会议方式，但《公司法》并未对股东会开会方式进行限制，仅规定了"出席"会议的股东应当在会议记录上签名。疫情期间已经有公司进行了尝试，比如山西尧都农村商业银行2019年度的股东大会就是远程视频的方式。其会议的表决方式尤为值得借鉴：会前由会务组将议案及表决票电子版发至股东指定有效邮箱；会议现场由相关人员解读议案；会后由会务组联系股东以邮寄等方式收回股东签字的表决票。

【相关法律法规】

1.《上市公司股东大会规则》第十九条："发出股东大会通知后，无正当理由，股东大会不得延期或取消，股东大会通知中列明的提案不得取消。一旦出现延期或取消的情形，召集人应当在原定召开日前至少 2 个工作日公告并说明原因。”

2.《公司法》第三十七条：“股东会行使下列职权：……对前款所列事项股东以书面形式一致表示同意的，可以不召开股东会会议，直接作出决定，并由全体股东在决定文件上签名、盖章。”

第四十一条：“召开股东会会议，应当于会议召开十五日前通知全体股东；但是，公司章程另有规定或者全体股东另有约定的除外。股东会应当对所议事项的决定作成会议记录，出席会议的股东应当在会议记录上签名。”

第一百零二条：“召开股东大会会议，应当将会议召开的时间、地点和审议的事项于会议召开二十日前通知各股东；临时股东大会应当于会议召开十五日前通知各股东；发行无记名股票的，应当于会议召开三十日前公告会议召开的时间、地点和审议事项。”

36. 对赌协议

公司因疫情无法完成对赌协议，怎么办？

【解答】公司因疫情无法完成对赌协议约定的业绩指标，在预防风险扩大的同时应及时通知对方合同不能履行的原因，协商延长履行期限或变更业绩标准为上策，如果无法达成一致而进入诉讼，可以考虑以不可抗力或情势变更作为主张变更和解除的理由。

【分析】对赌协议可以理解为投资方与融资方在签订协议时，双方以一定时限内的合同目标（业绩要求、上市等）达成与否作为双方行使权利的条件。疫情带来的冲击，可能给某些融资方的业绩达成带来影响。但这种影响是不是构成合同变更或解除的免责事由，需要具体情况具体分析。通常来说，融资方可以不可抗力或情势变更主张延期履行，变更或解除合同。

首先，此次疫情属于突发性公共卫生事件，具有不能预见、不能避免、不能克服的特点，属于不可抗力事件，但如果想因不可抗力不履行合同并减免责任，还要证明不可抗力导致合同目的不能实现。也就是说，融资方需要证明疫情与无法达成业绩要求具有因果关系。那么就需要收集疫情或政策导致无法履行合同中的业绩要求的证据（如融资方重要决策团队和执行人员患病、封城政策等）、减少损失的证据（如积极与上下游客户沟通减少违约成本等）以及及时通知投资人避免损失扩大的证据（如通知邮件等）。构成不可抗力的，可以部分或全部免除不能履行方的责任。

其次，也可以考虑适用情势变更的条款，如果从情势变更的角度切入，法院会以公平原则作为审判的标准。融资方就要着重收集关于疫情导致行业生态发生重大变化的证据及疫情发生前与疫情发生后，经营数据的对比的证据，用以证明要求融资方完成业绩要求对融资方显失公平。部分法院在疫情期间审判指导意见表明，法院可以从行业性质、盈利模式等方面分析疫情与目标公司的经营收益是否存在直接因果关系，从而判断是否适用情势变更。构成情势变更的，按照公平原则划分责任。

对赌协议本身是一种长期义务的达成，合同目标是否能达到是一项综合判断，与行业、经营方式、对市场的判断等很多因素相关，判断合同目标不能达成的原因是来自于固有的风险还是疫情扩大的风险是相当复杂的，因此，建议融资方重视证据收集、主动减损、积极沟通、寻求谅解，尽量将损失降到最低。

【相关法律法规】

1.《中华人民共和国合同法》第一百一十七条：“因不可抗力不能履行合同的，根据不可抗力的影响，部分或者全部免除责任，但法律另有规定的除外。当事人迟延履行后发生不可抗力的，不能免除责任。本法所称不可抗力，是指不能预见、不能避免并不能克服的客观情况。”

第一百一十八条：“当事人一方因不可抗力不能履行合同的，应当及时通知对方，以减轻可能给对方造成的损失，并应当在合理期限内提供证明。”

2.《最高人民法院关于适用〈中华人民共和国合同法〉若干问题的解释（二）》第二十六条：“合同成立以后客观情况发生了当事人在订立合同时无法预见的、非不可抗力造成的不属于商业风险的重大变化，继续履行合同对于一方当事人明显不公平或者不能实现合同目的，当事人请求人民法院变更或者解除合同的，人民法院应当根据公平原则，并结合案件的实际情况确定是否变更或者解除。”

3. 广西壮族自治区高院《关于审理涉及新冠肺炎疫情民商事案件的指导意见》：“股权投资的业绩对赌：融资方以疫情为由主张变更对赌内容或者解除合同的，法院可以从行业性质、盈利模式等方面分析疫情与目标公司的经营收益是否存在直接的因果关系，综合判断是否适用情势变更规则。”

37. 董事履职

疫情期间，董事会成员因患病无法履职，怎么办？

【解答】 疫情期间，董事会成员因患病无法履职，公司可以依据《公司法》和《公司章程》的规定由候补人选代为履职，没有候补人选的，依法调整人选。

【分析】 根据《公司法》规定：如果董事长因患病不能履行职务，由副董事长履行职务；如果副董事长不能履行职务或者不履行职务，由半数以上董事共同推举一名董事履行职务。因此，关于召集和主持董事会会议、检查董事会决议的实施情况及公司章程规定的其他职权等对公司内部的管理职权，副董事长、推举出的董事均可以代为履职。但关于代表公司参与诉讼，副董事长或董事不能因董事长患病而自然获得法定代表人资格而参与诉讼，但是可以在公司履行完毕代理手续后，作为公司的法定代理人参与诉讼，法律后果由公司承担。不论是董事长还是其他董事，如果其本人不能出席董事会会议，可以委托其他董事出席。

由于董事会成员的履职情况，也直接关系到董事会的履职情况，如果董事会无法履行召集股东会会议职责的，监事会或者不设监事会的监事就要介入，代为履行股东会的召集和主持职责。如果监事会或者监事不履职，代表十分之一以上表决权的股东可以自行召集和主持。

疫情期间，不适宜人员聚集，因此，很多公司的董事会会议被推延。其实，董事会成员可以采取视频会议的方式召开董事会。除非《公司章程》对董事会召开的形式有特殊规定，否则，采取视频会议召开董事会，不违反《公司法》的规定。

【相关法律法规】

《公司法》第十三条："公司法定代表人依照公司章程的规定，由董事长、执行董事或者经理担任，并依法登记。公司法定代表人变更，应当办理变更登记。"

第四十条："有限责任公司设立董事会的，股东会会议由董事会召集，董事长主持；董事长不能履行职务或者不履行职务的，由副董事长主持；副董事长不能履行职务或者不履行职务的，由半数以上董事共同推举一名董事主持。有限责任公司不设董事会的，股东会会议由执行董事召集和主持。董事会或者执行董事不能履行或者不履行召集股东会会议职责的，由监事会或者不设监事会的公司的监事召集和主持；监事会或者监事不召集和主持的，代表十分之一以上表决权的股东可以自行召集和主持。”

第四十七条：“董事会会议由董事长召集和主持；董事长不能履行职务或者不履行职务的，由副董事长召集和主持；副董事长不能履行职务或者不履行职务的，由半数以上董事共同推举一名董事召集和主持。”

第一百零六条：“股东可以委托代理人出席股东大会会议，代理人应当向公司提交股东授权委托书，并在授权范围内行使表决权。”

第一百一十二条：“董事会会议，应由董事本人出席；董事因故不能出席，可以书面委托其他董事代为出席，委托书中应载明授权范围。”

38. 股权继承

股东因患新冠肺炎去世，股权如何继承？

【解答】公司章程对股权继承有规定的从其规定，没有规定的，由股东的合法继承人继承。

【分析】有限责任公司，具有资合性和人合性的双重特征。对于重视人合性的公司来说，往往会通过公司章程，限制继承人对股东资格的继承。如规定“股权禁止继承，发生股东死亡的情况下，股权由公司回购。”这种情况下，继承人只能继承股权对价。而有的公司并未对股权继承方面进行约定，这种情况下，合法继承人可以继承股权。

从继承的方式来说，有遗嘱或遗赠扶养协议的，按遗嘱继承或遗赠处理，如果没有，按法定继承处理。

【相关法律法规】

1.《中华人民共和国公司法》第七十五条：“自然人股东死亡后，其合法继承人可以继承股东资格；但是，公司章程另有规定的除外。”

2.《中华人民共和国继承法》第五条：“继承开始后，按照法定继承办理；有遗嘱的，按照遗嘱继承或者遗赠办理；有遗赠扶养协议的，按照协议办理。”

39. 股权回购

股东因患新冠肺炎急于出让股权，无人受让时，可否要求公司回购其股权？

【解答】可以，但需履行减资程序。

【分析】通常来说，公司不得收购本公司股份关于公司回购本公司股份，一方面考虑公司成为自己的股东会导致身份上的双重性，会带来权责不清以及与其他股东及债权人关系不明的问题，另一方面，公司在其存续过程中，需要经常保持与其资本额相当的财产，这是资本维持原则的要求。如果公司收购本公司股份，会带来公司财产的减少，与此原则相左。但《公司法》规定在特定情况下，比如减少注册资本的情况下，公司是可以收购本公司股权的。因为减资属于需要股东会特别决议的事项，因此，需要经过股东会代表三分之二以上表决权的股东通过。股东会决议通过后，履行编制资产负债表及财产清单、通知债权人、公告等程序。因此，如果股东急需用钱，不建议采用公司回购股权的方式。

【相关法律法规】

《中华人民共和国公司法》第一百四十二条：“公司不得收购本公司股份。但是，有下列情形之一的除外：（一）减少公司注册资本。”

第 10 章　企业捐赠的优惠政策及法律风险

40. 税收优惠

企业捐赠防疫物资享受哪些税收优惠？

【解答】企业可以获得企业所得税、增值税、消费税、城市维护建设税、教育费附加、地方教育附加、关税等税的减免、扣除的优惠政策。

【分析】企业为抗击疫情而捐赠现金、物资的，享受三方面的税收优惠：一是不论企业直接向承担疫情防治任务的医院捐赠还是通过公益性社会组织或县级以上人民政府及其部门等国家机关捐赠应对疫情物品，都允许企业所得税税前全额扣除。二是无偿捐赠应对疫情的货物免征增值税、消费税、城市维护建设税、教育费附加、地方教育附加。三是对捐赠用于疫情防控的进口物资，免征进口关税和进口环节增值税、消费税。

【相关法律法规】

1.《财政部税务总局关于支持新型冠状病毒感染的肺炎疫情防控有关捐赠税收政策的公告》：“一、企业和个人通过公益性社会组织或者县级以上人民政府及其部门等国家机关，捐赠用于应对新型冠状病毒感染的肺炎疫情的现金和物品，允许在计算应纳税所得额时全额扣除。二、企业和个人直接向承担疫情防治任务的医院捐赠用于应对新型冠状病毒感染的肺炎疫情的物品，允许在计算应纳税所得额时全额扣除。三、单位和个体工商户将自产、委托加工或购买的货物，通过公益性社会组织和县级以上人民政府及其部门等国家机关，或者直接向承担疫情防治任务的医院，无偿捐赠用于应对新型冠状病毒感染的肺炎疫情的，免征增值税、消费税、城市维护建设税、教育费附加、地方教育附加。”

2.《财政部、海关总署、国家税务总局关于防控新型冠状病毒感染的肺炎疫情进口物资免税政策的公告》：“一、适度扩大《慈善捐赠物资免征进口税收暂行办法》规定的免税进口范围，对捐赠用于疫情防控的进口物资，免征进口关税和进口环节增值税、消费税。(1) 进口物资增加试剂，消毒物品，防护用品，救护车、防疫车、消毒用车、应急指挥车。(2) 免税范围增加国内有关政府部门、企事业单位、社会团体、个人以及来华或在华的外国公民从境外或海关特殊监管区域进口并直接捐赠；境内加工贸易企业捐赠。捐赠物资应直接用于防控疫情且符合前述第 (1) 项或《慈善捐赠物资免征进口税收暂行办法》规定。(3) 受赠人增加省级民政部门或其指定的单位。省级民政部门将指定的单位名单函告所在地直属海关及省级税务部门。二、对卫生健康主管部门组织进口的直接用于防控疫情物资免征关税。进口物资应符合前述第一条第 (1) 项或《慈善捐赠物资免征进口税收暂行办法》规定。省级财政厅（局）会同省级卫生健康主管部门确定进口单位名单、进口物资清单，函告所在地直属海关及省级税务部门。”

41. 公开募捐

企业可以基于慈善目的为抗疫举办公开募捐吗？

【解答】不具备公开募捐资格的组织，不能开展公开募捐。但可以与具有公开募捐资格的慈善组织合作。

【分析】根据《慈善法》《慈善组织公开募捐管理办法》的规定，公开募捐是指慈善组织基于慈善宗旨面向社会公众的公开募捐。只有取得公开募捐资格的慈善组织，才可以开展公开募捐。慈善组织开展公开募捐活动应当按照本组织章程载明的宗旨和业务范围。因此，即使具备公开募捐资格，针对本次新冠肺炎疫情组织公开募捐的慈善组织，也只能是业务范围中包含与公共卫生事件造成的损害的救助、疫情救助、医疗救援等与疫情救助内容相关的慈善组织，而以诸如扶贫、济困、扶老、救孤为业务范围的慈善组织，不能组织针对新冠疫情救助为目的的公开募捐。

对于不具有公开募捐资格的组织和个人开展公开募捐的，由民政部门予以警告、责令停止募捐活动；对违法募集的财产，责令退还捐赠人；难以退还的，由民政部门予以收缴，转给其他慈善组织用于慈善目的；对有关组织或者个人处 2 万元以上 20 万元以下罚款。

虽然《慈善法》不允许不具有公开募捐资格的组织和个人开展公开募捐，但允许他们与具有公开募捐资格的慈善组织合作，由慈善组织开展公开募捐并管理募得款物。

【相关法律法规】

1.《中华人民共和国慈善法》第八条："本法所称慈善组织，是指依法成立、符合本法规定，以面向社会开展慈善活动为宗旨的非营利性组织。"

第二十一条："本法所称慈善募捐，是指慈善组织基于慈善宗旨募集财产的活动。慈善募捐，包括面向社会公众的公开募捐和面向特定对象的定向募捐。"

第二十二条："慈善组织开展公开募捐，应当取得公开募捐资格。依法登记满二年的慈善组织，可以向其登记的民政部门申请公开募捐资格。民政部门应当自受理申请之日起二十日内作出决定。慈善组织符合内部治理结构健全、运作规范的条件的，发给公开募捐资格证书；不符合条件的，不发给公开募捐资格证书并书面说明理由。"

第二十六条："不具有公开募捐资格的组织或者个人基于慈善目的，可以与具有公开募捐资格的慈善组织合作，由该慈善组织开展公开募捐并管理募得款物。"

2.《慈善组织公开募捐管理办法》第三条："依法取得公开募捐资格的慈善组织可以面向公众开展募捐。不具有公开募捐资格的组织和个人不得开展公开募捐。"

第十四条："慈善组织开展公开募捐活动应当按照本组织章程载明的宗旨和业务范围，确定明确的募捐目的和捐赠财产使用计划；应当履行必要的内部决策程序；应当使用本组织账户，不得使用个人和其他组织的账户；应当建立公开募捐信息档案，妥善保管、方便查阅。"

42. 诺而不捐

企业承诺捐赠却未实际履行会被诉吗？

【解答】视情况而定，满足特定条件有被起诉的风险。

【分析】涉及社会公益的赠与与一般的赠与不同，如果企业或者个人通过表达捐款意愿为自己赢得了好的名声，但实则开具很多"空头支票"，这不仅会引起受捐助者的失望情绪，也有悖公序良俗。如果是一般赠与，赠与人在赠与财产的权利转移之前可以撤销赠与。而有救灾、扶贫等社会公益、道德义务性质的赠与合同或者经过公证的赠与合同，是不具有任意撤销权的。《慈善法》也规定如果捐赠人已经在公开媒体上表明捐赠或者签订书面协议对公共卫生事件等突发事件造成的损害进行捐赠，慈善组织或者其他接受捐赠的人可以要求交付，拒不交付，慈善组织和其他接受捐赠的人可以提起诉讼。

【相关法律法规】

1.《中华人民共和国合同法》第一百八十六条："赠与人在赠与财产的权利转移之前可以撤销赠与。具有救灾、扶贫等社会公益、道德义务性质的赠与合同或者经过公证的赠与合同，不适用前款规定。"

第一百八十八条："具有救灾、扶贫等社会公益、道德义务性质的赠与合同或者经过公证的赠与合同，赠与人不交付赠与的财产的，受赠人可以要求交付。"

2.《中华人民共和国慈善法》第四十一条："捐赠人应当按照捐赠协议履行捐赠义务。捐赠人违反捐赠协议逾期未交付捐赠财产，有下列情形之一的，慈善组织或者其他接受捐赠的人可以要求交付；捐赠人拒不交付的，慈善组织和其他接受捐赠的人可以依法向人民法院申请支付令或者提起诉讼：（一）捐赠人通过广播、电视、报刊、互联网等媒体公开承诺捐赠的；（二）捐赠财产用于本法第三条第一项至第三项规定的慈善活动，并签订书面捐赠协议的。捐赠人公开承诺捐赠或者签订书面捐赠协议后经济状况显著恶化，严重影响其生产经营或者家庭生活的，经向公开承诺捐赠地或者书面捐赠协议签订地的民政部门报告并向社会公开说明情况后，可以不再履行捐赠义务。”

43. 负债捐款

企业欠债还捐款，债权人怎么办？

【解答】债权人可以向法院申请撤销债务人的捐赠行为。

【分析】关于公益捐赠能否被撤销，实践中有两种观点：一种观点认为，在自己负债的情况下，作出减损自身财产的行为，本身就是让债权人处于更大的风险当中，因此，债权人有理由依据《合同法》第七十四条规定行使撤销权。而且，从公平的角度说，受益人虽然没有获得捐赠，实质上也并未遭受损失，因此，保护债权人的利益有一定的合理性。

另一种观点认为，从《合同法》第一百八十六条来看，《合同法》对捐赠有特殊保护的立法倾向是公益捐赠是不能被任意撤销的。因此，债权人的撤销权不应当适用于公益捐赠。

我们认为：一方面，虽然《合同法》规定公益捐赠属于诺成合同，不需要实际履行为生效要件，但也同时规定了赠与人的经济状况显著恶化，严重影响其生产经营或者家庭生活的，可以不再履行赠与义务。既然债务人在一定条件下可以不履行公益捐赠，那么债权人势必可以将不履行的条件作为撤销权的理由。另一方面，也不能认为债权人可以任意行使撤销权。如果受益人还没有接受捐赠，说明受益人还没有认为自己可以使用捐赠物，因此，债权人在捐赠交付之前，行使撤销权，不会对受赠人造成实际损失。而如果在受赠后，比如医院的医护人员开始使用捐赠的口罩、防护服了，而此时债权人再行使撤销权，受益人无法将受赠物退回。此时，就不适合支持债权人的撤销主张。综上，我们认为，在捐款影响债权人权益的时候，如果财产尚未交付，债权人可以请求法院撤销债务人的捐赠行为；如果财产已实际交付，则无法实现撤销权。

【相关法律法规】

《中华人民共和国合同法》第七十四条："因债务人放弃其到期债权或者无偿转让财产，对债权人造成损害的，债权人可以请求人民法院撤销债务人的行为。债务人以明显不合理的低价转让财产，对债权人造成损害，并且受让人知道该情形的，债权人也可以请求人民法院撤销债务人的行为。撤销权的行使范围以债权人的债权为限。债权人行使撤销权的必要费用，由债务人负担。"

第一百八十六条："赠与人在赠与财产的权利转移之前可以撤销赠与。具有救灾、扶贫等社会公益、道德义务性质的赠与合同或者经过公证的赠与合同，不适用前款规定。"

第一百九十五条："赠与人的经济状况显著恶化，严重影响其生产经营或者家庭生活的，可以不再履行赠与义务。"

【延伸阅读】

王继远："论慈善捐赠撤销权的行使——兼评《中华人民共和国慈善法》第 41 条"，《中国劳动关系学院学报》，2016 年第 3 期。

44. 向国外捐赠的注意事项

新冠肺炎疫情在全球蔓延，许多中国企业、基金向需要帮助的国家伸出援手，捐赠医疗物资。向国外捐赠医疗物资需要注意哪些问题？

【解答】受赠国或地区医疗产品标准与我国不一致引发的诉讼风险。

【分析】 关于危急时刻的对外捐赠，网络上讨论最为热烈的莫过于“北新建材案”，虽然后续澄清所谓北新建材捐赠的石膏板实际为出口，但这的确给我国对外捐赠的热心企业敲响警钟。

2005 年美国卡特里娜飓风导致当地房屋损毁，美国急需大量石膏板用以恢复建设，中国北新建材的子公司泰山石膏有限公司对美国出口石膏板，房子盖好的几年以后，业主以石膏含硫气体和甲醛超标，危害其健康为由提起诉讼。诉讼历时 10 年，最终以泰山石膏分期支付 2.48 亿美元的方式，宣告和解。无独有偶，本次新冠疫情，也有好心的中国留学生，把亲属邮寄给自己的口罩分发给邻居好友，受赠人主张口罩引起面部过敏，捐赠人面临诉讼风险。事实到底是“农夫与蛇”还是“我之蜜糖、彼之砒霜”尚需大量的时间来厘清，但必须要注意的是，对外捐助时，确实应当慎重行事，做好风险评估。

首先，《医疗器械监督管理条例》第四十四条规定：“出口医疗器械的企业应当保证其出口的医疗器械符合进口国（地区）的要求。”而针对不同国家，有不同的认证要求。比如，医疗器械出口欧盟，需要进行 CE 认证；出口美国，需要进行 FDA 认证；出口韩国，需要取得 KFDA 证书；出口日本，需要满足日本的 PMD Act 等法律法规。与此同时，原则上出口企业出口医疗物资除符合进口国标准外，也需要符合我国的质量标准。

其次，中国国际贸易促进委员会东莞市委员会发布的《全球 COVID－19 疫情下出口及对外捐赠医疗物资的法律风险防范和工作指南》提示捐赠企业，除了符合进口国的认证标准，也需要注意认证项目都批准了什么，以及捐赠物品使用的对象。

以美国为例，如果将取得 FDA 认证的防尘口罩作为医用口罩进行捐赠，而医护人员使用后，导致其受到感染，捐赠企业很有可能陷入诉讼，而医疗用品不达标导致的人身伤害诉讼，往往紧跟着天价赔偿金。

综上，建议捐赠企业除了严把质量关、增强风险意识外，可以在捐赠协议中要求包含受赠人的免责声明并约定争议解决方式为国际调解、国际仲裁，从而降低陷入诉讼的风险。

【延伸阅读】

中国国际贸易促进委员会东莞市委员会："全球 COVID－19 疫情下出口及对外捐赠医疗物资的法律风险防范和工作指南"，中国国际贸易促进委员会东莞市委员会网站，http：//www. dg. gov. cn/dgsmch/gkmlpt/content/3/3034/post_3034263. html#1539，2020 年 4 月 9 日。

第 11 章　疫情对国际贸易企业的影响

45. 进口企业的应对

疫情下，进口企业应采取哪些减损措施？

【解答】进口企业在疫情期间需要做好与履行付款义务和收货义务相关的准备。

【分析】我国国际贸易企业在货物进口活动的主要义务是履行付款义务以及收货义务。在疫情期间，进口企业的主要关注点也应当集中于解决这两个问题。

首先，疫情期间，各地相继出台了有关假期延长以及出行、企业复工、金融机构复工的特定政策，有的政策可能影响进口企业履行按时付款的义务，比如国务院通知将2020年春节假期延长至2月2日，2月3日起正常上班。那么，计划在2020年1月31日开具信用证的企业就需要调整计划，而进口企业的付款时间调整，可能同时牵动出口企业放货时间，因此，进口企业有必要及时通知境外的出口方，并告知境外出口方，付款义务无法如期履行的原因，以减少仓储、保管、船舶滞期费等运营损失。

其次，进口企业有必要及时与银行沟通确保付款时间。为疫情防控需要，国家出台了一系列对防控物资进口“特事特办”的程序，比如金融机构可在外汇局指导下先行为非“货物贸易外汇收支名录企业”办理进口付汇业务。而疫情防控期间，银行业务人员数量骤减，因此，进口企业应及时与金融机构沟通，将业务办理滞后的风险降到最低。

最后，进口企业有必要及时跟进交通口岸的疫情期间政策规定。一方面，关注交通口岸的政策规定，可以避免货物到港后出现口岸关闭的情况，导致双方造成物流费用增加。另一方面，也能够确保不错过关于进出口的利好的政策。如2020年3月1日至6月30日，免收进出口货物港口建设费，将货物港务费、港口设施保安费等政府定价收费标准降低20%，取消非油轮货船强制应急响应服务及收费。6月底前，减半收取铁路保价、集装箱延期使用、货车滞留等费用。此类利好政策，或将为进口企业减轻部分负担。

【相关法律法规】

1.《联合国国际货物销售合同公约》第七十九条：“(1) 当事人对不履行义务，不负责任，如果他能证明此种不履行义务，是由于某种非他所能控制的障碍，而且对于这种障碍，没有理由预期他在订立合同时能考虑到或能避免或克服它或它的后果。(2) 如果当事人不履行义务是由于他所雇用履行合同的全部或一部分规定的第三方不履行义务所致，该当事人只有在以下情况下才能免除责任：(a) 他按照上一款的规定应免除责任，和 (b) 假如该款的规定也适用于他所雇用的人，这个人也同样会免除责任。(3) 本条所规定的免责对障碍存在的期间有效。(4) 不履行义务的一方必须将障碍及其对他履行义务能力的影响通知另一方。如果该项通知在不履行义务的一方已知道或理应知道此一障碍后一段合理时间内仍未为另一方收到，则他对由于另一方未收到通知而造成的损害应负赔偿责任。(5) 本条规定不妨碍任一方行使本公约规定的要求损害赔偿以外的任何权利。"

2.《财政部　交通运输部关于减免港口建设费和船舶油污损害赔偿基金的公告》："为进一步做好新冠肺炎疫情防控工作，推动企业复工复产，促进外贸稳定发展，现就减免港口建设费和船舶油污损害赔偿基金有关政策公告如下：一、免征进出口货物，即出口国外和国外进口货物的港口建设费。二、减半征收船舶油污损害赔偿基金。三、上述政策自 2020 年 3 月 1 日零时起至 2020 年 6 月 30 日 24 时止执行，以船舶进出港时点为准。四、对符合减免条件但缴费人已缴费的，由中央海事管理机构从经批准的相关银行账户中办理退费或从缴费人应缴费额中予以抵扣。"

3.《关于应对新型冠状病毒肺炎疫情加强金融服务支持实体经济平稳发展的若干措施》（辽金监发〔2020〕3 号）："支持疫情防控物资进口付汇。按照'特事特办'原则，在办理疫情防控物资进口付汇业务时，金融机构可在外汇局指导下先行为非‘货物贸易外汇收支名录企业’办理进口付汇业务，并在业务完成后20个工作日内向外汇局报备。”

【延伸阅读】

中国贸促会商事法律服务中心法律顾问处：“‘新冠病毒’疫情下外贸企业适用不可抗力和情势变更制度法律指南”，中国国际贸易促进委员会官网，http：//www.ccpit.org/Contents/Channel_4324/2020/0218/1241550/content_1241550.htm，2020年2月18日。

46. 出口企业的应对

疫情下，出口企业应采取哪些减损措施？

【解答】受疫情影响，出口企业面临着无法如期完工、交付，境外客户订单取消等问题。国际贸易出口企业可以采取的措施包括但不限于：及时通知境外进口商、开具不可抗力证明；注意保存证据；谨慎发出拒绝履行或解除合同的通知；积极沟通寻求谅解，必要时寻求第三方帮助。必要时，根据双方签订合同的约定或合同依据的准据法规定的违约责任承担方式主张权利。疫情期间避免采用免定金、货到付款的方式进行贸易。

【分析】国内“用工荒”时期。第一，及时履行通知义务并申请开具不可抗力证明。根据《联合国国际贸易买卖合同公约》79条，不履行义务的一方必须将障碍及其对他履行义务能力的影响通知另一方，否则可能失去主张免责的权利，因此，出口企业应当第一时间向客户发出通知。必要时，出口企业可以向中国国际贸易促进委员会申请开具不可抗力证明。第二，应注意保存证据。保存的证据包括两方面，一方面是履行通知义务的证据，如与对方沟通的记录，电话记录，邮件往来记录等。另一方面是关于因疫情导致不能履行合同或对履行合同造成实质影响的证据，如交通管制、隔离要求、假期延长、延期复工、停止营业等行政措施公告、中国贸促会出具的不可抗力相关的事实性证明等。第三，建议出口企业谨慎发出拒绝履行或解除合同的通知。一方面，出具不可抗力证明，仅用以证明存在不可抗力这一客观事实，一定条件下可以作为不履行合同的免责事由或责任分配依据，但不导致解除合同的法律后果，合同是否可以解除首先要看合同约定的解除事由是否发生，其次是看准据法中法定解除事由是否发生。因此，企业应审慎作出拒绝履行或解除合同的表示。第四，疫情下，获得对方谅解，达成暂缓履行或者其他补充协议是出口企业的上上策。增加双方妥善沟通的目的，企业可以在沟通前求助于各地方的商务主管部门，获得法律和信息帮助，另外，除了自行沟通外，企业亦可以求助于贸易促进委员会中国国际商会调解中心等第三方机构，协助调解。

"订单荒"时期。第一，充分与上下游进行沟通。一方面，进口商取消订单之时，国内生产商可能已经订购或购入原材料，此时，有必要与原料供应商进行充分沟通，获得谅解，对超量订购或购入的无法消化的原料，重新商定合同条款。另一方面，对于取消订单的进口商，由于能不排除疫情过后双方合作的可能，因此，先以协商的方式，根据合同的违约条款达成处理方案，是比较理智的选择。第二，如果订单已经完成，应及时寻求国际或国内的其他销路，以降低损失。第三，单方取消订单相当于解除合同，除非有约定或法定的事由，否则构成违约，如构成违约，出口企业可以选择根据合同约定的争议解决条款进行救济。第四，一般来说，国际贸易合同如果涉及生产，双方会约定一定比例的定金，但事实上，却有生产商为了留住大客户给出货到付款的优惠。疫情期间签订合同时，生产商还是应当给自己多一些保障，来预防取消订单的风险。第五，如果现有的进口商尚未发出取消订单的通知，建议生产商在生产前与进口商沟通确认，同时了解进口商当地的防疫政策，避免无法交货的情况。

【相关法律法规】

1.《联合国国际货物销售合同公约》第七十九条："(1) 当事人对不履行义务，不负责任，如果他能证明此种不履行义务，是由于某种非他所能控制的障碍，而且对于这种障碍，没有理由预期他在订立合同时能考虑到或能避免或克服它或它的后果。(2) 如果当事人不履行义务是由于他所雇用履行合同的全部或一部分规定的第三方不履行义务所致，该当事人只有在以下情况下才能免除责任：(a) 他按照上一款的规定应免除责任，和 (b) 假如该款的规定也适用于他所雇用的人，这个人也同样会免除责任。(3) 本条所规定的免责对障碍存在的期间有效。(4) 不履行义务的一方必须将障碍及其对他履行义务能力的影响通知另一方。如果该项通知在不履行义务的一方已知道或理应知道此障碍后一段合理时间内仍未为另一方收到，则他对由于另一方未收到通知而造成的损害应负赔偿责任。(5) 本条规定不妨碍任一方行使本公约规定的要求损害赔偿以外的任何权利。"

2.《关于帮助外贸企业应对疫情克服困难减少损失的通知》："一、各商会将协助有需求的企业，无偿出具因疫情导致未能按时履约交货的不可抗力事实性证明；二、各商会将针对因疫情引发的相关贸易限制措施，为企业提供必要的法律和信息服务；三、各商会将协调国内外组展机构，帮助因疫情无法出国参展的企业妥善处理已付费用等相关问题；四、各商会将加强与企业和地方政府的沟通联系，及时共享有关产品和服务的信息，搭建供需对接的桥梁。”

【延伸阅读】

中国贸促会商事法律服务中心法律顾问处：“‘新冠病毒’疫情下外贸企业适用不可抗力和情势变更制度法律指南”，中国国际贸易促进委员会官网，http://www.ccpit.org/Contents/Channel_4324/2020/0218/1241550/content_1241550.htm，2020 年 2 月 18 日。

47. 出口被拒

疫情期间，境外进口商可以以预防病毒传播为由，拒收货物吗？

【解答】一般情况下不可以，但可以因所在国出台禁止性规定而拒收。

【分析】自从世界卫生组织宣布新冠肺炎疫情构成国际关注的突发公共卫生事件之后，部分境外进口商担心潜在的病毒风险，拒绝接收来自中国的货物。其实世界卫生组织在给出的七条建议中，明确说明不建议限制贸易和人员流动。因此，以预防病毒风险为理由拒收货物，是没有合理依据的。如遇这种情况，出口企业应向对方明示世卫组织的建议、确认双方合同对于货物验收的规定，以及确认是否发生了合同约定的拒收货物的事由或准据法中拒收货物的事由。如果未发生约定的拒收货物的事由，对方拒收存在违约风险。

当然，印度尼西亚、韩国、俄罗斯等一些国家确实出台了对中国进口货物的限制性措施。在这种情况下，进口方是可以拒收货物的。如遇这种情况，国内出口企业首先可以要求进口商提供证据，证明其所在国出台了响应的禁止性强制性规定，其次，国内出口企业应核查其购买的保险合同，确认承保风险中是否包含“禁止买方购买的货物进口”及“不可抗力免责条款”，用以启动理赔程序。

【相关法律法规】

《联合国国际货物销售合同公约》第五十二条：“(1) 如果卖方在规定的日期前交付货物，买方可以收取货物，也可以拒绝收取货物。(2) 如果卖方交付的货物数量大于合同规定的数量，买方可以收取也可以拒绝收取多交部分的货物。如果买方收取多交部分货物的全部或一部分，他必须按合同价格付款。”

48. 供应链风险

因防疫政策影响上游原材料供应链，导致不能如期履约，可否免责？

【解答】一般来说，不构成免责事由。应在原本的原材料供应商不能及时供货的情况下，在市场上寻求其他供应商。否则有违约的风险。

【分析】疫情期间，有两项政策直接影响原材料供应商的供货和交付。一方面，延迟复工导致劳动力不足，如北京、上海等全国大部分城市都要求外来人员来到本市后，自行隔离14天。另一方面，原材料供应商需要完成必要的防疫措施，如轮岗、员工健康情况统计、履行疫情防控程序、防疫物资准备等，这势必会占据原材料供应商的精力，降低生产经营的效率。而原材料供应商交付的不确定性，又影响下游企业履行供货义务，进而导致下游企业违约。

原材料供应商不能提供足够的原料，不构成下游企业违约的免责事由。首先，《联合国国际货物销售合同公约》第七十九条中规定的不可抗力免责原因是合同当事人及其雇佣的第三方遇到非其所控的障碍，这里并不包括供应商。其次，虽然疫情可能导致的延期复工，可能使原本的原材料生产厂家生产产能下降，但出口企业是可以寻求替代方案的，比如联络其他国内供应商或者通过境外供应商购买原材料。除非出口企业证明市场上购买不到“商业上的替代品”，否则通常不被认为是《公约》中“非他所能控制的障碍”。

综上，寻求市场上其他原材料供应商并保留其已经做出努力寻求替代方案的证据，是避免违约风险的必要动作。

【相关法律法规】

1.《联合国国际货物销售合同公约》第七十九条：“（1）当事人对不履行义务，不负责任，如果他能证明此种不履行义务，是由于某种非他所能控制的障碍，而且对于这种障碍，没有理由预期他在订立合同时能考虑到或能避免或克服它或它的后果。（2）如果当事人不履行义务是由于他所雇用履行合同的全部或一部分规定的第三方不履行义务所致，该当事人只有在以下情况下才能免除责任：（a）他按照上一款的规定应免除责任，和（b）假如该款的规定也适用于他所雇用的人，这个人也同样会免除责任。”

2.《关于做好市级社会组织到京工作人员信息统计工作的通知》：“到京前14日内离开湖北地区或者有过湖北地区人员接触史的到京工作人员，要严格做好居家医学观察或遵从当地卫生健康部门的安排进行集中医学观察，不得外出。从其他疫情高发地区到京人员要主动自行隔离14天，外出时佩戴口罩。”

3.《关于进一步落实本市住宅小区疫情防控措施的工作要求》：“各物业服务企业服务人员上岗前必须测量体温，工作时应当佩戴口罩。对于重点地区来沪的物业服务人员应当根据本市疫情防控要求，进行隔离观察（留验），经疾病控制部门确认解除隔离观察后方可到岗工作。对于非重点地区来沪的物业服务人员（包括保洁、保安等外包服务人员），应当及时向居住地居村委登记，并自行居家隔离14天，每天2次测量体温。”

49. 中药出口法律风险

疫情让中药在国际上又火了一把，中药出口或将成为国际贸易的新热点。中药出口面临哪些法律风险？

【解答】准入风险、出口知识产权保护风险、技术性贸易壁垒风险。

【分析】在出口过程中，出口企业应注重防范准入风险、知识产权保护风险和贸易壁垒风险。

1. 中药出口需要满足输入国要求。一般中药出口，仅需办理对外贸易经营者备案登记并取得中华人民共和国海关报关单位注册登记证书即可。比如，进入美国市场，需要进行美国食品和药物管理局（FDA）的认证；进入欧盟市场，需要符合原料药《传统植物药注册程序指令》2011/62/EU，即生产企业必须取得出口国药品监管机构签发的证明文件，并保证符合以下要求：活性成分只能在符合欧盟GMP标准或等同于该标准的要求下生产；只有在EU委员会列出的具有GMP同等标准的名单上的国家出口活性药物成分（API）可以豁免提供书面声明。

2. 知识产权保护风险。中药出口的知识产权风险集中体现于商标抢注问题和专利保护问题。中药出口应注意以下动作：

出口时，首先调查出口中药产品的商标、专利是否在产品销售地被注册。如尚未注册，应尽快开展海外所在地当地商标注册、区域性商标注册或马德里协议商标注册工作。如果发现商标已经遭到抢注，谈判无果的情况下，可以考虑启动异议或诉讼程序。此时企业必须要妥善保管与商标有关的证明材料，同时还应及时充分搜集一切能证明商标归己所有的证据，这些都是确保商标海外维权成功的关键。

3. 技术贸易壁垒风险。国际上对中药进口设置了不同程度的检验标准和程序要求。如果出口中药不符合标准，有退货风险。例如，我国出口欧洲国家的干枸杞多次因被检测出未授权物质而遭到预警通报，被要求从消费者处召回。

【相关法律法规】

1.《中华人民共和国药品管理法》第六十六条："进口、出口麻醉药品和国家规定范围内的精神药品，应当持有国务院药品监督管理部门颁发的进口准许证、出口准许证。"

2.《国家药品监督管理局关于药品出口有关问题的批复》："药品出口主要以输入国要求为准，只要输入国没有特殊的要求，根据国家鼓励出口的宏观经济政策，药品监督管理部门原则上应予支持。"

3.《联合国国际货物销售合同公约》第四十一条："卖方所交付的货物，必须是第三方不能提出任何权利或要求的货物，除非买方同意在这种权利或要求的条件下，收取货物。但是，如果这种权利或要求是以工业产权或其他知识产权为基础的，卖方的义务应依照第四十二条的规定。"

第四十二条："（1）卖方所交付的货物，必须是第三方不能根据工业产权或其他知识产权主张任何权利或要求的货物，但以卖方在订立合同时已知道或不可能不知道的权利或要求为限，而且这种权利或要求根据以下国家的法律规定是以工业产权或其他知识产权为基础的：（a）如果双方当事人在订立合同时预期货物将在某一国境内转售或做其他使用，则根据货物将在其境内转售或做其他使用的国家的法律；或者（b）在任何其他情况下，根据买方营业地所在国家的法律。（2）卖方在上一款中的义务不适用于以下情况：（a）买方在订立合同时已知道或不可能不知道此项权利或要求；或者（b）此项权利或要求的发生，是由于卖方要遵照买方所提供的技术图样、图案、程式或其他规格。”

【延伸阅读】

1. 郑丽君、莫颖宁：“基于2010—2015年中药出口情况的SWOT分析及应对策略”，《西部中医药》，2018年第31卷第1期。

2. 臧阿月：“商标海外抢注行为的法律研究”，《吉林工商学院学报》，2018年12月第34卷第6期。

3. 何畅：“从英国禁令分析中药出口欧盟的重金属超标问题及对策”，《中草药》，2016年5月第47卷第10期。

第12章　疫情防控期间司法程序中的法律风险及应对

50. 诉讼时效影响

疫情会引起诉讼时效中止吗？

【解答】不一定。

【分析】满足以下两个条件，疫情作为不可抗力事件可以引起诉讼时效中止：一是疫情造成的障碍导致权利人无法行使请求权；二是疫情造成的障碍发生在诉讼时效期间的最后六个月内。如果疫情对当事人造成的障碍未达到“无法行使请求权”的程度，或者障碍发生在诉讼时效届满的六个月前，不能引起诉讼时效中止。

【相关法律法规】

《中华人民共和国民法总则》第一百九十四条：“在诉讼时效期间的最后六个月内，因下列障碍，不能行使请求权的，诉讼时效中止：（一）不可抗力；（二）无民事行为能力人或者限制民事行为能力人没有法定代理人，或者法定代理人死亡、丧失民事行为能力、丧失代理权；（三）继承开始后未确定继承人或者遗产管理人；（四）权利人被义务人或者其他人控制；（五）其他导致权利人不能行使请求权的障碍。自中止时效的原因消除之日起满六个月，诉讼时效期间届满。自中止时效的原因消除之日起满六个月，诉讼时效期间届满。”

51. 疫情对上诉的影响

疫情对上诉程序有哪些影响？

【解答】疫情对上诉主要有三方面影响。首先，对上诉期届满时间在春节延长假期内的，上诉期因法定假日延长而延长2 日。其次，如企业法定代表人或其代理人因感染新冠病毒住院治疗，而未能在法定期间提交上诉材料，需在障碍解除后十日内申请顺延。最后，因为延迟复工或出行不便错过上诉期，可能导致当事人错过上诉机会。

【分析】首先，疫情间接导致上诉期届满时间在春节延长假期内的，上诉期延长了2日。根据《民事诉讼法》关于上诉期间的规定，对一审判决不服的上诉期为15日，对一审裁定不服的上诉期是10日，均自当事人收到判决书、裁定书之日起计算，如期间届满的最后一日是节假日的，以节假日后的第一日为期间届满的日期。介于本次疫情发生在春节假期，经国务院批准，2020年春节假期延长至2020年2月2日。如果上诉期届满的时间在假期期间，则可顺延至假期结束第一个工作日即2020年2月3日。

其次，疫情可能导致患病的当事人无法及时提交上诉状。如果当事人因患有新冠肺炎而住院治疗等原因导致在上诉期间提起上诉存在障碍的，在障碍消除后的十日内，可以申请顺延期限，是否准许，由人民法院决定。

最后，疫情期间，当事人可能因认识错误导致错过上诉机会。比如，疫情防控期间，部分企业因地方政策或出于安全考虑，采取了延迟复工的措施，又恰逢延迟复工与春节假期延长无缝衔接，有的当事人想当然地认为，上诉期限也同时顺延，但这种理解是错的，企业的延迟复工不是法定节假日，不能引起上诉期限的顺延。再如，有的当事人认为，疫情造成的出行不便是无法在上诉期内提交上诉状的理由。实则这种理由并不一定能成立。一方面，法院接受邮寄送达，且《民事诉讼法》明确规定诉讼文书在期满前交邮的，不算过期，因此，当事人是可以通过邮寄的方式提交上诉状；另一方面，此次疫情期间，全国各地法院相继推出了线上受理，公众号受理，因此，疫情影响出行，并不是不能在法定期间内提起上诉的理由。

【相关法律法规】

1. 《中华人民共和国民事诉讼法》第八十二条："期间届

满的最后一日是节假日的，以节假日后的第一日为期间届满的日期。期间不包括在途时间，诉讼文书在期满前交邮的，不算过期。”

第八十三条：“当事人因不可抗拒的事由或者其他正当理由耽误期限的，在障碍消除后的十日内，可以申请顺延期限，是否准许，由人民法院决定。”

第一百六十四条：“当事人不服地方人民法院第一审判决的，有权在判决书送达之日起十五日内向上一级人民法院提起上诉。当事人不服地方人民法院第一审裁定的，有权在裁定书送达之日起十日内向上一级人民法院提起上诉。”

2.《国务院办公厅关于2020年部分节假日安排的通知》：“春节：1月24日至30日放假调休，共7天。1月19日（星期日）、2月1日（星期六）上班。”

3.《国务院办公厅关于延长2020年春节假期的通知》：“延长2020年春节假期至2月2日（农历正月初九，星期日），2月3日（星期一）起正常上班。”

52. 疫情对延期审理的影响

因疫情原因，对方当事人申请延期审理，有什么办法能推动审判过程？

【解答】可以向法院申请，采用远程视频方式开庭。

【分析】根据《最高人民法院关于适用〈中华人民共和国民事诉讼法〉的解释》，当事人双方可就开庭方式向人民法院提出申请，由人民法院决定是否准许。经当事人双方同意，可以采用视听传输技术等方式开庭。因此，采用视听传输技术等方式开庭除了法院有必要的硬件支持外，还需要满足：当事人向法院提出申请；法院允许；双方当事人均同意采用视听传输技术方式开庭这三个条件：

为了有效防控新冠肺炎疫情，最高人民法院在2020年2月14日出台《最高人民法院关于新冠肺炎疫情防控期间加强和规范在线诉讼工作的通知》用以指导各级法院在疫情期间进行线上审理。关于线上审判早在2015年的《最高人民法院关于适用〈中华人民共和国民事诉讼法〉的解释》中就允许当事人向法院申请以视听传输技术等方式开庭。但实践中，当事人申请用这种方式开庭的并不普遍，从法院公示的案件来看，自最高人民法院关于适用〈中华人民共和国民事诉讼法〉的解释》颁布至今5年期间，仅检索到142起案件通过视听传输技术开庭。疫情无形中推动了视频传输技术在审判过程中的应用。各地相继推出互联网诉讼、云在线诉讼等线上审理方式。以重庆市第五中级人民法院为例，2019年网络开庭案件为0件，而疫情期间，网络开庭数已经达到169件。综上，向具备视频传输技术的法院提出申请，是疫情期间推动案件进展的重要方式。

【相关法律法规】

《最高人民法院关于适用〈中华人民共和国民事诉讼法〉的解释》第二百五十九条："当事人双方可就开庭方式向人民法院提出申请，由人民法院决定是否准许。经当事人双方同意，可以采用视听传输技术等方式开庭。"

【延伸阅读】

陈国洲、周闻韬："'云审判'加速'智慧法院'能力建设"，中国法院网，https：//www.chinacourt.org/index.php/article/detail/2020/03/id/4830652.shtml，2020年3月4日。

53. 疫情物资查封、冻结

企业专用于疫情防治的资金、物资被查封、扣押、冻结，如何处理？

【解答】企业应当及时向司法机关提出财产保全异议或执行异议。

【分析】2020 年 2 月 17 日，最高人民法院下发《关于认真贯彻落实中央全面依法治国委员会第三次会议精神切实做好防控新型冠状病毒感染肺炎疫情期间审判执行工作的通知》，通知规定，在执行方面，要求各地法院暂缓对承担疫情防控任务的单位、人员以及场所、设备、物资、资金采取执行措施，对明确专用于疫情防治的资金和物资，不得采取查封、冻结、扣押、划拨等财产保全措施和强制执行措施，全力保障疫情防控工作。由此看来，企业如遇到明确用于疫情防治的资金、物资被查封、扣押、冻结的情况，应当及时向司法机关提出财产保全异议或执行异议。

【相关法律法规】

1.《关于认真贯彻落实中央全面依法治国委员会第三次会议精神切实做好防控新型冠状病毒感染肺炎疫情期间审判执行工作的通知》：“在执行方面，要求各地法院暂缓对承担疫情防控任务的单位、人员以及场所、设备、物资、资金采取执行措施，对明确专用于疫情防治的资金和物资，不得采取查封、冻结、扣押、划拨等财产保全措施和强制执行措施，全力保障疫情防控工作。”

2.《最高人民法院关于人民法院民事执行中查封、扣押、冻结财产的规定》第五条：“人民法院对被执行人下列的财产不得查封、扣押、冻结：……（八）法律或者司法解释规定的其他不得查封、扣押、冻结的财产。”

54. 疫情期间破产程序

疫情防控期间，企业如何申报债权？债权人会议怎么开？

【解答】疫情防控期间，企业可以通过网络、微信、电子邮箱、邮寄等方式申报债权。债权人会议可以通过非现场方式召开会议。

【分析】申报债权对债权人利益的实现至关重要。《破产法》要求债权人在人民法院确定的债权申报期限内向管理人申报债权。虽然未申报债权的债权人可以在破产财产最后分配前补充申报，但是，此前已进行的分配，不再对其补充分配。因此，虽然有些地方无法开展现场申报，但是债权人不能因此不申报债权，此时，可以通过破产重整案件信息网来进行，同时，以各地法院疫情期间出台的政策来看，债权人通过电子邮件、微信等电子信息方式向管理人申报债权是被允许的。

除现场会议外，法律也允许通过非现场方式（如在线网络视频会议）召开，管理人可以通过全国企业破产重整案件信息网、移动微法院等破产案件管理网络平台等媒介组织召开。实践中，各地法院也对网络债权人会议进行了尝试。比如辽宁省皇姑法院利用阿里巴巴的破产管理平台召开的破产案件债权人会议，山东省乳山市法院通过全国企业破产重整案件信息网召开了债权人会议，会议完成了网络签到、网络直播、网络投票表决。

【相关法律法规】

1.《破产案件信息公开规定》第十条：“债权人可以在破产重整案件信息网实名注册后申报债权并提交有关证据的电子文档，网上申报债权与其他方式申报债权具有同等法律效力。”

2.《江苏省高级人民法院关于做好新冠肺炎疫情防控期间破产审判工作的实施意见》："疫情防控期间，审判人员、管理人及破产程序相关方应当充分运用微信、电话、电子邮件、全国企业破产重整案件信息网等信息化手段履行职责、行使权利，最大限度避免人员接触和聚集。审判人员和管理人应当向相关各方公布有效联系方式，保障通讯畅通。"

3. 最高人民法院《关于适用〈中华人民共和国企业破产法〉若干问题的规定（三）》第十一条："债权人会议的决议除现场表决外，可以由管理人事先将相关决议事项告知债权人，采取通信、网络投票等非现场方式进行表决。采取非现场方式进行表决的，管理人应当在债权人会议召开后的三日内，以信函、电子邮件、公告等方式将表决结果告知参与表决的债权人。"

4. 最高人民法院《关于企业破产案件信息公开的规定（试行）》第十一条："人民法院、破产管理人可以在破产重整案件信息网召集债权人会议并表决有关事项。网上投票形成的表决结果与现场投票形成的表决结果具有同等法律效力。债权人可以选择现场投票或者网上投票，但选择后不能再采用其他方式进行投票，采用其他方式进行投票的，此次投票无效。"

55. 疫情对仲裁的影响

疫情期间，仲裁案件会受到哪些影响？

【解答】疫情对于仲裁程序的影响主要体现于提交材料的方式、案件审理时间及不能按时参与庭审的延期申请几个方面。

【分析】由于当事人选择的仲裁机构不尽相同，各地仲裁机构在疫情防控期间的政策调整存在差异，但总体来说比较相似。具备在线立案系统的仲裁机构，都倡导当事人优先选择在线立案系统提交仲裁申请书及相关文件，并通过邮寄方式提交仲裁文件，倡导当事人通过电话、电子邮件方式进行沟通，如需现场办理需要提前预约。同时，部分仲裁委员会将开庭审理的案件进行了延期，比如中国国际经济贸易仲裁委员会将2020年2月15日之前的现场开庭审理进行了延期，上海国际经济贸易仲裁委员会将原定于1月31日至2月9日的开庭、听证程序进行延期举。另外，部分仲裁机构提示因新型冠状病毒感染肺炎正在治疗的或者隔离期间或因交通管制等原因无法按期提交材料、无法参加庭审的当事人及其代理人按规定提交延期申请。

因此，选择仲裁作为争议解决方式的企业应当注意其选择的仲裁委员会的提交仲裁申请和仲裁材料的方式变化、开庭时间变化以及特殊情况下按规定提交延期申请。

—— 第 3 篇 ——
复工复产中各行业面临的法律挑战及应对

第 13 章　建筑行业

56. 疫情对建筑行业造成的法律影响与应对

新冠肺炎疫情不可避免地对建设工程、装饰装修行业企业造成一系列负面影响和法律风险，主要体现在以下方面：

一、停工造成的工程延期法律风险

第一，受疫情影响，除原有的七天春节假期外，2020 年 1 月 26 日，国务院办公厅发布《关于延长 2020 年春节假期的通知》，延长 2020 年春节假期至 2 月 2 日，2 月 3 日起正常上班。后来各地政府又结合当地实际情况，对部分行业延长至 2 月 9 日 24 时。这导致了建筑企业无法正常复工，工程期限必然延后。第二，由于人员、设备、原材料受到疫情管控措施的影响无法及时到位也导致工程延期。第三，各地政府要求企业复工复产应当具备防疫条件，复工应当经政府备案同意，这也导致部分建筑企业无法按期复工，工程期限延后。

【应对措施】 工期延后会造成建筑企业违约，按照施工合同要承担迟延完工违约金，按照采购合同可能要延期采购或者取消采购，也构成违约。应对延期违约法律责任的主要对策有：第一，本次新冠肺炎疫情已经被司法机关明确为不可抗力事件，施工企业可以不可抗力为由积极与对方当事人取得联系和沟通，告知其本企业受到疫情影响的程度、恢复期信息，取得谅解，调整何合同期限及调整施工进度安排。第二，及时获取不可抗力证明文件，如政府部门发布的关于疫情的“封城”“停工”“停运”“停业”公告、命令等均属于“不可抗力”相关的证明。另外，中国国际贸易促进委员会也可以出具相应的不可抗力证明。收集证据特别注意明确不可抗力事件与工程延期之间的因果关系。第三、与业主方、分包方、供应方各方之间建立良性协调机制，尽力使肺炎疫情造成的各方损失降到最低。

二、原材料价格上涨或者供应短缺造成的工程成本增加法律风险

全国各地采取的生产、交通管控措施必然影响到供应商的供货能力，同时因肺炎疫情的暴发造成市场价格波动，也将造成供货价格的上涨。设备材料价格上涨，建筑企业成本增加，合同违约风险加大。

【应对措施】 第一，关注设备材料采购合同履行情况，细化分析各品类设备原材料的价格变动情况和原因、持续期限，供应商生产恢复能力、运输恢复情况等，针对性的采取变更、解除、继续履行合同，使损失达到最小。第二，积极与供应商联系，根据情况协商变更合同条款。第三，对于一些价格涨幅过大的品种，做好价格变动数据和运营的证据采集，与业主方

及时沟通争取变更承包价格。

三、用工难复工难造成的用工法律风险

建筑企业用工法律风险体现在两个方面：一是建筑企业自身正常签订劳动合同人员的用工。主要是假期、停工期间、复工后的工资标准，疫情期间的劳动合同解除，工伤等问题，此部分同一般企业相似，可以参考本书劳动用工章节。二是由于建筑企业是使用农民工最多的行业，农民工又存在流动性大，季节性强的特点，本次疫情恰逢春节期间，很多农民工返乡后因疫情防控措施无法及时返城返岗，造成建筑企业用工难复工难。在招聘新工人和员工复工时，面临着疫情检查、防控、隔离的现实问题。另外，由于建筑企业往往采取转包、分包方式间接使用农民工，也不缴纳支付工资、社保等费用，一旦员工染病或隔离，发生的医疗费、工资、赔偿等，依据《最高人民法院关于审理建设工程施工合同纠纷案件适用法律问题的解释》第二十六条规定，建筑企业仍然要承担垫付责任。

【应对措施】认真学习国家、省市政府关于疫情期间的休假、用工、复工政策，在承担社会责任的同时，灵活应用政策，降低用工成本。对于转包分包单位和农民工，要加强管理，防控好疫情。

【相关法律法规】

《最高人民法院关于审理建设工程施工合同纠纷案件适用法律问题的解释》第二十六条：“实际施工人以转包人、违法分包人为被告起诉的，人民法院应当依法受理。实际施工人以发包人为被告主张权利的，人民法院可以追加转包人或者违法分包人为本案当事人。发包人只在欠付工程价款范围内对实际施工人承担责任。”

57. 工程延期问题

因疫情导致土木工程、房屋建筑、房屋装修等建设工程、停工或者延迟的，承包人能否主张顺延工期？

【解答】 可以依法依约顺延。

【分析】 新冠肺炎疫情造成的建设工程延期有几种不同情形：一是因疫情防控导致工程停工或者迟延复工，比如政府命令停工停产的，在这期间，禁止施工，承包人主张顺延工期的，理应得到支持；二是由于人员、设备、原材料受到疫情交通管控措施的影响无法及时到位导致工程延期，还有政府并不禁止施工，但企业复工复产应当具备防疫条件，复工应当经政府备案同意的，这也导致部分建筑企业无法按期复工，工程期限延后。这种情况延期并不是完全由于疫情造成，承包人应及时按照合同约定向发包人提出工期顺延申请，发包人、监理单位应当实事求是地对工期应否顺延做出签证。如果承包人没有在合同约定期间内提出申请或者没有取得发包人工期顺延签证，可以依照《最高人民法院关于审理建设工程施工合同纠纷案件适用法律问题的解释（二）》第六条规定请求法院处理。

【相关法律法规】

《最高人民法院关于审理建设工程施工合同纠纷案件适用法律问题的解释（二）》第六条："当事人约定顺延工期应当经发包人或者监理人签证等方式确认，承包人虽未取得工期顺延的确认，但能够证明在合同约定的期限内向发包人或者监理人申请过工期顺延且顺延事由符合合同约定，承包人以此为由主张工期顺延的，人民法院应予支持。当事人约定承包人未在约定期限内提出工期顺延申请视为工期不顺延的，按照约定处理，但发包人在约定期限后同意工期顺延或者承包人提出合理抗辩的除外。”

58. 材料涨价承担问题

因疫情导致房屋建筑、土木工程建筑、房屋装饰装修材料价格猛涨，承包人能否主张解除合同？能否调整价格？

【解答】一般不得解除，可以协商变更。

【分析】各地法院出台司法文件一般都鼓励当事人继续履行合同。当事人以受疫情影响不能履行合同为由，主张解除建设工程合同的，一般不予支持。施工期间人工、材料、机械设备价格受疫情影响发生变动，首先应当按照合同约定的价格调整条款予以处理。但是如果价格暴涨，出现亏损倒挂等情况，继续履行对于一方当事人明显不公平或者不能实现合同目的，当事人也可以适用情势变更请求变更或解除合同。适用情势变更需要严格区分造成价格波动的情形是属于情势变更，还是正常的商业风险。这次疫情造成的劳动力不足、因运输导致材料和设备迟延、部分建筑材料价格大幅上涨、汇率变动、国家经济贸易政策等变化都属于情势变更，在一定程度上构成了合同履行的障碍，但是这种情势变更到底由多严重，到底对合同履行造成了多大的影响，是否可以量化，是否有必要对合同做出调整，还需要当事人提供的证据证明。如果已经明显超出签订合同时各方对可能存在的市场风险范围和幅度的预估，对于明显超出部分，可以请求调整。

【相关法律法规】

《最高人民法院关于适用〈中华人民共和国合同法〉若干问题的解释（二）》第二十六条：“合同成立以后客观情况发生了当事人在订立合同时无法预见的、非不可抗力造成的不属于商业风险的重大变化，继续履行合同对于一方当事人明显不公平或者不能实现合同目的，当事人请求人民法院变更或者解除合同的，人民法院应当根据公平原则，并结合案件的实际情况确定是否变更或者解除。”

59. 停工损失承担问题

因疫情防控停工造成增加的设备费、人工费等损失如何承担?

【解答】 按照合同约定办理，合同无约定的合理分担。

【分析】 受新冠肺炎疫情影响，建筑装饰施工工程被迫停工的，对该停工或者延误期间确应支付的工作人员报酬、临时场地、设备及材料等租赁费、超出市场正常涨价幅度的主材成本费用等，可以认定为损失。该时间段对应的利润损失、资金占用利息、逾期交房违约损失等，一般不认为是损失。

由于本次新冠肺炎疫情已经构成不可抗力，不可抗力造成的损失承担首先要按照《建设工程施工合同》约定处理。《建设工程施工合同（示范文本）》（GF－2017－0201）约定不可抗力导致的人员伤亡、财产损失、费用增加和（或）工期延误等后果，由合同当事人按以下原则承担：（1）永久工程、已运至施工现场的材料和工程设备的损坏，以及因工程损坏造成的第三人人员伤亡和财产损失由发包人承担；（2）承包人施工设备的损坏由承包人承担；（3）发包人和承包人承担各自人员伤亡和财产的损失；（4）因不可抗力影响承包人履行合同约定的义务，已经引起或将引起工期延误的，应当顺延工期，由此导致承包人停工的费用损失由发包人和承包人合理分担，停工期间必须支付的工人工资由发包人承担；（5）因不可抗力引起或将引起工期延误，发包人要求赶工的，由此增加的赶工费用由发包人承担；（6）承包人在停工期间按照发包人要求照管、清理和修复工程的费用由发包人承担。不可抗力发生后，合同当事人均应采取措施尽量避免和减少损失的扩大，任何一方当事人没有采取有效措施导致损失扩大的，应对扩大的损失承担责任。如果合同没有约定，也可以参考《建设工程工程量清单计价规范》（GB50500－2013）第9.11条不可抗力部分的规定处理。

【相关法律法规】

《建设工程工程量清单计价规范》（GB50500－2013）第9.11条："因不可抗力事件导致的费用，发、承包双方应按以下原则分别承担并调整工程价款：（1）工程本身的损害、因工程损害导致第三方人员伤亡和财产损失以及运至施工场地用于施工的材料和待安装的设备的损害，由发包人承担；（2）发包人、承包人人员伤亡由其所在单位负责，并承担相应费用；（3）承包人的施工机械设备损坏及停工损失，由承包人承担；（4）停工期间，承包人应发包人要求留在施工场地的必要的管理人员及保卫人员的费用由发包人承担；（5）工程所需清理、修复费用，由发包人承担。"

60. 赶工费用承担问题

疫情影响消失后，建设工程赶工的，赶工费用应由谁负担？

【解答】发包人要求赶工的，由发包人承担。

【分析】首先，因为疫情不可抗力造成的工程延期不应当计入原定工程期限内，非因不可抗力造成的工程延期，要依据合同约定处理。其次，发包人基于项目建设周期考虑，必须要求赶工的，由此增加的施工费用应当有发包人承担。建议发包人与施工企业在赶工前进行协商，通过补充协议等方式明确赶工费的计取。发包人可要求承包人及时确定赶工措施方案和相关费用预算，报发包人审核。

61. 建设工程优先受偿权问题

受新冠肺炎疫情影响，施工企业无法及时行使建设工程优先权的，期限是否可以顺延？

【解答】 建设工程优先受偿权不因疫情防控产生中断、中止或延长等法律后果。

【分析】 建设工程优先受偿权是指承包人对于建设工程的价款就该工程折价或者拍卖的价款享有优先受偿的权利，优先于一般的债权，也优先于抵押权。建设工程承包人行使优先权的期限为六个月，自建设工程竣工之日或者建设工程合同约定的竣工之日起计算。建设工程优先受偿权是一种形成权，权利人在法律规定的期限内不行使其权利，其权利即被除斥。因此，新冠肺炎疫情造成的疫情管控，司法机关的停工放假可能造成承包人无法行权。参考最高人民法院和各地方法院发布的关于疫情期间受理诉讼案件的临时性公告，基本上都规定，受疫情管控不能正常立案的，诉讼期限届满日顺延至法院可以受理案件的第一个工作日。

【相关法律法规】

最高人民法院《关于建设工程价款优先受偿权问题的批复》："人民法院在审理房地产纠纷案件和办理执行案件中，应当依照《中华人民共和国合同法》第二百八十六条的规定，认定建筑工程的承包人的优先受偿权优于抵押权和其他债权……四、建设工程承包人行使优先权的期限为六个月，自建设工程竣工之日或者建设工程合同约定的竣工之日起计算。"

62. 防疫措施费用承担

工程复工后，因防控疫情增加的房屋建筑、土木工程建筑、装修工程特殊材料费、消毒措施费等如何承担？

【解答】 按照合同约定办理，合同无约定的合理分担。

【分析】 建筑企业复工后，由于疫情还没有结束，必须按照政府部门要求，采取必要的疫情防控措施，比如购置体温枪、口罩，进行环境消毒等，这就临时增加了现场措施费用。这部分费用并不是承包人原因增加的，由承包人完全承担并不合理。这部分费用双方签订合同时也无法预测，属于不可抗力造成的。因此，首先看合同对这种不可预测费用有无具体约定，如果有就按照合同执行，如果可参考不可抗力条款处理，由双方协商共同合理分担。

【相关法律法规】

安徽省高级人民法院《涉新冠肺炎疫情房地产纠纷案件审判指引》："七、因疫情防控增加的工程措施费用，应否计入工程造价？答：因疫情防控增加的防护措施等费用，一般属签订合同时当事人无法预见的费用，对此类费用应否计入工程造价，一般应当遵从当事人的约定。要注意的是，建设工程施工合同是由一系列合同文件组成的，包括合同协议书、中标通知书、投标函及其附录、合同专用条款和通用条款、已标价工程量清单或预算书等。在上述合同文本，如投标函及附录、专用条款和通用条款、已标价工程量清单或预算书中对不可预见费用作出约定的，则应当按照当事人的约定处理；合同没有约定，承包人请求按照主管部门制定的政策性文件调整合同价款的，一般应予支持。"

63. 建筑装修合同变更解除

因疫情导致建筑装修工期延迟、材料价格上涨，业主和承包人能否解除或变更合同？

【解答】一般不得解除，可以协商变更。

【分析】为稳定经济发展和市场逾期，法院一般都鼓励当事人继续履行合同。当事人以受疫情影响不能履行合同为由，主张解除装饰装修合同的，一般不予支持。

施工期间人工、材料、机械设备价格受疫情影响发生上涨，首先应当按照合同约定的价格调整条款予以处理。但是如果价格涨幅巨大，继续履行对于一方当事人明显不公平或者不能实现合同目的，当事人也可以适用情势变更请求变更或解除合同。因为疫情导致装饰工程期限延迟，如果在政府禁止施工的期限内，应当按照不可抗力情形顺延工期；如果是政府未禁止施工的期间，应当计入合同期限。受防疫条件限制确实需要继续延期的，双方当事人可以按照情势变更原则协商变更，公平合理适当延期，一般不应以此为由解除合同。

【相关法律法规】

1.《中华人民共和国合同法》第一百一十七条："因不可抗力不能履行合同的，根据不可抗力的影响，部分或者全部免除责任，但法律另有规定的除外。当事人迟延履行后发生不可抗力的，不能免除责任。本法所称不可抗力，是指不能预见、不能避免并不能克服的客观情况。"

2.《最高人民法院关于适用〈中华人民共和国合同法〉若干问题的解释（二）》第二十六条："合同成立以后客观情况发生了当事人在订立合同时无法预见的、非不可抗力造成的不属于商业风险的重大变化，继续履行合同对于一方当事人明显不公平或者不能实现合同目的，当事人请求人民法院变更或者解除合同的，人民法院应当根据公平原则，并结合案件的实际情况确定是否变更或者解除。"

64. 以案说法——疫情造成逾期违约金问题

“非典”疫情构成不可抗力，影响工期不应当计算逾期违约金。

【案例摘要】 浙江省高级人民法院审理认为2003年“非典”疫情严重，属于众所周知的事实，为避免“非典”疫情在建设工地暴发而暂停施工，属于不可抗力范畴的“非典”疫情期间停工，应予顺延工期，因此造成的工期延误不应当计算逾期违约金。

【案情介绍】 浙江省高级人民法院（2011）浙民终字第34号判决书，上诉人（原审原告、反诉被告）浙江省二建建设集团有限公司（二建公司），上诉人（原审被告、反诉原告）时间房地产建设集团有限公司（时间公司）。

2002年7月1日，二建公司与时间公司签订了台州市海湾浪琴花园工程一标段、二标段、五标段三份建设工程施工合同，约定由二建公司承建施工上述三个标段的土建与安装工程，双方还就工程造价、工期、质量保修、工程款的支付与结算等相关内容作了约定。其中工程价款约定按可调价格合同方式确定，工程期限各标段均为325天，工程质量标准均为合格。之后，双方向台州市建设主管部门和台州市工商行政管理局办理了合同登记备案手续。2002年7月12日，二建公司、时间公司就同一工程另外签订三份建设工程施工合同，该三份合同未经备案，但在工程价款、工程质量、工程期限等施工合同实质性内容方面的约定与双方之前签订的经备案的建设工程施工合同基本一致，所不同的仅仅是一标段工程质量标准变更为“70%优良（其中13号楼或35号楼创括苍杯），其余合格”，二标段工程质量标准变更为“50%优良，其余合格”。

合同签订后，海湾浪琴花园工程一标段于2002年10月10日开工，2004年3月26日竣工，实际工期533天，超出合同约定工期208天，其中时间公司认可的签证顺延工期为50天；二标段于2002年8月8日开工，2004年3月24日竣工，实际工期595天，超出合同约定工期270天，其中时间公司认可的签证顺延工期为52天；五标段于2002年8月20日开工，2004年3月24日竣工，实际工期582天，超出合同约定工期257天，其中时间公司认可的签证顺延工期为37天。一标段的13号楼和35号楼均未被评为括苍杯。工程总价款经双方当事人确认一致为87484858元，时间公司已支付工程款6562万元，尚有余款21864858元未付。

2010年11月30日，二建公司诉至一审法院，请求判令：一、时间公司支付二建公司工程款21864858元，返还履约保证金154万元；二、时间公司支付利息至款清之日，暂计9312925.92元（自2004年6月3日至2010年11月20日，按同期银行贷款利率计算）；三、诉讼等费用由时间公司承担。

2011年1月25日，时间公司提起反诉，请求判令：一、二建公司承担工程迟延违约金298万元；二、二建公司承担工程质量违约金10万元；三、二建公司承担散装水泥和墙改押金647444.3元；四、二建公司开具工程款发票；五、工程价款扣除1438870元劳保费。

关于工程工期是否存在延误，二建公司应否承担工期迟延违约金的问题。二建公司认为，监理签字的工程延期签证有效，工期应予顺延。另外还有非典期间停工一个月，台州市主管部门安全整顿停工两个星期都应该顺延工期。时间公司增加工程量达到了总工程量的13.62%，也应顺延工期113天。时间公司认为，监理签字的工程延期签证无效。合同约定，监理签注的工程延期签证必须经时间公司批准，没有批准的工期顺延无效。

【裁判观点】根据施工合同通用条款13.1款的规定，因不可抗力造成工期延误，可以顺延工期。考虑到2003年“非典”疫情严重，属于众所周知的事实，二建公司为避免“非典”疫情在建设工地暴发而暂停施工，并及时向监理报告了该情况，故对属于不可抗力范畴的“非典”疫情期间停工，应予顺延工期30天。对于二建公司主张的因时间公司设计变更增加工程量而顺延工期的问题，因施工合同专用条款13.1款明确约定“重大设计变更而影响乙方连续施工的”才能顺延工期，而二建公司未能举证证明本案工程存在重大设计变更影响二建公司连续施工的事实，故二建公司该主张不能成立。综上，二建公司一标段工期延误208天，扣除时间公司认可的签证工期顺延50天、“非典”工期顺延30天，实际工期延误128天，按合同约定的工期每延误一天罚5000元计算，一标段工期逾期违约金为64万元；二建公司二标段工期延误270天，扣除时间公司认可的签证工期顺延52天、“非典”工期顺延30天，实际工期延误188天，按合同约定的工期每延误一天罚5000元计算，二标段工期逾期违约金为94万元；二建公司五标段工期延误257天，扣除时间公司认可的签证工期顺延37天、“非典”工期顺延30天，实际工期延误190天，按合同约定的工期每延误一天罚5000元计算，五标段工期逾期违约金为95万元。因此，二建公司应承担三个标段工期逾期违约金总计253万元，该款应从工程款中扣除。

【判决结果】一审法院认定本案海湾浪琴花园工程一、二、五标段工程结算款余款为21864858元，扣除应由二建公司承担的工期迟延违约金253万元、工程质量违约金10万元、散装水泥和墙改押金不能退回的损失647444.3元、围墙分摊费用和水电费1482648.08元、保修费305894.2元、审核咨询费425207元，时间公司尚应支付给二建公司工程款16373664.42元，并自2008年11月26日起按中国人民银行发布的同期同类贷款利率计算利息至实际还款之日止。二审法院维持了一审法院关于非典影响期间应当从哪逾期违约中扣除判决。

第14章　房地产和租赁行业

65. 疫情对房地产行业造成的法律影响与应对

一、房屋开发项目延迟造成的法律风险与应对措施

疫情防控期间，由于施工停工，物流受阻等造成项目开发周期延迟，连锁反应会造成开发企业采购合同逾期，建设工程逾期，并有可能产生违约金；原材料上涨，导致开发费用增加，开发企业资金链承压，甚至有崩盘破产的风险。

【应对措施】针对工程停工，业主方要与施工企业积极沟通，掌握停工原因、期限、影响、复工安排等具体情况，做好证据整理，建立良性协调机制。由于本次新冠肺炎疫情被列入不可抗力，因提供造成的工程延期，不能计入施工方工期，需要双方共同合作使疫情造成的各方损失降到最低。业主方自采购的设施设备，应该梳理合同履行情况，密切关注疫情防控对货物交付的影响，结合工程进度合理调整合同履行时间，减少资金压力。房地产融资合同不能按期偿还的，可以适用人民银行出台的疫情政策，与商业银行协商变更贷款合同。

二、影响房屋销售活动的法律风险与应对措施

疫情期间房屋销售活动受到影响，主要体现在假期延长、疫情人流管控造成《认购协议书》《房屋买卖合同》约定的房屋认购、付款、贷款等行为无法正常进行，付款延长，贷款不能正常办理，甚至发生购房人患病被隔离的情况，若构成不可抗力，也无法追究违约责任。采取房屋销售代理的开发企业，疫情可能会造成代理合同目标无法实现，代理方违约。

【应对措施】房屋买卖双方应根据疫情影响，属于疫情导致合同无法履行的，双方均不构成违约，双方可及时变更合同约定。不属于疫情导致合同无法履行，但一方受疫情影响损失确实过大，全部由其承担损失明显不合理的，可以适用情势变更对双方权利义务进行合理调整。采取房屋销售代理的开发企业还应考虑与代理机构变更代理合同业绩指标和期限的问题。

三、影响房屋交付的法律风险与应对措施

由于工期延误，极可能造成开发企业延迟交付房屋，买卖双方可能会因此产生迟延履行合同、变更合同，甚至解除合同的争议；极端情况下，房屋买卖合同一方当事人因患有或疑似患有新型冠状病毒肺炎，或者作为密切接触者而被隔离，一方可能据此迟延交房、拒绝办理注销抵押登记、办理变更登记手续或提出解除合同的请求。房屋保修期也可能因为疫情防控而超过，买房人权益受损。

【应对措施】处理房屋延迟交付，关键是迟延的原因是否是由疫情这一不可抗力事由直接造成的，若是则按照双方均不构成违约处理。若不是，就需要考虑情势变更，这种情况下需要有充分证据证明存在需要调整合同的情形。因此，买卖双方发生迟延交付、迟延办证、保修期超过等情况的，必须认真收

集相关证据，并且及时告知相对方存在困难，减少损失也化解风险。

66. 逾期支付购房款

新冠肺炎疫情期间，买房人不能按照约定正常支付购房款，是否构成违约，是否支付违约金？

【解答】 应当区分购房款性质，一般的现金付款义务不受疫情影响，应当按约定支付，商业贷款、公积金贷款受银行停业影响，应当予以延迟。

【分析】 首先，对于买房人自付的购房款，由于现在支付宝、网银、微信等第三方支付途径并未受疫情影响，买房人不能以疫情为由拒绝或延迟付款；其次，对于属于申请商业贷款、公积金贷款支付房款的买房人，受疫情影响无法正常办理贷款手续的，属于不可抗力，不构成违约；另外，对于被确诊为新冠肺炎的患者或被隔离的密切接触者，确实无法通过网络途径支付购房款的，可以酌情减免逾期付款违约金，但是开发商有证据证明购房人完全具备支付房款条件的除外。

【相关法律法规】

1. 《中华人民共和国合同法》第一百一十七条："因不可抗力不能履行合同的，根据不可抗力的影响，部分或者全部免除责任，但法律另有规定的除外。当事人迟延履行后发生不可抗力的，不能免除责任。本法所称不可抗力，是指不能预见、不能避免并不能克服的客观情况。"

2. 《最高人民法院关于适用〈中华人民共和国合同法〉若干问题的解释（二）》第二十六条："合同成立以后客观情况发生了当事人在订立合同时无法预见的、非不可抗力造成的不属于商业风险的重大变化，继续履行合同对于一方当事人明显不公平或者不能实现合同目的，当事人请求人民法院变更或者解除合同的，人民法院应当根据公平原则，并结合案件的实际情况确定是否变更或者解除。”

67. 房屋按揭贷款逾期

有一些受疫情影响暂时失去收入来源的人群，可能无法正常偿还房屋按揭贷款、汽车消费贷款、信用卡等，是否可以免除违约责任？

【解答】不能。

【分析】合同具有独立性和相对性，不可抗力只适用于房屋买卖合同、金融借款合同法律关系之内，当事人受疫情影响收入减少是合同之外的情形，不能规避合同之内的还款责任。但是银保监会发布《关于加强银行业保险业金融服务配合做好新型冠状病毒感染的肺炎疫情防控工作的通知》（银保监办发〔2020〕10号）中规定：“对受疫情影响暂时失去收入来源的人群，要在信贷政策上予以适当倾斜，灵活调整住房按揭、信用卡等个人信贷还款安排，合理延后还款期限。”购房人可以据此规定，积极与按揭银行进行沟通，申请延期还贷，以避免承担违约责任。

【相关法律法规】

1.《中华人民共和国合同法》第一百一十七条：“因不可抗力不能履行合同的，根据不可抗力的影响，部分或者全部免除责任，但法律另有规定的除外。当事人迟延履行后发生不可抗力的，不能免除责任。本法所称不可抗力，是指不能预见、不能避免并不能克服的客观情况。”

2.《最高人民法院关于适用〈中华人民共和国合同法〉若干问题的解释（二）》第二十六条：“合同成立以后客观情况发

生了当事人在订立合同时无法预见的、非不可抗力造成的不属于商业风险的重大变化，继续履行合同对于一方当事人明显不公平或者不能实现合同目的，当事人请求人民法院变更或者解除合同的，人民法院应当根据公平原则，并结合案件的实际情况确定是否变更或者解除。”

68. 房屋认购书无法履行和解除

开发商、买房人签署《房屋认购书》后，受疫情影响无法签正式《商品房销售合同》的情况是否构成违约，是否可以解除合同？

【解答】不可以解除，也不构成违约。

【分析】疫情期间，开发商因为停工停业，个人因为患病确诊或者被隔离等疫情防控原因造成无法按照《房屋认购书》约定期限签署正式《商品房销售合同》的，不构成违约，但是也不能解除合同，因为疫情是暂时性，合同仍然具备继续履行的可能。因为无法签正式合同属于最高人民法院《关于审理商品房买卖合同纠纷案件适用法律若干问题的解释》第四条规定“不可归责于当事人双方的事由”，也不适用《房屋认购书》中的定金、违约金规定，无须承担违约责任，一方当事人可以要求顺延期限签订《商品房买卖合同》。

【相关法律法规】

最高人民法院《关于审理商品房买卖合同纠纷案件适用法律若干问题的解释》第四条：“出卖人通过认购、订购、预订等方式向买受人收受定金作为订立商品房买卖合同担保的，如果因当事人一方原因未能订立商品房买卖合同，应当按照法律关于定金的规定处理；因不可归责于当事人双方的事由，导致商品房买卖合同未能订立的，出卖人应当将定金返还买受人。”

69. 逾期办理房屋产权证

因为新冠肺炎疫情造成的房屋登记办证无法按期完成的，开发商是否构成违约？

【解答】因新冠肺炎疫情造成的停工停业影响房屋产权证办理的期限不构成违约。

【分析】首先应当分析开发生逾期办证的原因，如果是因为政府防控疫情责令停工停业的，这一期间理应从办证期限内扣除，不构成违约。如果逾期办证并不是因为政府防控措施造成的，则应当具体分析延期办证的原因，如果是应为出卖人原因造成逾期办证的，出卖人仍然要承担违约责任。

【相关法律法规】

最高人民法院《关于审理商品房买卖合同纠纷案件适用法律若干问题的解释》第十八条："由于出卖人的原因，买受人在下列期限届满未能取得房屋权属证书的，除当事人有特殊约定外，出卖人应当承担违约责任：（一）商品房买卖合同约定的办理房屋所有权登记的期限；（二）商品房买卖合同的标的物为尚未建成房屋的，自房屋交付使用之日起90日；（三）商品房买卖合同的标的物为已竣工房屋的，自合同订立之日起90日。合同没有约定违约金或者损失数额难以确定的，可以按照已付购房款总额，参照中国人民银行规定的金融机构计收逾期贷款利息的标准计算。"

70. 因疫情能否解除房屋租赁合同

疫情防控期间出现承租人以租赁房屋无用为由解除租赁合同，也有出租人以防控疫情为由拒绝承租人使用房屋，是否允许解除合同？

【解答】不能解除合同。

【分析】 虽然新冠肺炎疫情构成不可抗力，但是不可抗力并不必然导致合同解除。疫情是暂时性的，疫情之后合同能够继续履行的还应当继续履行。从各地各级法院出台的司法文件看，鼓励合同继续履行，一般不允许解除合同。但是，因为疫情造成合同双方当事人损失的，依据不可抗力和情势变更原则，双方可以协商延长租期、减免租金，无法达成一致的，可以申请人民法院予以调整。

【相关法律法规】

《中华人民共和国合同法》第八条："依法成立的合同，对当事人具有法律约束力。当事人应当按照约定履行自己的义务，不得擅自变更或者解除合同。"

71. 以案说法——因疫情停业，房屋租金应予以免除

疫情属于不可抗力，造成房屋交付延迟的不构成违约，期间不计算逾期违约金。

【案例摘要】 被告租赁原告房屋从事娱乐业经营，我国在2003年春夏季节发生"非典"疫情造成停业三个月，法院审理认为"非典"疫情众所周知，而且当时娱乐行业响应政府部门防治"非典"的要求而停业也是公知的事实，因此，根据公平原则，被告提出其停业3个月的租金应免除的理由成立。

【案情介绍】 上海市第二中级人民法院（2004）沪二中民二（民）终字第354号判决书，上诉人（原审被告）上海拍谱娱乐有限公司，被上诉人（原审原告）上海新黄浦（集团）有限责任公司。

一审法院查明：上海市金陵东路569号18层房屋共计建筑总面积22226.36平方米产权属新黄浦集团。新黄浦商厦系新黄浦集团于1996年10月3日设立的分支机构。上述房屋一至六层为商场用房，八层至十七层为办公用房，七层为设备层。其中第五、六层的独用面积各为1732.2759平方米，公用面积各为888.0441平方米，建筑面积各为2620.32平方米，分摊系数为1.512645。1997年7月18日，新黄浦集团下属新黄浦商厦与“拍谱公司”（当时尚未正式设立）签订了上海市西藏南路169号（即金陵东路569号）“新黄浦商厦”五、六两层共计建筑面积4518平方米房屋（含五楼、六楼平面之楼梯走道空间）的租赁协议，由拍谱公司经营娱乐业。租赁期限自协议生效后，扣除75天（装修）施工期后开始计算，为期八年。拍谱公司系1998年1月16日设立的企业法人，主要从事娱乐服务业，经营卡拉OK，KTV等。2001年2月9日，拍谱公司与新黄浦商厦续签“房屋租赁协议”一份。双方对房屋租赁部位、面积、用途等约定基本上延续了前一份租赁合同的内容，租赁期限自2001年2月1日至2009年1月31日。起租日为2001年4月16日，第一年至第三年每年年租金为350万元，租金按月缴纳，缴租日为每月的1日，第一期租金为人民币291667元，于2001年5月1日缴付。协议上“违约责任”第二条约定，“如乙方（承租方）拖欠租金达到一个月，甲方（出租方）可以单方面提前终止合同，并不承担乙方的任何费用或损失”。自2001年4月16日至2003年5月31日，拍谱公司按协议应付租金为7437508.50元（25.5个月×291667元），期间，新黄浦集团同意免租金10万元，拍谱公司只需付租金7337508.50元，拍谱公司在此期间已支付租金5272949.10元，拍谱公司欠付新黄浦集团2003年6月1日之前的租金2064559.40元，已欠租达7个月（2064559.40÷291667>7）。2002年12月11日拍谱公司向新黄浦商厦送达一份“关于要求在房租租金中扣除被新开元饭店占用建筑物租金的函”称，“本届承租人”进场后发现有建筑面积约444.3平方米房屋被新开元饭店无偿占用，要求新黄浦商厦出面解决，却至今未见成效。拍谱公司向新黄浦商厦表示，从2001年1月起，该444.3平方米的租金应由新开元饭店承担，由新开元饭店承担共计二年的租金，拍谱公司表示该租金从2002年度拍谱公司应付租金中扣除。同一天，拍谱公司还向新黄浦商厦发出一份“关于请求灭鼠的函”，称鼠患严重，要求出租人切实履行业主职责，将灭鼠工作列入计划。2003年5月15日，拍谱公司向新黄浦集团发出一份要求“非典”停业期间免除所有房租的函，称为防止“非典”，暂时停业，要求减免停业期间的全部房租。拍谱公司出示的一张1998年12月31日的“转账凭证”复印件和一份“装修工程款已付款明细表”复印件显示，拍谱公司的最初装修支出了12950685元，但发票还未取得，按会计制度规定，申请将其转入递延资产，自1999年1月起，分五年平均摊销。嗣后，新黄浦集团诉诸法院，请求判令拍谱公司返还上海市西藏南路169号新黄浦商厦第五、六层房屋，拍谱公司租赁房屋内的所有装修、设备、设施归新黄浦集团所有，拍谱公司向新黄浦集团支付2003年6月1日之前的欠租人民币2064583.40元以及2003年6月1日至实际迁出之日的租金，并支付相关电费、煤气费。

二审法院另查明：1. 新黄浦商厦坐落于西藏南路和金陵东路路口东南角，在金陵东路569号房地产权证所附地籍图上，在上述地理位置上仅标有汇通大厦一幢建筑物。2. 上诉人在租赁场地使用的招牌是“POPKTV拍谱音乐歌唱城”。2003年6月12日，被上诉人向上诉人发出挂号信，提出上诉人拖欠租金，已构成违约，双方签订的租赁协议即行终止。该信于2003

年6月14日被人以POP公司名义签收。

【裁判观点】二审法院认为：首先，新黄浦商厦虽有营业执照，但不是独立法人，只是被上诉人的下属分支机构，其权利义务最终由作为独立法人的被上诉人承受。因此，被上诉人行使新黄浦商厦与上诉人签订的租赁协议中出租人的权利，于法无悖。新黄浦商厦不是本案必须共同进行诉讼的当事人，原审未追加其为当事人，没有违反法定程序。其次，鉴于租赁协议中写明上诉人承租的标的物为“新黄浦商厦”五、六两层房屋（含五楼、六楼平面之楼梯走道空间），且特别注明的所含部位中并不包括五楼北露台，据此可认定五楼北露台不属约定的租赁面积。因双方当事人2001年2月9日签订的“房屋租赁协议”在房屋租赁部位、面积上延续了1997年7月18日租赁合同的内容，故上诉人在1997年7月18日租赁协议签订后就已实际取得2001年2月9日租赁协议约定的全部租赁物，因此上诉人2002年提出楼梯被案外人占用之事系上诉人取得租赁场地后与第三人之间发生的纠纷，并非被上诉人未交付租赁物，对此上诉人应向案外人主张权利，故一审认定协议约定的租赁面积被上诉人已全部交付上诉人属实。再次，现被上诉人所称上诉人应付租金金额已有租赁协议佐证，而上诉人对其已付租金金额负有举证责任却不予举证，故对上诉人已付租金理应采纳被上诉人确认的金额，因此原审查明的上诉人欠租金额有事实依据。基于我国在2003年春夏季节发生“非典”疫情一事众所周知，而且当时娱乐行业响应政府部门防治“非典”的要求而停业也是公知的事实，因此，根据公平原则，上诉人提出其停业3个月的租金应免除的理由成立，本院予以支持，故上诉人所欠租金中应扣除3个月的租金。最后，根据租赁协议约定，承租方拖欠租金达一个月，出租方可以单方面提前终止合同，并不承担承租方的任何费用与损失。现扣除上诉人停业3个月的租金后，上诉人仍结欠被上诉人2003年5月31日前的租金达4个月，故协议中约定的解除合同条件已成就，被上诉人有权解除本案租赁协议。上诉人称双方已协商变更了原协议关于违约责任和解约条款的约定，没有证据证明，本院不予采信。现已查明被上诉人2003年6月12日发出的解约通知，上诉人已于同月14日收取，根据《中华人民共和国合同法》第九十六条规定，当事人一方主张解除合同的，应当通知对方，合同自通知到达对方时解除。因此，本案租赁协议在2003年6月14日已解除。即使上诉人未收到该解除合同通知，现被上诉人起诉要求解除合同，已完成了通知行为，本案租赁协议也在上诉人收到诉状时已解除。另，根据协议约定，被上诉人行使约定解除权提前终止合同后并不承担承租方的任何费用与损失，其中的“任何费用与损失”显然包括上诉人所谓的装潢损失，因此上诉人要求对装潢进行评估的请求，本院不予准许。上诉人要求被上诉人对其装潢进行补偿的要求，没有依据，本院也不予支持。

【判决结果】一审法院判决：一、上海拍谱娱乐有限公司于判决生效之日起十日内将上海市金陵东路569号（即上海市西藏南路169号）“新黄浦商厦”第五、六层房屋腾空后交还上海新黄浦（集团）有限责任公司。二、上海拍谱娱乐有限公司于判决生效之日起十日内向上海新黄浦（集团）有限责任公司支付2003年5月31日之前的欠租人民币2064559.40元。三、上海拍谱娱乐有限公司应向上海新黄浦（集团）有限责任公司支付2003年6月1日至实际迁出之日的租金、使用费，每月以291667元标准按实结算。四、在上海市金陵东路569号(即上海市西藏南路169号)"新黄浦商厦"第五、六层房屋内原上海拍谱娱乐有限公司增添的不能拆除的装潢、设备、设施归上海新黄浦(集团)有限责任公司所有。一审案件受理费人民币21314.80元,财产保全费11724.80元,均由上海拍谱娱乐有限公司负担。

二审法院判决:依照《中华人民共和国民事诉讼法》第一百五十三条第一款第(三)项之规定,判决如下:一、维持上海市黄浦区人民法院(2003)黄民一(民)初字第2878号民事判决第一、第三、第四项;二、撤销上海市黄浦区人民法院(2003)黄民一(民)初字第2878号民事判决第二项及关于一审案件诉讼费的处理决定;三、上诉人上海拍谱娱乐有限公司应于本判决生效之日起十日内向被上诉人上海新黄浦(集团)有限责任公司支付2003年5月31日之前的欠租人民币1189558.40元。一审案件受理费人民币21314.80元,由被上诉人上海新黄浦(集团)有限责任公司负担8322.56元,上诉人上海拍谱娱乐有限公司负担12992.24元。财产保全费人民币11724.80元,由被上诉人上海新黄浦(集团)有限责任公司负担4578.06元,上诉人上海拍谱娱乐有限公司负担7146.74元。二审案件受理费人民币21314.80元,由被上诉人上海新黄浦(集团)有限责任公司负担8322.28元,上诉人上海拍谱娱乐有限公司负担12992.52元。本判决为终审判决。

72. 以案说法——因疫情交付房屋延迟不计算违约金

疫情属于不可抗力,造成《房屋买卖合同》中房屋交付延迟的不构成违约,期间不计算逾期违约金。

【案例摘要】 被告将房屋卖给原告,但被告未按照房屋买卖合同约定期限交付房屋给原告。原告起诉要求被告承担逾期交付房屋违约金，因2002年11月中国出现非典疫情，属不可抗力事件，故起始期应从非典疫情结束后即2003年6月24日开始计算违约金，至2006年3月21日三原告实际支配该房屋止。非典疫情影响期间不计算逾期违约金。

【案情介绍】 河南省周口市中级人民法院（2009）周民终字第1004号判决书，上诉人（原审被告）河南省西华县礼堂清算组。被上诉人（原审原告）王某某，被上诉人（原审原告）武某某，被上诉人（原审原告）张某某。

原审法院审理查明，2001年6月27日、2001年5月23日、2001年5月22日，三原告分别与被告达成楼房买卖合同，被告将位于西华县礼堂东侧、箕城路西侧，从南向北第9间房卖给了原告王某某，原告王某某给付被告房款161000元，被告将位于西华县礼堂东侧、箕城路西侧，从南向北第4间卖给了原告武某某，原告武某某给付被告购房款176000元，被告将位于西华县礼堂东侧、箕城路西侧，从南向北第1间卖给了原告张某某，原告张某某给付被告购房款186000元。被告未于2002年12月31日前交付房屋，也未为三原告办理房产手续，三原告诉至法院。另查明，原告王某某于2001年7月27日与被告签订商品房购销合同，合同中约定：王某某应于七月十日前交齐全部房价。王某某于2001年8月10号支付购房款161000元给被告，购得位于西华县礼堂西侧从南向北第9套房。原告武某某于2001年5月23日与被告签订商品房购销合同，合同中约定：武某某于6月1日前交齐全部房价。武某某于2001年8月8号支付购房款176000元给被告，购得位于西华县礼堂西侧从南向北第4套房。原告张某某购买王会华的房子，张某某称因王会华把购买手续丢失，2001年5月22日与被告补签商品房购销合同，合同上显示购房款186000元，购得位于西华县礼堂西侧从南向北第一套房子。原告张某某未提交交款手续，但被告承认该套房子卖给王会华的事实。三原告称被告于2006年3月21日上午才将房子交付，而被告辩称原来曾向三原告交付房屋，但原告以房子不合格为由未要。2002年11月16日中国广东发生第一起SARS病例，中国发生非典疫情，2003年6月24日世界卫生组织宣布解除对北京的旅行警告，疫情解除。

【裁判观点】原审法院认为：王某某、武某某与被告签订的商品房购销合同合法有效，二原告未在合同约定期限内交付房款，张某某虽购买王会华转让房屋，但张某某与被告补签了商品房购销合同书，故张某某与被告形成新的合同关系。被告未依合同按期向三原告交付房屋，构成违约，给原告造成一定的损失，但合同中约定的违约金过高，可按其交付房屋的同期中国人民银行基准贷款利率支付违约金为宜，因2002年11月，中国出现非典疫情，属不可抗力事件，故起始期应从非典疫情结束后即2003年6月24日开始计算违约金，至2006年3月21日三原告实际支配该房屋止。被告应支付原告王某某违约金28126.54元（按中国人民银行同期基准贷款利率月息5.3‰计算，自2003年6月24日至2006年3月21日止）。被告应支付原告武某某违约金30747.02元（按中国人民银行同期基准贷款利率月息5.3‰计算，自2003年6月24日至2006年3月21日止）。被告应支付原告张某某违约金32494.01元（按中国人民银行同期基准贷款利率月息5.3‰计算，自2003年6月24日至2006年3月21日止）。对被告的其他辩解，因其所举证据不能充分证明其主张，亦无其他证据相互印证，故不予支持。因被告在诉讼中已向三原告交付房屋，原告的第一项请求已无判决必要。

二审法院认为：上诉人河南省西华县礼堂清算组与三被上诉人王某某、武某某、张某某分别于2001年6月27日、2001年5月23日、2001年5月22日，分别签订的商品房购销合同书，是双方当事人的真实意思表示，应当认定为有效合同，上诉人虽然未依合同约定期限向三被上诉人交付相关房屋，亦有违约行为，基于当时出现的非典疫情，应属不可抗力，原审法院对相关违约金酌情判决并无不当。综上，上诉人河南省西华县礼堂清算组的上诉无充分证据支持自己的主张，本院对其上诉不予支持，依法予以驳回。三被上诉人虽然向原审人民法院递交了上诉状，但三被上诉人在人民法院指定的期限内未交纳相关诉讼费用，又未提出司法救助申请，依照《中华人民共和国国务院诉讼费用交费办法》对其上诉不予支持。

【判决结果】一审法院判决：根据《中华人民共和国民法通则》第一百一十一条、第一百一十二条、第一百一十三条，《中华人民共和国合同法》第六十条、第一百一十四条之规定，经本院审判委员会讨论决定，判决：被告河南省西华县礼堂清算组于判决生效之日起十日内给付原告王某某违约金28126.54元，给付原告武某某违约金30747.02元，给付原告张某某违约金32494.01元。如果未按本判决指定的期间履行给付金钱义务，应当依照《中华人民共和国民事诉讼法》第二百二十九条之规定，加倍支付迟延履行期间的利息。诉讼费7235元，三原告负担3617.5元，被告负担3617.5元。

二审法院判决：依照《中华人民共和国民事诉讼法》第一百五十三条一款（一）项之规定，判决如下：驳回上诉，维持原判。二审诉讼费 6125 元，由上诉人承担。本判决为终审判决。

第 15 章　旅游业

73. 疫情对旅游行业的法律影响和应对

一、旅游合同终止、中断、变更的法律风险与应对措施

2020 年 1 月 26 日，国家文化和旅游部发布《关于全力做好新型冠状病毒感染的肺炎疫情防控工作暂停旅游企业经营活动的紧急通知》，规定暂停经营团队旅游及“机票 + 酒店”旅游产品，并要求各地妥善处理好游客行程调整和退团退费等合理诉求。正在履行中的旅游合同都面临着取消、中断或者变更的法律风险，由此产生的酒店取消、团费退还等都有可能产生纠纷。

【应对措施】 首先，旅游合同双方应积极沟通，依据《合同法》《旅游法》和国家政策的规定，适用不可抗力，结合实际做出妥善的合同终止变更安排；其次，要掌握旅游目的地政府政策、外汇汇率、物价变动等情况，预判对旅游合同履行产生的影响，减少损失。

二、疫情造成的经济损失风险

对正在履行过程中的旅游合同，因为疫情防控可能会增加旅游成本，比如购买防护器具，酒店费用增加，甚至出现短期隔离的情况。

【应对措施】 针对增加的旅游成本，首先要注意证据搜集，其次根据《合同法》《旅游法》的规定可以由旅游合同双方共

同承担。

三、侵权责任风险

旅游业从业者应当根据政府颁布的一系列防疫命令，及时采取防疫措施，若防控不利造成游客染病，疫情扩散的，可能会承担因此造成的法律责任，主要包括依据《传染病法》和《侵权责任法》承担的侵权责任，还有行政处罚的法律责任，甚至刑事责任。

【应对措施】明确旅游业从业者的防控责任，积极采取防控疫情措施，制定详细的疫情控制操作规范。

74. 处理旅游纠纷的法律依据

疫情引发了很多旅游纠纷，处理旅游纠纷的法律依据有哪些？

【解答】主要有《合同法》《旅游法》《消费者权益保护法》《关于审理旅游纠纷案件适用法律若干问题的规定》《中国公民出国旅游管理办法》。

【分析】首先本次新冠肺炎疫情被确定为不可抗力，可以适用《合同法》第一百一十七条的规定，免除旅游合同当事人违约责任，《合同法》是合同行为的基本法律规范，关于旅游合同的解除、变更、终止都应当适用《合同法》的规范。其次，《旅游法》详细规范了旅游者、旅游经营者、旅游行为、旅游经营活动、旅游安全、旅游监督等各方面的内容，是处理旅游纠纷的专门法律规范。最高人民法院《关于审理旅游纠纷案件适用法律若干问题的规定》是人民法院处理旅游纠纷的审判意见，非常重要。《中国公民出国旅游管理办法》主要保障出国旅游者和出国旅游经营者的合法权益。

75. 处理旅游纠纷的法律程序

因为疫情引发了旅游纠纷，通过哪些途径处理？

【解答】 主要有协商和解、请求消费者协会调解、投诉申诉、仲裁诉讼四种方式。

【分析】 旅游纠纷的解决途径主要有以下几条：(1) 双方协商解决，因为本次疫情已经构成不可抗力，双方均无责任，也都有损失的，应互相理解，协商解决纠纷。可以通过退费、变更旅游方式、目的地，延后旅游时间等方式，降低损失。(2) 向消费者协会（电话 12315）反映，请求消费者协会组织双方进行调解。(3) 向旅游主管机构（旅游投诉热线 12301）、市长热线等反映情况，请求处理旅游经营者的违法行为。(4) 依据旅游合同约定的纠纷处理方式，申请仲裁机关裁决或者向人民法院提起诉讼。

【相关法律法规】

《中华人民共和国旅游法》第九十二条："旅游者与旅游经营者发生纠纷，可以通过下列途径解决：（一）双方协商；(二) 向消费者协会、旅游投诉受理机构或者有关调解组织申请调解；(三) 根据与旅游经营者达成的仲裁协议提请仲裁机构仲裁；(四) 向人民法院提起诉讼。"

76. 旅游合同的变更与解除

因为疫情影响无法继续旅游的，旅游合同如何处理？

【解答】 可以变更或解除。

【分析】 新冠肺炎疫情暴发后，国家文化和旅游部发布《关于全力做好新型冠状病毒感染的肺炎疫情防控工作暂停旅游企业经营活动的紧急通知》，规定暂停经营团队旅游及"机票 + 酒店"旅游产品，上述限制措施已影响了旅游服务合同的履行，构成不可抗力。根据《合同法》第117条和《旅游法》第67条第1项的规定，因不可抗力原因对旅游行程产生影响导致旅游者无法出游的，旅游者可以与旅游经营者协商变更合同，如改期等。如果协商不成，旅行社和旅游者均可解除合同。

【相关法律法规】

1.《中华人民共和国合同法》第一百一十七条："因不可抗力不能履行合同的，根据不可抗力的影响，部分或者全部免除责任，但法律另有规定的除外。当事人迟延履行后发生不可抗力的，不能免除责任。本法所称不可抗力，是指不能预见、不能避免并不能克服的客观情况。"

2.《中华人民共和国旅游法》第六十七条："因不可抗力或者旅行社、履行辅助人已尽合理注意义务仍不能避免的事件，影响旅游行程的，按照下列情形处理：（一）合同不能继续履行的，旅行社和旅游者均可以解除合同。合同不能完全履行的，旅行社经向旅游者做出说明，可以在合理范围内变更合同；旅游者不同意变更的，可以解除合同。（二）合同解除的，组团社应当在扣除已向地接社或者履行辅助人支付且不可退还的费用后，将余款退还旅游者；合同变更的，因此增加的费用由旅游者承担，减少的费用退还旅游者。（三）危及旅游者人身、财产安全的，旅行社应当采取相应的安全措施，因此支出的费用，由旅行社与旅游者分担。（四）造成旅游者滞留的，旅行社应当采取相应的安置措施。因此增加的食宿费用，由旅游者承担；增加的返程费用，由旅行社与旅游者分担。"

3. 文化和旅游部办公厅《关于全力做好新型冠状病毒感染的肺炎疫情防控工作暂停旅游企业经营活动的紧急通知》："各省、自治区、直辖市文化和旅游厅（局），新疆生产建设兵团文化体育广电和旅游局：为贯彻落实习近平总书记重要指示精神，全力做好文化和旅游系统新型冠状病毒感染的肺炎疫情防控工作，有效切断病毒传播途径，坚决遏制疫情蔓延势头，确保人民群众生命安全和身体健康，现将暂停旅游企业经营活动有关事项紧急通知如下：一、即日起，全国旅行社及在线旅游企业暂停经营团队旅游及“机票＋酒店”旅游产品。二、已出行的旅游团队，可按合同约定继续完成行程。行程中，密切关注游客身体状况，做好健康防护。各地要深刻认识此项工作的重要性，指导辖区内旅游企业服从服务大局，妥善处理好游客行程调整和退团退费等合理诉求。特此通知。”

77. 旅行团防疫措施费用由谁承担

旅游途中遇到新冠肺炎疫情，为防疫增加的消毒、防护用品费用如何承担？

【解答】 增加的食宿费用，由旅游者承担；增加的返程费用，由旅行社与旅游者分担。

【分析】 由于新冠肺炎疫情暴发突然，部分旅行团尚在旅游过程中就遭遇到疫情影响，为了旅游安全，按照《旅游法》第六十七条的规定，旅行社应当采取相应的安全措施，比如进行消毒，为游客佩戴防护用品，购置体温枪等防疫措施，因此增加的费用首先按照旅游合同约定处理，合同中未约定的，由旅行社与旅游者分担。

【相关法律法规】

《中华人民共和国旅游法》第六十七条：“因不可抗力或者旅行社、履行辅助人已尽合理注意义务仍不能避免的事件，影响旅游行程的，按照下列情形处理：……（三）危及旅游者人身、财产安全的，旅行社应当采取相应的安全措施，因此支出的费用，由旅行社与旅游者分担。”

78. 游客确诊新冠肺炎后的赔偿问题

新馆肺炎疫情暴发后，在一些旅行团中也出现了确诊患者，导致同团游客被强制隔离，旅行经营者和患者是否有赔偿责任呢?

【解答】一般没有赔偿责任，但故意隐瞒患病情况的除外。

【分析】依据侵权责任法，行为人构成侵权必须实施了侵害行为，并且侵害行为是故意或者过错造成的，或者根据法律规定，可以推定行为人有过错的，行为人又无法证明自己无过错的。新冠肺炎疫情的暴发和传播属于不可抗力，确诊患者也是受害者，一般情况下并无传播的故意，而且受感染者感染源也难以确定，所以因被传染新冠肺炎而向确诊患者提起损害赔偿诉讼的，一般难以支持。但有证据证明新冠肺炎患者明知自身感染或者已被列为疑似感染的情况下，仍未依照政府部门防控要求采取相应防护措施，隐瞒患病信息，造成他人被感染，给旅行社和他人造成损失的，应当赔偿。旅行社在运营中，明知有疫情传播风险，但未按照政府防控命令采取相应措施，导致游客被感染的，也应承担赔偿责任。

【相关法律法规】

1.《中华人民共和国侵权责任法》第六条：“行为人因过错侵害他人民事权益，应当承担侵权责任。根据法律规定推定行为人有过错，行为人不能证明自己没有过错的，应当承担侵权责任。”

2.《中华人民共和国传染病防治法》第十二条：“在中华人民共和国领域内的一切单位和个人，必须接受疾病预防控制机构、医疗机构有关传染病的调查、检验、采集样本、隔离治疗等预防、控制措施，如实提供有关情况。”

第七十七条：“单位和个人违反本法规定，导致传染病传播、流行，给他人人身、财产造成损害的，应当依法承担民事责任。”

3.《中华人民共和国旅游法》第六十六条：“旅游者有下列情形之一的，旅行社可以解除合同：（一）患有传染病等疾病，可能危害其他旅游者健康和安全的；（二）携带危害公共安全的物品且不同意交有关部门处理的；（三）从事违法或者违反社会公德的活动的；（四）从事严重影响其他旅游者权益的活动，且不听劝阻、不能制止的；（五）法律规定的其他情形。因前款规定情形解除合同的，组团社应当在扣除必要的费用后，将余款退还旅游者；给旅行社造成损失的，旅游者应当依法承担赔偿责任。”

79. 以案说法——因新冠肺炎滞留外地费用由谁承担？

因为新冠肺炎不可抗力造成的“封城”、交通管制、被强制隔离、在境外遇到目的地国家临时出入境限制等，游客滞留外地期间增加的住宿、交通费用如何承担？依据《旅游法》第六十七条的规定，造成旅游者滞留的，旅行社应当采取相应的安置措施。因此增加的食宿费用，由旅游者承担；增加的返程费用，由旅行社与旅游者分担。

【案例摘要】谢某与旅行社签订出境旅游合同，约定赴日本大阪旅游，旅游期间，大阪发生台风，无法出行，谢某全家滞留日本，改期后换乘其他航班回国，就增加的食宿费和交通费，谢某起诉旅行社要求赔偿。法院审理后判决：因不可抗力原因导致旅游行程无法按原定线路返程，造成谢某增加的食宿费用由谢某自行承担；增加的返程费用，由双方各承担50%。

【案情介绍】2018 年 8 月 20 日，案外人代某（谢某之妻）作为旅游者代表与被告签订团队出境旅游合同约定：出发时间为 2018 年 8 月 30 日，结束时间为 2018 年 9 月 5 日，共 7 天；成人 4180 元/天，儿童 4180 元/天，合计 12540 元。在团队出境旅游合同第九条第 3 款第（3）项规定：行程中遇到不可抗力或者出境社、履行辅助人员已尽合理注意义务仍不能避免的事件，影响旅游行程的，造成旅游者滞留的，旅行社应采取相应的安置措施，因此增加的食宿费用由旅游者承担，增加的返程费用由双方负担。在出境旅游报名表中载明：旅游线路名称为日本本州双飞 6 晚 7 日；旅游者姓名为谢某、代某、谢某某。

2018 年 9 月 4 日晚，因台风原因，致使船舶将通往大阪机场的桥撞坏，导致无法乘车到达大阪机场。后被告决定改变回程线路，改由日本东京乘机返回天津。为此，原告家庭（三人）花费乘车费 40110 日元（其中原告为 15780 日元）、住宿费 23080 日元，共计 63190 日元。

【裁判观点】不可抗力是指不能预见、不能避免且不能克服的客观情况。由于台风的发生和所产生灾害性影响，目前尚无法预见、避免和克服，属于不可抗力。在本次旅游过程中，因台风抵达，致使船舶撞坏通往大阪机场的大桥，导致旅游团队无法按原定线路返程，此情形并非人为因素造成，属不可抗力。根据《中华人民共和国旅游法》第六十七条第一款第（四）项规定："因不可抗力或者旅行社、履行辅助人已尽合理注意义务仍不能避免的事件，影响旅游行程的，按照下列情形处理：……（四）造成旅游者滞留的，旅行社应当采取相应的安置措施。因此增加的食宿费用，由旅游者承担；增加的返程费用，由旅行社与旅游者分担"。本案中，因不可抗力原因导致旅游行程无法按原定线路返程，造成原告增加的食宿费用由原告自行承担；增加的返程费用，由原、被告各承担50%，故原告要求被告赔偿返程费用损失人民币970.67元的诉讼请求，本院予以照准。

【判决结果】一、被告天津中贸国际旅行社有限责任公司于本判决生效之日起十日内赔偿原告谢某返程费用损失人民币970.67元；二、驳回原告谢某其他的诉讼请求。如被告未按本判决指定的期间履行给付金钱义务，应当依照《中华人民共和国民事诉讼法》第二百五十三条之规定，加倍支付迟延履行期间的债务利息。案件受理费50元，减半收取为25元，原告谢某负担12.50元，被告天津中贸国际旅行社有限责任公司负担12.50元（于本判决生效之日起十日内交付本院）。

80. 以案说法——旅游团取消后退费多少？

按照国务院文化和旅游部的紧急通知，旅游行业全面暂停经营团队旅游及“机票+酒店”旅游产品，并要求各地妥善处理好游客行程调整和退团退费等合理诉求。政策一出，大批消费者与旅行社沟通退费，那么能退多少呢？

【案例摘要】因不可抗力导致旅游合同解除，旅游经营者应退还尚未实际发生的费用，实际发生的费用由旅游经营者负责举证，L公司作为旅游经营者未能提供相应的证据证明本案吴某等12人未履行《团队出境旅游合同》而实际发生的费用，属举证不能，依法应当承担对其不利的法律后果。L公司在明知吴某等12人因不可抗力原因未能如期出行后，未积极采取措施取消机票款及酒店费用，在主观上亦存在重大过错，应承担相应责任。

【案情介绍】（2019）闽08民终1093号民事判决书。2017

年12月，吴某等人与L公司签订《团队出境旅游合同》，约定L公司为吴某等12人前往马尔代夫维莉督海岛自由行提供团购往返机票及酒店住宿预订服务，费用合计124800元。合同约定，因不可抗力……影响旅游行程，合同不能继续履行的，双方均可以解除合同；合同解除的，出境社应当在扣除已向地接社或者履行辅助人支付且不可退还的费用后，将余款退还旅游者。合同签订后，吴某等12人付清全款，L公司扣除10400元的利润后，向N公司支付114000元团费。

旅行团计划2018年2月6日出发，2月1日，马尔代夫首都发生大规模集会活动。2月2日，中国驻马大使馆发布《提醒中国公民近期谨慎前往马尔代夫的公告》，2月5日，大使馆发布《提醒中国公民近期暂勿前往马尔代夫的公告》，同日，马尔代夫进入紧急状态。2月5日晚，吴某等12人决定取消旅行并告知L旅行社。2月13日，N公司向航空公司提交退票申请，2月24日，航空公司电脑显示已批准，但只能退税，吴某等12人向L公司要求退还旅游团费被拒绝，于4月25日诉至法院。

【裁判观点】 一审法院认为：吴某等12人的飞机票编号已出，住宿酒店已订好，机票费、住宿酒店费用已支出的费用，无法从航空公司、酒店退回，对于退费要求不予支持，仅判令L公司将从N公司处取得的航空公司退还的税款返还给吴某等12人。

二审法院认为：

1. L公司对实际支出的费用具有举证义务

根据《最高人民法院关于审理旅游纠纷案件适用法律若干问题的规定》（以下简称《规定》）第十三条第一款规定，因不可抗力导致旅游合同解除，旅游者请求旅游经营者退还尚未实际发生的费用的，人民法院应予支持。根据通常理解和生活规则，该实际发生费用应当主要包含已经支付且不能退回的交通费、住宿费、餐饮费、门票费以及其他一些必要支出的费用等等。本案中，L 公司作为旅游经营者，其为吴某等 12 人提供的服务主要是购买往返的机票和酒店住宿费用等等，因此，L 公司应当举证证明其实际已经支出了该费用的情况，对于未实际支出的费用则应当依法予以退还。但在一、二审诉讼期间，L 公司始终未能提供其为吴某等 12 人购买机票直接向航空公司支付购票费用、直接向预订酒店支付住宿费用的凭证或者因申请退票、退订酒店被收取相关费用的证据。甚至在 2018 年 2 月 5 日晚上解除合同后，对 2 月 6 日出发和 2 月 12 日返程的机票均未向航空公司申请退票，而是直至合同约定的旅游行程结束后的次日即 2 月 13 日才提交退票申请，航空公司仅退回燃油税 579 元。N 公司提供的证据中，以"商业秘密"为理由将"机票全价"和"手续费"部分涂掉也拒绝说明。法院认为没有证据证明 L 公司直接支付的机票费用和酒店费用的具体金额，其实际支出的该费用无法认定。L 公司未能提供相应的证据证明本案吴某等 12 人未履行《团队出境旅游合同》而实际发生的费用，属举证不能，依法应当承担对其不利的法律后果。L 公司在明知吴某等 12 人因不可抗力原因未能如期出行后，未积极帮助吴某等 12 人向航空公司、酒店申请退回预订的机票款及酒店费用，在主观上亦存在重大过错，故对吴某等 12 人向 L 公司支付的旅游费用 124800 元应当予以返还。

2. 旅游经营者经营模式产生的风险不应由消费者全部承担

本案中旅游经营者的经营模式如图所示：

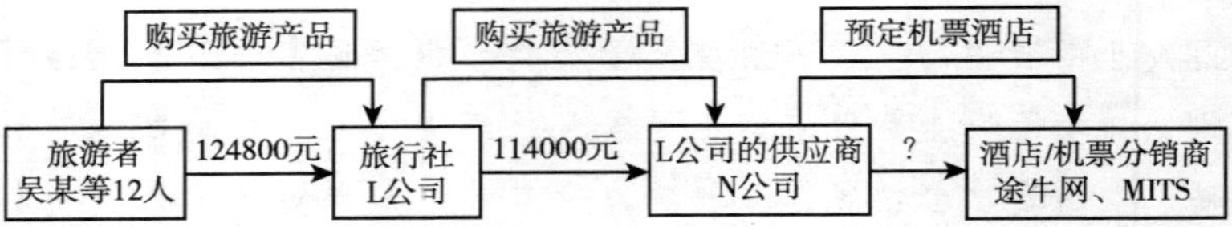

法院认为：该层层分销的经营模式即使是当前许多旅游经营者的做法，也可能在一定程度上降低旅游成本，但也因此给旅游经营者带来一定的经营风险，该经营风险不应简单地由旅游者承担。根据合同相对性原则，即使 MITS 与 N 公司、N 公司与 L 公司之间的合作协议有约定其为 L 公司提供的预订机票、预订酒店不能退订，但不能据此对抗吴某等 12 人。因此，虽然 L 公司向 N 公司支付了 114000 元，N 公司亦可能向第四方甚至更多方支付了相关费用，但均以“商业机密”为由未能或拒不提供实际支出机票费用和退订酒店费用具体金额的证据，导致该实际支出费用的具体金额始终无法认定，如简单认定 L 公司向 N 公司支付了 114000 元即视为其已“实际支出费用”，既不利于旅游市场的健康发展也不利于保护旅游者的合法权益，故以该支出方式支付的费用不应认定为《规定》第十三条第一款规定的“实际发生的费用”。

【判决结果】 根据旅游市场的一般商业规则并结合本案的实际情况，虽然 L 公司未能提供证据证明其向航空公司实际支出的机票款和向酒店支出费用的具体金额，但退订机票和退订酒店通常会被航空公司和酒店收取一定的费用，因此，在综合考虑上述因素的情况下，酌定由吴某等 12 人负担其支付给 L 公司的旅游费用的 20%，即 L 公司应当返还吴某等 12 人旅游费用共计 124800 元的 80%。

第 16 章　物业服务业

81. 物业服务单位有哪些防疫责任?

新冠肺炎疫情防控期间，物业公司承担哪些防疫责任?

【解答】物业公司的防疫责任体现在封闭小区、信息登记、防疫消毒三个方面。

【分析】一是封闭小区，管理小区进出的责任。物业公司应按照政府发布的疫情防控命令的要求，对小区采取封闭管理措施，对小区居民、进出访客进行身份排查、体温测量、信息收集等。物业公司自身并无权对小区进行封闭，物业公司封闭小区的措施、程度、范围必须按照政府要求进行。二是配合政府对小区内进行居家隔离的居民进行信息登记、监测、反馈。三是按照政府防疫要求，对小区内污染源、确诊患者房屋周边等进行重点消毒清扫，垃圾无害化处理。

【相关法律法规】

《中华人民共和国传染病防治法》第四十一条："对已经发生甲类传染病病例的场所或者该场所内的特定区域的人员，所在地的县级以上地方人民政府可以实施隔离措施，并同时向上一级人民政府报告；接到报告的上级人民政府应当即时做出是否批准的决定。上级人民政府做出不予批准决定的，实施隔离措施的人民政府应当立即解除隔离措施。"

第四十五条："传染病暴发、流行时，根据传染病疫情控制的需要，国务院有权在全国范围或者跨省、自治区、直辖市范围内，县级以上地方人民政府有权在本行政区域内紧急调集人员或者调用储备物资，临时征用房屋、交通工具以及相关设施、设备。紧急调集人员的，应当按照规定给予合理报酬。临时征用房屋、交通工具以及相关设施、设备的，应当依法给予补偿；能返还的，应当及时返还。”

82. 业主不配合防疫有什么后果?

疫情期间由业主不配合小区封闭管理，不如实填报个人信息承担什么样的法律后果?

【解答】会被行政处罚，甚至刑罚的责任，还要承担民事赔偿责任。

【分析】新冠肺炎疫情已经被国务院确定为紧急公共突发卫生事件，疫情处置适用《传染病防治法》《突发事件应对法》《突发公共卫生事件应急条例》等，为防控疫情传播，政府有权利对一定区域进行封闭隔离，并采取调查、检验等措施。新冠肺炎疫情期间，地方政府广泛实施对社区、村的封闭管理，并命令物业公司等责任主体负责实施小区封闭，从性质上不同于过去物业公司接受业主委托对小区进行的封闭管理，更加严格，也具有强制性，如果不服从检查检疫，公安机关可以依法采取强制措施，并处以行政拘留等行政处罚，如果造成疫情传播的，还将被处以刑罚（以危险方法危害公共安全罪），还要承担因此造成的他人经济损失赔偿责任。

【相关法律法规】

1. 《中华人民共和国突发事件应对法》第六十六条：“单位或者个人违反本法规定，不服从所在地人民政府及其有关部门发布的决定、命令或者不配合其依法采取的措施，构成违反治安管理行为的，由公安机关依法给予处罚。”

第六十七条：“单位或者个人违反本法规定，导致突发事件发生或者危害扩大，给他人人身、财产造成损害的，应当依法承担民事责任。”

2.《中华人民共和传染病防治法》第三十九条：“医疗机构发现甲类传染病时，应当及时采取下列措施：拒绝隔离治疗或者隔离期未满擅自脱离隔离治疗的，可以由公安机关协助医疗机构采取强制隔离治疗措施。”

3.《关于依法惩治妨害新型冠状病毒感染肺炎疫情防控违法犯罪的意见》：“为防控疫情需要，由政府部门组织动员的居（村）委会、社区工作人员可以认定为受国家机关委托从事公务的人员。对于防疫人员依职权行使的与防疫、检疫、强制隔离、隔离治疗等措施密切的相关行为，应认定为公务行为。对于由居（村）委会、物业公司等自发组织、采取有关防控疫情措施的人员，在执行防控措施时受到暴力、威胁的，对行为人不能认定为妨害公务罪，可以按照故意伤害罪、寻衅滋事罪、侮辱罪等追究刑事责任。”

83. 物业防疫费用由谁承担？

为防治疫情，物业公司购置体温枪、消毒用品等费用由物业和业主谁承担？

【解答】按照合同约定处理，包干制由物业公司承担，酬金制由小区业主承担。

【分析】首先要按照业主委员会或开发商与物业公司签订的《物业委托服务合同》约定处理。如果合同没有约定的，则要看双方采取的付费模式。如果是包干制，就是指由业主向物业公司支付固定物业服务费用，盈余或者亏损均由物业公司享有或者承担，则由物业公司承担；如果是酬金制，就是在预收的物业服务资金中按约定比例或者约定数额提取酬金，支付给物业公司，其余全部用于物业服务支出的，则从收取的物业服务资金中支出。由于小区采取防疫措施是政府命令，物业公司采购后应及时与业主委员会沟通支出情况。

84. 物业有权收集个人信息吗?

疫情期间物业对业主进行体温测量、登记出行信息，物业有权收集个人信息吗?

【解答】疫情期间物业可以依法收集业主个人健康、出行等防疫信息。

【分析】按照《传染病防治法》的要求，政府、疫情防治单位、防疫人员在履行职务过程中，可以依法收集登记疫情信息，个人不得隐瞒病情病史等情况。为实施疫情防控，物业按照政府命令对业主进行体温测量、登记出行信息的，属于协助履行政府公务职责，符合法律规定。但为疫情防控、疾病防治收集的个人信息，不得用于其他用途。任何单位和个人未经被收集者同意，不得公开姓名、年龄、身份证号码等个人信息。

【相关法律法规】

《中华人民共和传染病防治法》第十二条："在中华人民共和国领域内的一切单位和个人，必须接受疾病预防控制机构、医疗机构有关传染病的调查、检验、采集样本、隔离治疗等预防、控制措施，如实提供有关情况。疾病预防控制机构、医疗机构不得泄露涉及个人隐私的有关信息、资料。"

85. 物业能否禁止快递、访客进小区?

疫情防控期间，小区物业禁止快递、访客进入小区合法吗?

【解答】按照疫情防控要求可以禁止外来人员进小区。

【分析】新冠肺炎疫情是突发公共卫生紧急事件，并作为甲类传染病管理，政府依据《突发公共卫生事件应急条例》，在颁布的防疫命令中对小区进行封闭隔离，并采取调查、检验等措施的，物业公司作为小区管理责任主体应当负责实施小区封闭，可以禁止外来人员进出小区。

【相关法律法规】

《中华人民共和国传染病防治法》第四十一条："对已经发生甲类传染病病例的场所或者该场所内的特定区域的人员，所在地的县级以上地方人民政府可以实施隔离措施，并同时向上一级人民政府报告；接到报告的上级人民政府应当即时做出是否批准的决定。上级人民政府做出不予批准决定的，实施隔离措施的人民政府应当立即解除隔离措施。"

86. 物业防疫人员感染新冠肺炎属于工伤吗?

小区物业员工在从事防疫工作时感染新冠肺炎，是否构成工伤?

【解答】 符合条件可以构成工伤，具体要由工伤登记机关认定。

【分析】 人社部 2 月 21 日表示："如果不是从事新冠肺炎预防和相关工作人员，感染新冠肺炎是不能认定为工伤的。"因此，普通员工被感染新冠肺炎不属于工伤，但是物业员工在防疫工作中感染新冠肺炎的，可以适用《工伤保险条例》第十五条第（二）项规定"在抢险救灾等维护国家利益、公共利益活动中受到伤害的"认定为工伤。此外，有些地区出台的工伤保险条例中有明确规定职工受用人单位指派前往疫区工作而感染该疫病的，视同工伤，包括但不限于福建省、广东省、内蒙古自治区、云南省、河南省、四川省。在这些地区，符合规定的会认定为工伤。物业人员感染新冠肺炎工伤认定，还需要医疗防疫机构证明感染源，由社会保险行政部门根据实际情况认定。

【相关法律法规】

1.《工伤保险条例》第十五条："职工有下列情形之一的，视同工伤：（一）在工作时间和工作岗位，突发疾病死亡或者在48小时之内经抢救无效死亡的；（二）在抢险救灾等维护国家利益、公共利益活动中受到伤害的；（三）职工原在军队服役，因战、因公负伤致残，已取得革命伤残军人证，到用人单位后旧伤复发的。"

2. 广东《工伤保险条例》（2019年修正）》第十条："职工有下列情形之一的，视同工伤：……（四）由用人单位指派前往依法宣布为疫区的地方工作而感染疫病的。"

3.《吉林省实施〈工伤保险条例〉办法》第十三条："除《工伤保险条例》规定的情形外，职工有下列情形之一的，也应当认定为工伤：……（三）受用人单位指派前往疫区工作或公出，并经县级以上医疗机构诊断感染疫病的。"

87. 以案说法——物业公司不配合防疫法定代表人被刑拘

物业公司是小区疫情防控的责任主体，拒不执行政府防疫命令的，会面临行政处罚。

【案例摘要】 楚天都市报1月31日报道，宜昌市夷陵区依法查处了一起拒不配合疫情防治工作的案件，据夷陵区新型冠状病毒感染的肺炎防控指挥部办公室通报：自疫情防控之日起，东城试验区绿洲社区晨光花园小区物业管理公司——宜昌豪星物业管理有限公司拒不配合开展疫情防治工作，至今无管理人员接收及处理相关疫情信息，现场仅留守一名保安及一名保洁工作人员。辖区居委会先后于2020年1月27日和1月30日通知该公司主要负责人参加疫情防治工作会议，该公司仅安排保安参会，对疫情防控工作要求至今未落实，导致各项疫情防治工作难以在该小区开展，小区疫情防治情况不明。根据《中华人民共和国治安处罚法》，区公安部门依法对公司主要负责人严某给予行政拘留的处罚。

【案例分析】 依据《传染病防治法》第四十五条，在传染病暴发、流行时，根据传染病疫情控制的需要，县级以上地方人民政府有权在本行政区域内紧急调集人员或者调用储备物资，临时征用房屋、交通工具以及相关设施、设备，用于传染病防疫，有权宣布本地区为疫区，采取隔离、封锁等措施。依据《突发事件应对法》第六十六条，任何单位或者个人违反法律规定，不服从所在地人民政府及其有关部门发布的决定、命令或者不配合其依法采取的措施，构成违反治安管理行为的，由公安机关依法给予处罚。依据《行政处罚法》的规定，行政处罚方式包括警告、罚款、没收违法所得、没收非法财物、责令停产停业、暂扣或者吊销许可证、暂扣或者吊销执照、行政拘留等。本案中作为小区防疫主体责任承担者的物业公司，拒不履行政府发布的防疫命令，已经构成违法，公安机关对其负责人予以行政拘留于法有据。

第17章 制造业

88. 转产法律风险

2020年1月以来，全国有超过3000家企业经营范围新增了“口罩、防护服、消毒液”等业务，新增医疗器械生产的企业更是达到3600多家。面对口罩、防护服、消毒液等医疗防控物资紧缺的形势，我国政府采用了“鼓励转产＋优化审批”的相关政策，对于尚不具备相关口罩、医用防护服、医疗器械生产资质的企业，转产需要哪些条件？

【解答】 转产需要两个核心条件：一是生产资质；二是销售备案或许可。

【分析】 以生产口罩为例。疫情中使用到的医用口罩，根据《医疗器械分类目录》，属于国家二类医疗器械。而具有各种含有灭菌、抑菌和抗病毒的成分，预期用于抗菌抗病毒的医用口罩属于第三类医疗器械管理。根据《医疗器械监督管理条例》规定，从事第二类、第三类医疗器械生产的生产企业，需要取得医疗器械生产许可证以及医疗器械注册证。需要注意的是，此类口罩也不是你想卖就能卖的，根据条例要求，从事医疗器械经营活动，应当有与经营规模和经营范围相适应的经营场所和贮存条件，以及与经营的医疗器械相适应的质量管理制度和质量管理机构或者人员。未进行备案的企业售卖医用口罩也是违法的，如涉嫌超经营范围售卖口罩，还构成违法经营，还面临相应的行政处罚。

【相关法律法规】

1.《医疗器械监督管理条例》(2017 年修订）第二十九条："从事医疗器械经营活动，应当有与经营规模和经营范围相适应的经营场所和贮存条件，以及与经营的医疗器械相适应的质量管理制度和质量管理机构或者人员。"

2.《市场监管总局等八部门关于开展打击整治非法制售口罩等防护产品专项行动的紧急通知》（国市监稽〔2020〕29 号）："市场监管部门和药监部门会同有关部门重点打击六类违法行为，即囤积居奇、哄抬价格、串通涨价、价格欺诈的行为；未按规定取得许可或备案，擅自生产销售的行为；生产销售不符合安全标准的产品以及过期失效产品的行为；以普通、工业用等非医用口罩冒充医用口罩等以假充真、以次充好行为；生产销售无生产日期、厂名厂址、产品质量合格证明等三无产品以及冒用认证标志等质量标志的行为；商标侵权、假冒专利、仿冒混淆、虚假宣传和虚假广告的行为。同时，市场监管部门要加大商品质量抽查频次和力度，加大对防护产品网络平台、微信、微博、直播等渠道网络交易违法行为的查处力度，加大对网络交易平台或网络服务提供者不履行规定义务的行为查处力度。发现涉嫌犯罪的及时移送公安机关。”

89. 买卖合同违约

疫情前，有的公司曾与合作伙伴签订买卖合同，公司为卖方，现在因为员工无法返回，同时供应链断裂，导致无法复工，公司应当如何妥善地处理该买卖合同？

【解答】疫情对合同履行可能产生的影响大致有几种情况——全部不能履行、部分不能履行和迟延履行，应当根据具体影响做区分：（1）因为疫情导致全部不能履行，或者迟延履行导致不能实现合同目的的，可以主张解除合同。（2）疫情后合同能够继续履行，但如果继续原有的履行时间、方式、数量等约定会导致违约，可以就合同变更事宜与对方协商达成变更协议。（3）疫情后合同可以继续履行，但继续履行对一方当事人明显不公平或者不能实现合同目的，且双方无法就合同变更、解除事宜达成一致的，建议根据情势变更原则依法提起诉讼或仲裁。

【分析】疫情发生之前，当事人已发生违约行为的，不适用不可抗力免责条款；疫情原因致使合同迟延履行状态持续的，违约方及时通知对方的，对损失扩大部分可适当减轻责任。

疫情发生后，如疫情原因致原材料、人工、物流等生产成本大幅上涨，缔约基础条件或客观情况发生重大变化，继续履行合同将对一方当事人明显不公平，可以适用情势变更原则。但应由一方当事人承担的商业风险，不得以疫情为由转嫁给对方。

疫情期间，生产销售疫情防控用品企业因政府调配、征用等原因，无法履行已订立的买卖合同交货义务，或从事服装纺织生产等关联企业在疫情防控工作中按政府指令临时转产防控用品，无法按约履行交货义务的，买受人起诉要求承担违约责任的，按照公共利益优先原则，依法不予支持。

90. 开具不可抗力事实证明

本次疫情及相应的防控措施很可能会对各类涉外经贸活动包括境外工程、贸易、投资等产生不同程度的不利影响，涉外合同的正常履行受到挑战。我国部分能源、金属行业企业正在寻求向其海外供应商主张本次疫情构成“不可抗力”事件，从而可以豁免其相应的履行不能。什么是不可抗力事实性证明？需要提交哪些申请材料？

【解答】1. 不可抗力事实性证明属于商事证明领域中的事实性证明行为，是指由中国贸促会及其授权的分、支会应申请人的申请，对与不可抗力有关的事实进行证明，出具后当事人可以部分或全部免除不履行、不完全履行和迟延履行合同的责任。

2. 根据全国工商联《关于民企根据需要申请不可抗力事实性证明的提示》，申请办理不可抗力事实性证明，企业需提交的佐证材料包括：（1）企业所在地政府、机构出具的证明/公告；（2）海陆空相关延运、延飞、取消等通知/证明；（3）出口货物买卖合同、货物订舱协议、货运代理协议、报关单等；(4) 其他所能提供的材料。

【分析】 不可抗力事实性证明的本质是关于客观事实情况的证明，而非企业合同免责的“王牌”。中国贸促会为受新冠疫情影响而无法如期履约或不能履约的中国企业出具相关不可抗力事实性证明，可证明发生了延迟复工、交通管制、劳务人员派出受限等客观事实。企业可以据此向合同相对方主张迟延履行或解除合同，但最终能否全部或部分免责，需要由具体合同当事方依据相关合同的准据法、合同具体约定以及具体客观情况，证明“疫情及其防控措施”与“企业无法正常履行合同”之间是否存在因果关系，并综合分析、判断。如果双方就此产生争议，通常可以通过调解、诉讼或仲裁程序解决。因此，即便合同相对方拒绝另一方提出的不可抗力主张，也不是最终结论，受疫情影响的企业仍可以通过继续协商、调解、诉讼或仲裁等方式依法维护自身权益。

【相关法律法规】

《中华人民共和国合同法》第一百一十七条：“因不可抗力不能履行合同的，根据不可抗力的影响，部分或者全部免除责任，但法律另有规定的除外。当事人迟延履行后发生不可抗力的，不能免除责任。本法所称不可抗力，是指不能预见、不能避免并不能克服的客观情况。”

第一百一十八条：“当事人一方因不可抗力不能履行合同的，应当及时通知对方，以减轻可能给对方造成的损失，并应当在合理期限内提供证明。”

91. 不可抗力何时起止

【解答】 一般情况下，根据当事人住所地或合同履行地省级人民政府启动重大突发公共卫生事件一级响应的时间来作为不可抗力的起算点，根据具体案件中疫情防控对合同履行或行使权利的实际影响，来合理确定不可抗力终止时间。

【分析】国家对突发公共卫生事件采取分级应急响应机制。对于新冠肺炎疫情，一般情况下根据当事人住所地或合同履行地省级人民政府启动重大突发公共卫生事件一级响应的时间来作为不可抗力的起算点。

随着疫情防控应急级别调低，对企业复工复产、交通运输等方面管制政策逐步取消，根据具体案件中疫情防控对合同履行或行使权利的实际影响，来合理确定不可抗力终止时间。

92. 设备被查封能否申请解封?

疫情暴发前，被法院查封了设备、原材料，疫情期间是否可以申请解封，恢复生产?

【解答】涉疫情防控相关企业可以申请。

【分析】从维护公共利益的角度出发，涉防控疫情有关的药品和物品的企业可以向法院申请解封，通过法院与申请执行人的沟通，在申请执行人同意的情况下可以申请解除查封，恢复生产。

为实现审判职能服务保障疫情防控工作大局，如北京高院、浙江高院、上海高院、广西高院等法院均对防控疫情相关的财产采取十分审慎的态度，具体包括：(1) 不得对防控疫情有关的药品和物品采取查封等措施；(2) 财产查控等措施涉及疫情防控相关医院、企业及人员的，应暂缓采取财产查控等措施；(3) 对于生产口罩、防护服、消毒用品等防疫用品的企业以其现有的以及将有的生产设备、原材料、半成品及产品等财产设定浮动抵押的，要避免债权人主张抵押权造成企业正常生产的停滞；(4) 与疫情防控相关的生产经营企业，可以暂缓采取限制消费或纳入失信被执行人名单的执行措施。

【相关法律法规】

最高人民法院《关于人民法院民事执行中查封、扣押、冻结财产的规定》第三十一条："有下列情形之一的，人民法院应当作出解除查封、扣押、冻结裁定，并送达申请执行人、被执行人或者案外人：（一）查封、扣押、冻结案外人财产的；（二）申请执行人撤回执行申请或者放弃债权的；（三）查封、扣押、冻结的财产流拍或者变卖不成，申请执行人和其他执行债权人又不同意接受抵债的；（四）债务已经清偿的；（五）被执行人提供担保且申请执行人同意解除查封、扣押、冻结的；（六）人民法院认为应当解除查封、扣押、冻结的其他情形。解除以登记方式实施的查封、扣押、冻结的，应当向登记机关发出协助执行通知书。"

93. 以案说法——违约方未能证明已通知合同相对方其不能履行合同应承担违约责任

【案件摘要】违约方未能举证证明已通知合同相对方其不能履行合同，且"非典"期间并未封锁交通、限制货物交易。违约方未尽到合同法第 118 条的通知义务和举证责任，对其要求予以免责的请求不予支持。

【案情介绍】华垦国际贸易有限公司与山西伦达肉类工业有限公司买卖合同纠纷案，山西省高级人民法院〔2017〕晋民终 93 号。上诉人（原审被告）：华垦国际贸易有限公司；被上诉人（原审原告）：山西伦达肉类工业有限公司。

2003 年，原告山西伦达肉类工业有限公司利用世行贷款发展小规模肉牛项目，由农业部对外经济合作中心委托中化建国际招标有限责任公司进行招标，被告华垦国际贸易有限公司中标。同年6月5日，中化建国际招标有限责任公司与华垦国际贸易有限公司签订了《供货合同》（合同编号No. 2003UMXH/8536A004CN）。原告作为最终用户其法定代表人也在该合同上签了字。2003年7月23日，中化建国际招标有限责任公司通知华垦国际贸易有限公司该合同于2003年6月25日生效。合同约定：交货期为合同生效后6个月，安装完工期为合同生效后12个月。每迟延履行一周，承担合同总值5‰的违约金，最高限额为合同价的10%。合同总价为1861630.26美元。2004年6月3日，原告山西伦达肉类工业有限公司给被告出具肉牛屠宰生产线及国内配套设备、制冷系统设备、厂房及车间改扩建工程材料设备及污水处理设备数量、质量与合同相符的验收证明。2004年11月18日，原告给被告出具所有设备已经安装、调试完毕，验收合格的最终验收证明。

【裁判观点】一审法院认定违约方未按期履行合同义务，应当按约承担违约责任。违约方上诉称，"虽有2003年'非典'这一不可抗力事件的影响，上诉人还是圆满完成了全部的供货义务。上诉人并未违约，不应承担任何违约责任，原因为关于采购进口设备：实际验收日为2004年1月26日。众所周知的原因，中国正赶上了史无前例的'非典'事件，'非典'是严重的传染病，属于不可抗力的范围。根据法律关于不可抗力的规定，'因不可抗力而导致合同实施延误或不能履行其他的合同义务，卖方不应该承担误期赔偿或终止合同的责任'。因此，上诉人无须承担由于不可抗力而发生的延期赔偿。"二审法院经审理认为，根据双方合同的约定和合同法118条的规定，因不可抗力不能履行合同的应当及时通知对方，并应该在合理期限提供证明。本案中，卖方并未举证证明通知相对方不能履行合同，且“非典”期间并未封锁交通、限制货物交易，故对这一上诉理由，不予采信。

【判决结果】一、被告华垦国际贸易有限公司在本判决生效后十日内支付原告山西伦达肉类工业有限公司违约金 1545153 元；二、驳回原告山西伦达肉类工业有限公司要求被告华垦国际贸易有限公司支付承诺利息费用 18904.9 元的诉讼请求。

第 18 章　航运、交通运输、物流服务业

94. 海上货物运输合同能否解除?

新冠肺炎疫情在全球范围的流行，导致很多国家加强对港口货物进口的检验检疫，因此影响到海上货物运输的，能否以此解除运输合同?

【解答】能否解除需要视目的港口的限制措施确定。

【分析】首先，虽然新冠肺炎疫情被视为不可抗力，但是疫情并不直接导致货物运输合同目的不能实现，只有目的港采取了防控疫情的措施，并且这些措施直接造成船舶无法靠岸或者无法卸货，才构成合同目的无法实现，如果只造成时间上的迟延，无论托运人还是承运人都不能依据发生不可抗力为由解除合同。因此，解除已经签订尚未履行的海上货物运输合同，必须慎重搜集目的港防疫政策，结合托运货物情况，证明不可抗力与合同无法履行之间存在因果关系才能提出解除合同。其次，中国司法机关认定新冠肺炎构成不可抗力，并且中国贸促

会也可以出具不可抗力证明，但是由于海运合同很多都适用英美法律，不可抗力对合同影响的认定，更重视事实和法律逻辑，不能简单地认为不可抗力就可以免除一切责任。最后，关于海运合同解除变更后的损失承担，如果尚未出港，双方互相不负赔偿责任，运费已经支付的，承运人应当将运费退还给托运人；货物已经装船的，托运人应当承担装卸费用。如果已经出港，发生不可抗力确实无法到达目的港的，双方应及时协商变更目的港，无法达成协议的，承运人可以将货物直接卸货的目的港临近港口。

【相关法律法规】

《中华人民共和国海商法》第九十条："船舶在装货港开航前，因不可抗力或者其他不能归责于承运人和托运人的原因致使合同不能履行的，双方均可以解除合同，并互相不负赔偿责任。除合同另有约定外，运费已经支付的，承运人应当将运费退还给托运人；货物已经装船的，托运人应当承担装卸费用；已经签发提单的，托运人应当将提单退还承运人。"

第九十一条："因不可抗力或者其他不能归责于承运人和托运人的原因致使船舶不能在合同约定的目的港卸货的，除合同另有约定外，船长有权将货物在目的港邻近的安全港口或者地点卸载，视为已经履行合同。船长决定将货物卸载的，应当及时通知托运人或者收货人，并考虑托运人或者收货人的利益。"

95. 货物交付延误是否构成违约？

新冠肺炎疫情期间，因为道路防疫检查、目的港加强检查检疫等临时性措施，导致货物交付延迟，或者托运人未及时收货的如何处理？

【解答】因不可抗力导致交付延误可以免除违约责任。

【分析】因不可抗力、政府禁令等非承运人原因造成的货物运输交付延迟是承运人的法定免责事由，货物运输过程中发生为防控疫情，政府对承运人进行检查检疫，甚至隔离，对货物检疫程序增加延长，导致货物交付延迟的，承运人要做好证据留存，并与托运人及时沟通提示风险。

【相关法律法规】

1.《中华人民共和国合同法》第一百一十七条："因不可抗力不能履行合同的，根据不可抗力的影响，部分或者全部免除责任，但法律另有规定的除外。当事人迟延履行后发生不可抗力的，不能免除责任。本法所称不可抗力，是指不能预见、不能避免并不能克服的客观情况。"

2.《水路货物运输合同实施细则》第二十四条："承运人未按规定或约定的时间将货物运抵到达港，应按规定向收货人偿付违约金，但由于下列原因之一引起的滞延时间应从实际运到期限中扣除：……三、政府命令或军事行动……六、其他非承运人责任造成的延误。"

3.《中华人民共和国海商法》第五十一条："在责任期间货物发生的灭失或者损坏是由于下列原因之一造成的，承运人不负赔偿责任：……（五）政府或者主管部门的行为、检疫限制或者司法扣押……非由于承运人或者承运人的受雇人、代理人的过失造成的其他原因。"

96. 无人收货如何处理？

疫情期间，收货人以假期或者隔离原因无法按时收货如何处理？

【解答】可以提存，费用由托运人承担。

【分析】新冠肺炎疫情暴发可能导致收货人无法按时收货，也可能出现收货人放弃货物的情况，承运人送到货后，应当及时与收货人联系，收货人要求延迟收货的，承运人可以与收货人协商安置货物，收货人拒绝协商的，承运人可以自行提存或者留置货物，相关费用和风险由收货人承担。

【相关法律法规】

1.《中华人民共和国合同法》第三百零九条："货物运输到达后，承运人知道收货人的，应当及时通知收货人，收货人应当及时提货。收货人逾期提货的，应当向承运人支付保管费等费用。"

第三百一十六条："收货人不明或者收货人无正当理由拒绝受领货物的，依照本法第一百零一条的规定，承运人可以提存货物。"

2.《中华人民共和国海商法》第八十六条："在卸货港无人提取货物或者收货人迟延、拒绝提取货物的，船长可以将货物卸在仓库或者其他适当场所，由此产生的费用和风险由收货人承担。"

第八十七条："应当向承运人支付的运费、共同海损分摊、滞期费和承运人为货物垫付的必要费用以及应当向承运人支付的其他费用没有付清，又没有提供适当担保的，承运人可以在合理的限度内留置其货物。"

97. 钻石公主号邮轮涉及的法律问题

钻石公主号邮轮上发生的新冠肺炎疫情传播，船东、船旗国、目的港涉及哪些法律问题?

【解答】邮轮上发生新冠肺炎疫情传播，船旗国负有管辖和救援责任，船东负有赔偿责任，沿海国不负有法律责任。

【分析】 据媒体报道，钻石公主号是一艘登记在英国，由美国法人运营，母港在日本的邮轮，新冠疫情在船上暴发时有 3711 名船员和乘客，乘客来自美国、日本、英国、中国、乌克兰等不同国家，最终确诊新冠肺炎患者 705 人。因为该船在海上隔离 14 天，传染患者人数惊人，引发了国际社会广泛关注。

第一，日本作为沿海国在本次邮轮事件中并不负有法律责任。日本作为邮轮母港，法律地位是沿海国，只要允许邮轮无害通过即可，并没有特别的法律责任。相反钻石公主号作为一艘暴发疫情的船，依据本国传染病防治的法律规定，日本有权利拒绝停靠，这也符合《联合国海洋法公约》的规定。日本这次对船舶进行了人道主义的救助，承担了很大的风险，但这并不是法律责任。

第二，邮轮船籍国和船员国籍国负有管辖、救援责任，船东负有赔偿责任。首先船籍国（也称船旗国）英国按照《联合国海洋法公约》第 94 条规定，对钻石公主号负有管理责任，这个无可争议。英国有义务对船上疫情实施控制，日本作为沿海国并不负有这个国际责任。其次，旅客船员的国籍国，按照《国际卫生条例》的规定，公民的国籍国有责任保障人民的人权，包括健康权，即便公民在海外，在公海，国家也有义务对公民施以援手。再次是船东美国法人，作为邮轮运营公司，其在邮轮管理中存在的过失疏漏造成旅客船员人身财产损失的，应该负有赔偿责任。

第三，邮轮上的民事赔偿纠纷的法律适用。在邮轮上发生事故造成的人身损害、财产损失，适用法律有几个原则，一看船票，船票是旅客和承运人之间的合同，合同约定了管辖和适用法律的应该遵守；其次，适用侵权行为地法律，由当地法院管辖，适用当地法律；再次，也可以适用最密切联系原则，由国籍国法院管辖，适用国籍国法律，也可以适用侵权地法律。国际私法中管辖和法律适用比较复杂，需要法官根据个案情况选择最优适用法律。

【相关法律法规】

《联合国海洋法公约》第二十五条："港口国在其领海可行使沿海国保护权防止非无害通过。"

第三十三条："在毗连区，沿海国行使管制权（预防和惩治），防止船舶在其领土或领海内发生违反与卫生的本国法律法规的事件。"

第九十四条："每个国家应对悬挂该国旗帜的船舶有效地行使行政、技术及社会事项上的管辖和控制。"

98. 以案说法——因疫情停业，网约车租赁合同能解除吗？

疫情期间，有网约车司机被困在小区无法运营，请求法院解除网约车租赁合同被否。

【案例摘要】2020年2月15日，浙江省宁波市海曙区人民法院审理了一起司机起诉网约车租赁经营公司解除租赁合同案件。网约车司机诉称：原、被告双方于2019年11月签订了《车辆租赁合同》，约定租赁期限为1年，租金为每月3000元。新冠肺炎疫情期间，政府采取小区封闭政策，人和车辆都被困在小区无法进出，无法运营，已经构成不可抗力，请求法院判决解除网约车租赁合同，判令租赁公司退还押金9400元。网约车租赁公司答辩称，严格执行政府防疫命令措施，原定2月20日复工，如果到时正常复工，愿意减免10日租金。若没有如期复工，则愿意与司机再次协商租金减免事宜。

【裁判观点】法疫情防控属不能预见、不能避免并不能克服的不可抗力，但并不是必然导致合同免责解除，而要综合考虑合同履行期限、履行内容、疫情影响程度、因果关系等。就本案来说，防控对合同履行产生了影响，但尚未达到令合同目的不能实现的程度，疫情结束后租赁合同可继续履行，合同目的可以实现，承租人无权以不可抗力为由要求解除合同。

【判决结果】经法院调解后，原告同意继续履行合同，并与租赁公司共同承担因疫情影响而减少的租金损失，原告撤回了起诉。

99. 以案说法——旅游包机取消后的损失谁承担？

韩国暴发中东呼吸综合征疫情后，旅行社取消了中韩往返的包机，由此造成的定金损失由谁承担？

【案例摘要】2015 年 3 月 24 日，康泰公司与迈途公司签订协议，约定康泰公司向迈途公司包机，航线为中国北京往返韩国清州，康泰公司向迈途公司支付保证金 20 万元。后韩国暴发中东呼吸综合征疫情，康泰公司因市场原因取消包机，并索要保证金。法院判决认为根据双方的陈述，韩国中东呼吸综合征疫情并不影响中韩之间的飞机行，故韩国中东呼吸综合征疫情并不构成双方合同无法履行的不可抗力。康泰公司因为疫情影响市场单方解除合同构成违约，因此给迈途公司造成的损失应当予以赔偿。

【案情介绍】（2016）京 03 民终 1175 号民事判决书。2014 年 3 月 24 日，甲方迈途公司与乙方康泰公司签订《包销协议》，约定：乙方包销甲方北京—清州航班座位事宜签订协议；航班为中国北京（PEK）—韩国清州（CJJ）（往返）；参考时刻为：每周三、周五、周日，北京—清州，OZ3743，02：00—04：55，每周二、周四、周六，清州—北京，OZ3733，23：50—01：00 +

1；航班执行日期：2015年4月3日至2015年10月21日；机型为A321；包销座位数量35座/班；包销时间为2015年4月3日至2015年10月21日；包销班期：每周三、周五、周日北京起飞，每周二、周四、周六清州起飞；包销价格：2015年4月3日至2015年6月20日和2015年9月1日至2015年10月21日价格为1430元/座（北京/青州/北京，含税250元/人），2015年7月1日至2015年8月30日价格为1730元/座（北京/青州/北京，含税250元/人），当出票人数不够35人时，差额人数的税金将于实际出票时退还；付款期限：乙方应在航班起飞前8个工作日内向甲方支付（否则甲方有权取消乙方的作为并从保证金中扣除应收报销座位费用）；保证金总额为200000元。

2015年3月24日，康泰公司向迈途公司通过中国工商银行转账的方式付款200000元。

一审审理中，迈途公司向法院提交了QQ聊天记录，证明双方就航班停飞事宜进行的协商过程。康泰公司在一审中不认可该证据的真实性，在二审中认可该证据的真实性。QQ聊天记录显示，2015年6月4日，受韩国中东呼吸综合征疫情影响，康泰公司向迈途公司提出是否能够向航空公司协商停飞两班航班，迈途公司答复称会向航空公司反映；2015年6月5日，迈途公司告知康泰公司，其接到航空公司紧急通知，2015年6月16日至2015年7月18日期间航班停飞；2015年7月17日，迈途公司告知康泰公司，航班将于2015年8月18日复航；2015年7月21日，康泰公司就复航后航空公司单边飞行费用负担问题提出异议。康泰公司主张其接到航班停飞通知后即提出异议并要求解除合同，但其并未就此举证。

韩亚航空公司北京办事处向迈途公司出具了《停航通知》，告知迈途公司：由于韩国中东呼吸综合征疫情严重（不可抗力因素），为了保障旅行社的利益，韩亚航空公司经研究决定，双方合作的北京—青州—北京包机2015年6月16日至2015年8月17日期间暂时停航。2015年8月18日开始复航。复航后的一切事宜按原签署的合同执行。

2015年8月6日，康泰公司向迈途公司邮寄《解除合同通知书》，内容为：我公司与贵公司于2015年3月24日签订了《包销协议》，航线执行期自2015年4月3日至2015年10月21日止，所包航线为中国北京（PEK）往返韩国清州（CJJ），包销作为数量35座/班等。协议签订后，我司积极全面履行合同，但贵司于2015年6月12日起单方不履行合同义务，单方不提供航班座位。贵公司的行为已经构成重大违约，给我司造成巨大的经济损失，致使签订协议的目的不能实现，特此，依据《中华人民共和国合同法》第九十四条、第九十六条之规定，特通知如下：一、我司与贵公司于2015年3月24日签订《包销协议》自2015年8月3日解除；二、贵公司在《包销协议》解除之日起5日内及时将足额退还我司向贵公司缴纳的保证金20万元整，逾期，我司将依法保留追究贵公司银行利息及违约责任的权利。

2015年8月10日，迈途公司向康泰公司出具回复函，内容为：对于韩亚航空的停飞通知，我公司已于第一时间通知贵公司。因不可抗力原因导致的合同暂时中止，我司及贵司均不承担任何法律责任；且根据本协议约定，该报销作为机票不得退改签，若当贵司出票人数不足双方约定的35人或贵司擅自中止/终止该协议的，根据本协议约定贵司应当付清本协议约定之

2015 年 8 月 18 日至 2015 年 10 月 21 日止全部包销费用，据我司核算，贵司应当向我司支付剩余包销座位之全部包销费用共计 1219400 元，且我司有权取消贵司的包销座位并从保证金 200000 中予以扣除应收包销费用，不足部分贵司应当予以补足。考虑双方长期友好合作，也盼能与贵司达成其他合作项目，经公司讨论决定，因贵司单方面终止本协议需支付的全部包销座位费用我司仅收取贰拾万元，于贵司交纳的保证金中予以扣除。本协议自贵司收到本回复函之日起自动终止。

上述事实，有《包销协议》、电子回单、《解除合同通知书》及 EMS 查询单、回复函，《停航通知》《旅客航空运输租赁合同》、QQ 聊天记录及当事人陈述等证据材料在案佐证。

故康泰公司诉至法院，要求：1. 判令迈途公司返还保证金 20 万元；2. 判令迈途公司支付违约金 2 万元；3. 本案诉讼费由迈途公司承担。

【裁判观点】二审法院认为，本案在二审中双方争议的主要焦点有三：

一、关于韩国中东呼吸综合征疫情是否构成双方合同无法履行的不可抗力问题。根据双方的陈述，韩国中东呼吸综合征疫情并不影响韩亚航空公司北京办事处的航班飞行，即韩国中东呼吸综合征疫情并不影响双方合同的履行，故韩国中东呼吸综合征疫情并不构成双方合同无法履行的不可抗力。一审法院对此认定有误，本院予以纠正。

二、关于康泰公司是否有权单方解除合同的问题。根据双方均认可的 QQ 聊天记录，康泰公司受韩国中东呼吸综合征疫情影响于 2015 年 6 月 4 日向迈途公司提出是否能够向航空公司协商停飞两班航班，迈途公司向航空公司反映并将航空公司航班停飞的决定告知了康泰公司，康泰公司未就航班停飞问题提出异议，应视为双方就航班于 2015 年 6 月 16 日至 2015 年 8 月 17 日期间停飞事宜达成一致意见。双方已就 2015 年 6 月 16 日至 2015 年 8 月 17 日期间停航问题达成一致意见，并非迈途公司单方不履行合同义务，迈途公司的行为并不构成违约，康泰公司以迈途公司停航构成重大违约为由解除双方合同，缺乏事实依据。

三、关于康泰公司是否应赔偿迈途公司损失及损失的数额问题。2015 年 8 月 6 日，康泰公司向迈途公司邮寄《解除合同通知书》，明确表示不履行合同义务，构成根本违约，迈途公司依法有权解除双方合同，迈途公司在回复函件中表示同意终止协议的行为应视为其行使法定解除权，双方合同因此解除。《中华人民共和国合同法》第九十七条规定，合同解除后，尚未履行的，终止履行；已经履行的，根据履行情况和合同性质，当事人可以要求恢复原状、采取其他补救措施，并有权要求赔偿损失。因康泰公司的违约行为给迈途公司造成了损失，迈途公司有权要求康泰公司予以赔偿。迈途公司主张由于康泰公司的行为造成机票款差额损失为 238638 元，并向法院提交了其与韩亚航空公司北京办事处签订的《旅客航空运输租赁合同》、银行汇款凭证及机票订单为证，上述证据能够相互印证，足以认定其确因康泰公司的违约行为造成了机票款差额损失，康泰公司对此虽不予认可，但并未向法院提供反证，故本院对迈途公司的此项主张予以采信。因康泰公司的违约行为造成迈途公司的损失金额超出了 20 万元，现迈途公司自愿调低主张金额并主张从保证金 20 万元中扣除，于法有据，本院予以采信。

综上所述，康泰公司要求迈途公司返还保证金20万元并支付违约金的上诉请求，缺乏依据，本院不予支持。

【判决结果】一审法院判决：依照《中华人民共和国合同法》第六十条之规定，驳回北京康泰旅行社的诉讼请求。二审法院判决：驳回上诉，维持原判。

第19章　银行、保险、证券、金融业

100. 贷款、信用卡逾期的处理

疫情期间个人因为疫情原因造成的个人消费贷款、信用卡逾期是否可以免除违约责任?

【解答】一般不能免除违约责任，但符合情况的可以申请减免。

【分析】金融借款合同的还款义务是一种金钱给付义务，目前各种电子支付方式发达，金钱给付一般不会受到疫情影响无法履行，因此以疫情影响为由拒绝还款的，法院并不支持。但是出现个人因为确诊或疑似被隔离，确实影响收入和还款的，可以申请变更还款期限、减免利息。另外，目前各大银行均出台了关于疫情期间，对受到疫情影响的特定人群实施延长还款期限、减免逾期利息罚金的特别措施，属于该范围的借款人，可以主张减免违约责任。

【相关法律法规】

1.《最高人民法院关于适用〈中华人民共和国合同法〉若干问题的解释（二）》第二十六条："合同成立以后客观情况发生了当事人在订立合同时无法预见的、非不可抗力造成的不属

于商业风险的重大变化，继续履行合同对于一方当事人明显不公平或者不能实现合同目的，当事人请求人民法院变更或者解除合同的，人民法院应当根据公平原则，并结合案件的实际情况确定是否变更或者解除。”

2. 上海高院《关于涉新冠肺炎疫情案件法律适用问题的系列问答》：“对于金融借款合同或信用卡等以金钱给付为内容的合同，特别是在电子支付广泛使用的背景下，疫情通常并不属于因客观原因导致合同无法履行的障碍，故在该类金融案件中一般不宜以疫情属不可抗力为由免责或减轻责任。如借款人确因疫情住院治疗等客观情况致其无法及时归还欠款，构成不可抗力的，可按《中华人民共和国合同法》第一百一十七条、第一百一十八条规定处理，但应在相关情况解除后的合理期限内及时履行还款义务。如疫情确对个人或企业收入造成较大影响的，法院可在相关案件中组织当事人协商，促进金融机构按照金融监管机构关于疫情防控的相关要求，适度调整信贷还款安排，合理延后还款期限，尽量避免贷款加速到期或提前解除合同等“抽贷”“断贷”行为，有效防范金融市场风险。”

101. 征信不良记录可否撤销?

因为疫情期间不可抗力造成的个人不良信用记录能够撤销吗?

【解答】 可以。

【分析】 对于疫情期间因为被确诊为新冠肺炎患者或者疑似新冠肺炎而被隔离的人士，直接造成无法按期偿还个人贷款、信用卡，形成逾期不良信用记录的，可以向法院申请撤销不良信用记录登记。

【相关法律法规】

上海高院《关于涉新冠肺炎疫情案件法律适用问题的系列问答》:“在涉金融征信记录相关案件中，法院经审查，对确因感染患新冠肺炎、疑似新冠肺炎患者或者因疫情防控被隔离的人员，因疫情影响未能及时归还贷款或信用卡欠款，金融机构将逾期还款记录报送人民银行的，可判令金融机构撤销相关不良记录，依法维护当事人的信用权益。”

102. 借款逾期是否构成违约?

疫情期间，很多中小企业受疫情影响，造成借款逾期，贷款能以此要求解除合同偿还贷款吗？借款人能拒绝还款吗？

【解答】不能解除合同，不能拒绝还款。

【分析】金融借款合同、民间借贷合同、小额贷款合同、典当合同等融资借款合同，由于受疫情影响，出现大量中小企业收入锐减，无法按期偿还贷款的情况。新冠肺炎疫情属于不可抗力，受疫情影响企业虽然不能免除还款责任，但是可以作为减免逾期违约金的依据。同时，银行不能以疫情期间企业还款延迟或者发生不可抗力的理由解除合同。中国人民银行发布了《关于进一步强化金融支持防控新型冠状病毒感染肺炎疫情的通知》，明确要求金融机构不得以疫情期间逾期还款为由抽贷、断贷、压贷，并且对受疫情影响严重的企业到期还款困难的，可予以展期或续贷。

另外，借款合同的还款义务是一种金钱给付义务，目前各种电子支付方式发达，金钱给付一般不会受到疫情影响无法履行，因此以疫情影响为由拒绝还款的，法院也不支持，疫情影响只能作为减免违约责任的理由。

【相关法律法规】

中国人民银行财政部银保监会、证监会、外汇局《关于进一步强化金融支持防控新型冠状病毒感染肺炎疫情的通知》（银发〔2020〕29 号）：“对受疫情影响较大的批发零售、住宿餐饮、物流运输、文化旅游等行业，以及有发展前景但受疫情影响暂遇困难的企业，特别是小微企业，不得盲目抽贷、断贷、压贷。对受疫情影响严重的企业到期还款困难的，可予以展期或续贷。通过适当下调贷款利率、增加信用贷款和中长期贷款等方式，支持相关企业战胜疫情灾害影响。”

103. 保险是否受理？

被保险人被确诊为新冠肺炎后发生的医疗费用是否属于疾病险、医疗险理赔范围？

【解答】属于医疗险理赔范围，是否于疾病险理赔范围要看保险合同的约定。

【分析】被保险人因为新冠肺炎发生的医疗费用属于医疗保险合同理赔费用，是否属于疾病险范围要看合同约定，由于新冠肺炎属于一种新型传染病，在以往的疾病险合同中一般不会有约定，但是新冠肺炎导致的肺部手术切除、瘫痪、重点昏迷有可能符合一些疾病险合同约定的理赔范围。

【相关法律法规】

中国银保监会《关于做好新型冠状病毒感染肺炎疫情防控人身保险服务工作的通知》：“各人身保险公司优化现有产品理赔标准，适当扩展保险责任。支持各人身保险公司在风险可控的前提下，在疾病险、医疗险等产品中针对新型肺炎客户取消等待期（观察期）、免赔额、定点医院等限制。”

104. 未在约定医院就诊能否获得理赔?

疫情期间因为政府指定医院接诊发热患者，出现被保险人未能到保险公司约定医院就诊的，保险公司能否拒绝赔偿?

【解答】 不能拒绝理赔。

【分析】 虽然保险合同中对就诊医院做了约定，但是因为新冠肺炎疫情期间，部分医疗机构被停业停诊，患者受此影响无法在约定医院就诊的，属于不可抗力影响，保险公司不得拒绝赔偿。对于被保险人感染新冠肺炎住院治疗的，由于政府指定了专门的收治医院，也无法在约定医院就诊，也符合受不可抗力影响无法履行保险合同的情形，保险公司不能拒绝理赔。发生上述情况，被保险人应当收集好相关证据，及早通知保险公司遇到的就医障碍，避免事后发生纠纷。

【相关法律法规】

湖南高院《关于涉新型冠状病毒感染肺炎疫情案件法律适用若干问题的解答》:“对于被保险人感染新冠肺炎入院治疗，就诊医院不在保险合同约定的医院范围之内的，因新冠肺炎的诊治均由当地政府指定医疗机构负责，当事人无法选择就诊医院，故保险机构以被保险人未在约定医院就诊为由拒绝理赔的，人民法院一般不予支持。”

105. 融资租赁逾期问题

企业个人签订的融资租赁合同由于涉及每月定期还款，疫情期间不可抗力造成租赁设备闲置，没有收入的可以不还租金利息吗?

【解答】 不能免除还租金义务，但可以变更还款时间。

【分析】 融资租赁合同是指出租人根据承租人对出卖人、租赁物的选择，向出卖人购买租赁物，提供给承租人使用，承租人支付租金的合同。虽然承租人得到和使用的不是钱，而是租赁物，但是这类合同的性质已经具有金融借款合同的性质，承租人履行的是偿还租金的金钱给付义务。新冠肺炎疫情与合同履行之“金钱给付”之间无法建立法律上的因果关系，因此不能以疫情影响为由拒绝履行还款责任。但是疫情确实有可能造成经营环境的恶化和承租人的资金紧张，这可能构成合同履行的情势变更，构成情势变更单的，当事人可以主张解除、变更合同内容。法院也可以据此减免逾期还款的滞纳金违约金。

【相关法律法规】

1.《中华人民共和国合同法》第一百一十七条：“因不可抗力不能履行合同的，根据不可抗力的影响，部分或者全部免除责任，但法律另有规定的除外。当事人迟延履行后发生不可抗力的，不能免除责任。本法所称不可抗力，是指不能预见、不能避免并不能克服的客观情况。”

2.《最高人民法院关于适用〈中华人民共和国合同法〉若干问题的解释（二）》第二十六条：“合同成立以后客观情况发生了当事人在订立合同时无法预见的、非不可抗力造成的不属于商业风险的重大变化，继续履行合同对于一方当事人明显不公平或者不能实现合同目的，当事人请求人民法院变更或者解除合同的，人民法院应当根据公平原则，并结合案件的实际情况确定是否变更或者解除。”

3. 中国人民银行、财政部、银保监会、证监会、外汇局《关于进一步强化金融支持防控新型冠状病毒感染肺炎疫情的通知》（银发〔2020〕29 号）：“对于在金融租赁公司办理疫情防控相关医疗设备的金融租赁业务的，鼓励予以缓收或减收相关租金和利息，提供医疗设备租赁优惠金融服务。”

第 20 章 医疗行业

106. 诊所、美容院的防疫责任

疫情期间，诊所、医疗美容机构有哪些特别的法律责任?

【解答】 主要有防止疫情传播、及时上报信息、保护患者隐私三个方面。

【分析】 依据《传染病防治法》第六十九条规定，传染病流行期间，医疗机构的法律责任主要有三个方面：首先是按照规定对传染病患者进行救援、接诊、转诊。新冠肺炎暴发后，各地政府指定了新冠肺炎专门门诊，并且阶段性关闭了门诊、诊所、社区医院、医疗美容院等不具备接诊新冠肺炎患者的高风险医疗机构，在此期间，医疗机构要严格执行政府命令，不得擅自越线经营，防止疫情传播。其次是保存好患者诊疗信息，发现发热、咳嗽等新冠肺炎症状患者及时上报。最后是保护患者隐私，防止泄露患者患传染病信息给患者造成二次伤害。违反上述规定的，医疗机构将被处以责令改正，通报批评，给予警告的处罚，主管人员和其他直接责任人员将被给予降级、撤职、开除的处分，并可以依法吊销有关责任人员的执业证书；构成犯罪的，依法追究刑事责任。

【相关法律法规】

《中华人民共和国传染病防治法》第十二条：“在中华人民共和国领域内的一切单位和个人，必须接受疾病预防控制机构、医疗机构有关传染病的调查、检验、采集样本、隔离治疗等预防、控制措施，如实提供有关情况。疾病预防控制机构、医疗机构不得泄露涉及个人隐私的有关信息、资料。卫生行政部门以及其他有关部门、疾病预防控制机构和医疗机构因违法实施行政管理或者预防、控制措施，侵犯单位和个人合法权益的，有关单位和个人可以依法申请行政复议或者提起诉讼。”

第五十二条：“医疗机构应当对传染病病人或者疑似传染病病人提供医疗救护、现场救援和接诊治疗、书写病历记录以及其他有关资料，并妥善保管。”

第六十九条：“疾病预防控制机构违反本法规定，有下列情形之一的，由县级以上人民政府卫生行政部门责令限期改正，通报批评，给予警告；对负有责任的主管人员和其他直接责任人员，依法给予降级、撤职、开除的处分，并可以依法吊销有关责任人员的执业证书；构成犯罪的，依法追究刑事责任：（一）未依法履行传染病监测职责的；（二）未依法履行传染病疫情报告、通报职责，或者隐瞒、谎报、缓报传染病疫情的；（三）未主动收集传染病疫情信息，或者对传染病疫情信息和疫情报告未及时进行分析、调查、核实的；（四）发现传染病疫情时，未依据职责及时采取本法规定的措施的；（五）故意泄露传染病病人、病原携带者、疑似传染病病人、密切接触者涉及个人隐私的有关信息、资料的。”

107. 患者的权利与隐私

疑似或者被确诊为新冠肺炎疫情的患者有哪些权利和隐私？

【解答】享有保障就医、隐私保护、家属知情等权利。

【分析】首先，疑似或者被确诊为新冠肺炎疫情的患者有依法获得诊疗救治的权利，任何医疗机构不得拒绝为传染病患者施救。其次，对于诊疗期间获得的患者个人信息、病情资料等，医疗机构必须予以保护，未经患者允许不得泄露，但是上报疫情的除外。最后，患者家属有获知病人情况和处理结果的权利。新冠肺炎是按照甲类传染病管控的疾病，很多患者治疗期间，无法见到家属，医疗机构有义务通报家属患者情况。患者死亡的，医疗机构有义务告知处理尸体处理结果。

【相关法律法规】

《中华人民共和国传染病防治法》第十二条："病预防控制机构、医疗机构不得泄露涉及个人隐私的有关信息、资料。卫生行政部门以及其他有关部门、疾病预防控制机构和医疗机构因违法实施行政管理或者预防、控制措施，侵犯单位和个人合法权益的，有关单位和个人可以依法申请行政复议或者提起诉讼。"

第四十六条："患甲类传染病、炭疽死亡的，应当将尸体立即进行卫生处理，就近火化。患其他传染病死亡的，必要时，应当将尸体进行卫生处理后火化或者按照规定深埋。为了查找传染病病因，医疗机构在必要时可以按照国务院卫生行政部门的规定，对传染病病人尸体或者疑似传染病病人尸体进行解剖查验，并应当告知死者家属。"

108. 医疗器械出口资质

新冠肺炎疫情在很多国家的流行造成医疗防疫物资的短缺，我国生产的检测试剂、口罩、呼吸机、体温枪、防护服等医疗器械出口需求激增，很多生产企业并无出口经营，目前转出口需要哪些资质？

【解答】需要取得国家药品监管部门相关资质，并符合进口国（地区）质量标准要求。

【分析】商务部、海关总署、国家药品监督管理局发布了2020年第5号《关于有序开展医疗物资出口的公告》，对防疫医疗器械出口提出了要求，首先要求生产企业必须保证产品质量安全，出口产品要取得我国药品监管部门颁发的医疗器械产品注册证书；其次出口商品必须进口国（地区）质量标准要求，海关凭药品监督管理部门批准的医疗器械产品注册证书验放行。依据《医疗器械产品出口销售证明管理规定》，在我国已取得医疗器械产品注册证书及生产许可证书，或已办理医疗器械产品备案及生产备案的，药品监管部门可为相关生产企业出具《医疗器械产品出口销售证明》，如果有企业有办理需求的，可以继续向药品监管部门申请办理。

进口国（地区）质量标准要求根据国家不同也不一样。向美国出口需要产品和出口公司完成 FDA（美国食品药品监督管理局）注册或者取得 EUA（Emergency Use Authorization，紧急使用授权）；向欧盟出口的产品需要取得 CE 认证标志；出口日本需要完成厚生劳动省的注册程序；向韩国出口需要完成 MFDS（韩国食品药品管理局）的网上登记程序或者审查；向其他国家出口医疗器械也必须符合当地的监管标准。由于医疗器械关乎病人健康，一旦发生产品质量纠纷，没有履行进口国监管程序的，将面临行政处罚和民事诉讼赔偿的法律风险。

【相关法律法规】

1.《医疗器械产品出口销售证明管理规定》第二条："在我国已取得医疗器械产品注册证书及生产许可证书，或已办理医疗器械产品备案及生产备案的，食品药品监督管理部门可为相关生产企业（以下简称企业）出具《医疗器械产品出口销售证明》。"

第十二条："企业应当保证所出口产品符合医疗器械出口相关规定要求，并应当符合进口国的相关要求。在出口过程中所发生的一切法律责任，由企业自行承担。”

2. 商务部、海关总署、国家药品监督管理局《关于有序开展医疗物资出口的公告》：“当前，全球疫情呈加速扩散蔓延态势。在做好自身疫情防控的基础上，有序开展医疗物资出口是深化疫情防控国际合作、共同应对全球公共卫生危机的重要举措。在疫情防控特殊时期，为有效支持全球抗击疫情，保证产品质量安全、规范出口秩序，自4月1日起，出口新型冠状病毒检测试剂、医用口罩、医用防护服、呼吸机、红外体温计的企业向海关报关时，须提供书面或电子声明，承诺出口产品已取得我国医疗器械产品注册证书，符合进口国（地区）的质量标准要求。海关凭药品监督管理部门批准的医疗器械产品注册证书验放。上述医疗物资出口质量监管措施将视疫情发展情况动态调整。有关医疗物资出口企业要确保产品质量安全、符合相关标准要求，积极支持国际社会共同抗击疫情。”

109. 药品药材企业销售违法行为

疫情期间有药店捏造、散布涨价信息，非法囤积口罩等紧缺物资，哄抬价格等情况，这种行为违法吗？承担什么样的法律责任？

【解答】违法。法律责任涉行政处罚和刑事责任。

【分析】疫情期间药店药品价格违法风险高发，尤其是新冠肺炎相关的口罩、体温计等药品存在大幅涨价、虚标不标价格、散布涨价信息的行为，违反了《价格法》第十四条的规定，会被处以责令改正、没收违法所得、罚款、停业整顿、吊销营业执照的行政处罚。情节严重的可能被以非法经营罪追究刑事责任。

如何认定价格违法，只要存在经营者捏造、散布涨价信息，非法囤积和利用其他手段哄抬价格的具体情形，就可以认定价格违法，不一定要形成涨价事实。价格违法也不必须是主观故意，只要经营者的行为客观上构成了价格违法就应接受处罚。价格是否构成大幅上涨要结合药品原来市场销售价格和经营者购进成本综合考虑加价幅度是否合理。具体认定标准可以参考各地方政府出台的价格违法案件处罚实施细则。

价格违法案件如果个人非法经营数额在5万元以上，或者违法所得数额在1万元以上的；单位非法经营数额在50万元以上，或者违法所得数额在10万元以上的，就构成严重扰乱市场秩序的非法经营行为，可以立案追究非法经营罪的刑事责任。

【相关法律法规】

1.《中华人民共和国价格法》第十四条："经营者不得有下列不正当价格行为：（一）相互串通，操纵市场价格，损害其他经营者或者消费者的合法权益；（二）在依法降价处理鲜活商品、季节性商品、积压商品等商品外，为了排挤竞争对手或者独占市场，以低于成本的价格倾销，扰乱正常的生产经营秩序，损害国家利益或者其他经营者的合法权益；（三）捏造、散布涨价信息，哄抬价格，推动商品价格过高上涨的；（四）利用虚假的或者使人误解的价格手段，诱骗消费者或者其他经营者与其进行交易；（五）提供相同商品或者服务，对具有同等交易条件的其他经营者实行价格歧视；（六）采取抬高等级或者压低等级等手段收购、销售商品或者提供服务，变相提高或者压低价格；（七）违反法律、法规的规定牟取暴利；（八）法律、行政法规禁止的其他不正当价格行为。"

第四十条："经营者有本法第十四条所列行为之一的，责令改正，没收违法所得，可以并处违法所得五倍以下的罚款；

没有违法所得的，予以警告，可以并处罚款；情节严重的，责令停业整顿，或者由工商行政管理机关吊销营业执照。有关法律对本法第十四条所列行为的处罚及处罚机关另有规定的，可以依照有关法律的规定执行。有本法第十四条第（一）项、第（二）项所列行为，属于是全国性的，由国务院价格主管部门认定；属于是省及省以下区域性的，由省、自治区、直辖市人民政府价格主管部门认定。”

2. 最高人民法院、最高人民检察院《关于办理妨害预防、控制突发传染病疫情等灾害的刑事案件具体应用法律若干问题的解释》第六条：“违反国家在预防、控制突发传染病疫情等灾害期间有关市场经营、价格管理等规定，哄抬物价、牟取暴利，严重扰乱市场秩序，违法所得数额较大或者有其他严重情节的，依照刑法第二百二十五条第（四）项的规定，以非法经营罪定罪，依法从重处罚。”

3.《中华人民共和国刑法》第二百二十五条：“违反国家规定，有下列非法经营行为之一，扰乱市场秩序，情节严重的，处五年以下有期徒刑或者拘役，并处或者单处违法所得一倍以上五倍以下罚金；情节特别严重的，处五年以上有期徒刑，并处违法所得一倍以上五倍以下罚金或者没收财产：……（四）其他严重扰乱市场秩序的非法经营行为。”

110. 医院接受捐赠注意事项

本次新冠肺炎疫情期间，医院成为战场，社会各界为医疗机构捐赠了大量物资和钱款，接受这种直接捐赠医院有何需要注意的法律问题？

【解答】医院可以接受捐赠，需要注意以下法律问题。

【分析】第一，医院接受捐赠首先要做赠予评估，应当会同单位财务、资产、审计等部门，以及相关业务部门，建立评估工作机制，及时对捐赠申请提出评估意见。并经医院领导班子集体研究或履行内部民主评议程序，然后答复赠予人是否接受赠予。

第二，医院接受赠予的范围包括：医疗救治费用减免、公共卫生服务和健康教育、人员培训和培养、学术活动、科学研究、设施设备建设、公益性非营利活动等。医院不可以接受下列捐赠：不合法的、涉及商业营利的、涉嫌不正当竞争和商业贿赂的、赠予附条件的、不符合环保和质量要求的、带政治目的和他意识形态倾向的、损害公共利益和公民合法权益的、有利害关系的捐赠等。

第三，医院接受捐赠要签书面捐赠协议。协议内容应当有：捐赠人、受赠人名称（姓名）和住所；捐赠财产的种类、数量、质量和价值，以及来源合法性承诺；捐赠用途是否限定；限定捐赠用途的，应当附明细预算或方案；捐赠财产管理要求；捐赠履行期限、地点和方式；捐赠双方的权利和义务；解决争议的方法；违约责任等。

第四，管理好捐赠物资资金。医院接受捐赠物资后要做好物资资金的财务管理和使用管理。财务管理主要体现在受赠物资资金财务处理制度建设、物资资金入账记账、严格执行会计制度、单独核算等方面。使用管理主要体现在：按照捐赠用途使用、不得挪用其他费用支出、大额资金使用应当班子集体或内部民主议事会议决定、不得擅自扩大开支、不得提高开支标准、厉行节约反对浪费。

【相关法律法规】

国家卫生计生委、国家中医药管理局《关于印发卫生计生

单位接受公益事业捐赠管理办法（试行）的通知》第五条："卫生计生单位可以接受以下公益事业捐赠：（一）用于医疗机构患者医疗救治费用减免；（二）用于公众健康等公共卫生服务和健康教育；（三）用于卫生计生人员培训和培养；（四）用于卫生计生领域学术活动；（五）用于卫生计生领域科学研究；（六）用于卫生计生机构公共设施设备建设；（七）用于其他卫生计生公益性非营利活动。"

第六条："卫生计生单位不得接受以下捐赠：（一）不符合国家法律法规规定；（二）涉及商业营利性活动；（三）涉嫌不正当竞争和商业贿赂；（四）与本单位采购物品（服务）挂钩；（五）附有与捐赠事项相关的经济利益、知识产权、科研成果、行业数据及信息等权利和主张；（六）不符合国家有关质量、环保等标准和要求的物资；（七）附带政治目的及其他意识形态倾向；（八）损害公共利益和其他公民的合法权益；（九）任何方式的索要、摊派或者变相摊派；（十）承担政府监督执法任务机构，不得接受与监督执法工作有利害关系的捐赠。"

第十一条："捐赠预评估是卫生计生单位收到捐赠人捐赠申请后，在接受捐赠前对捐赠项目开展的综合评估。卫生计生单位应当建立接受捐赠预评估制度。"

第十二条："预评估重点内容：（一）是否符合国家有关法律法规；（二）是否符合卫生计生单位职责、宗旨、业务范围和活动领域；（三）捐赠接受必要性；（四）捐赠人背景、经营状况及其与本单位关系；（五）捐赠实施可行性；（六）捐赠用途是否涉及商业营利性活动；（七）捐赠是否涉嫌不正当竞争和商业贿赂；（八）捐赠方是否要求与捐赠事项相关的经济利益、知识产权、科研成果、行业数据及信息等权利和主张；

（九）捐赠物资质量、资质是否符合国家标准与要求等；（十）是否附带政治目的及其他意识形态倾向；（十一）是否损害公共利益和其他公民的合法权益；（十二）卫生计生单位认为必要的其他内容。”

第十六条：“卫生计生单位接受捐赠应当与捐赠人协商一致，自愿平等签订书面捐赠协议。捐赠协议由单位法定代表人或经法定代表人书面授权与捐赠人签订，并加盖受赠法人单位公章。”

111. 以案说法——哪些行为构成药品虚假宣传？

疫情期间出现了某某口服液抗新冠肺炎、普通口罩冒名 N95 口罩、酒精消毒虚标浓度等不实宣传，这种行为如果构成虚假宣传，药店、医疗机构要承担民事赔偿责任和刑事责任。

【案例摘要】原告辛某因患帕金森综合征前往被告北京指针山林医学研究院治疗，被告张某向辛某宣称其是“十九代祖传中医”，其方法和药品能治疗帕金森综合征等各种病症，随后被告开始未原告提供医疗服务，服用被告药品，一段时间后无任何效果。原告发现被告无行医资格，起诉至法院要求退还药费和治疗费。法院认为原被告之间形成了事实上的医疗服务合同关系。张某、指针山林研究院只是提供了按摩服务，且其提供的“药品”不是药品而是食品，但是在宣传中或者是在和辛某方交流的过程中多次使用治疗、诊疗及药品等字眼，并明确提出其专长和主治的范围，存在误导及虚假宣传之象，导致辛某对双方之间服务合同产生了重大的误解，因此辛某可以主张撤销其与指针山林研究院之间的服务合同关系，被告应当退还原告支付的诊疗费。

【案情介绍】2017 年 1 月 23 日，原告在解放军的 301 医院被诊断为帕金森综合征，为治疗原告的疾病，原告父母辛某某和徐某多方求医问药后，经网络查询检索到被告能够治疗该病，因此同意在被告处接受治疗并购买被告提供的药品。从2017年1月25日至2017年5月，原告父母采取支付宝微信转账等方式，向张某共支付治疗费和医药费150900元，并在此期间原告母亲徐某听从张某的建议参加培训，支付培训费60000元，以帮助治疗原告病情。但在此期间，双方一直没有签订书面的医疗服务合同。原告诉请，与被告之间的事实医疗合同无效，张某应返还原告父母支付的所有治疗费、药费、培训费，并给原告精神赔偿，因为经过几个月的治疗，原告病情未见好转，反而有加重趋势。经查询，被告并没有开展医疗行为的资格，而且被告单位擅自开展诊疗行为，非法行医已经于2018年1月4日被北京市大兴区卫计委进行了处罚。

指针山林研究院和张某共同辩称，关于原告的第一项诉讼请求，原告被告之间的关系是普通的按摩服务合同关系，而非医疗合同关系，双方的合同关系合法有效；原告的第二项诉讼请求，被告收取的不是所谓的治疗费，而是按摩费用，因为双方的服务合同有效，因此无须退费；至于原告主张的培训费用，培训的主体是原告的母亲和被告，而非原告，不是本案的当事人因此不属于本案的受理范围；原告主张的律师费和公证费没有事实和法律依据，请贵院不予支持；关于原告的第三项诉讼请求，因为这是一个合同之诉，属债权之诉，精神损害属于侵权之诉，不属于同一法律关系，请贵院予以驳回；第四点该案的经营行为是指针山林研究院的企业行为非张某的个人行为。因此，与张某无关，张某无须承担相应的责任。

本院经审理认定事实如下，对当事人无争议的事实和证据，本院予以确认并在卷佐证。辛某系辛某某和徐某之子，出生于1998 年 11 月 25 日，2017 年 1 月 23 日被诊断为帕金森综合征。自 2017 年 1 月 26 日至 2017 年 5 月 27 日期间，辛某某和徐某通过微信和支付宝陆续向张某支付费用合计 150900 元。徐某于2017 年 5 月接受了一个为期 7 天的点穴培训，并支付培训费60000 元。

对当事人有争议的事实，本院认定如下：

一、针对辛某和指针山林研究院之间的服务关系的性质。辛某主张其与张某、指针山林研究院之间存在的是医疗服务合同的关系，张某存在非法行医的情形，并提交：1. 荣誉证书、照片、资料打印件，证明辛某接受张某的治疗和购药情况以及徐某接受点穴培训的情况；2. 手机截屏打印件，证明辛某的父母给张某支付辛某治疗费的金额及注明费用为辛某的治疗费，并有“第六个疗程”和“治疗费”等字眼；3. 处罚记录，证明指针山林研究院于 2018 年 1 月 4 日因非法行医被北京市大兴区卫计委行政处罚，该处罚显示其被处罚的理由是“未取得《医疗机构执业许可证》擅自开展诊疗活动”。指针山林研究院、张某对上述证据的真实性认可，对证明目的不认可，主张如下：首先辛某是本案的主体，因此对其母亲接受的培训及缴纳的培训费是另外一个法律行为；其次，认可该研究院曾经研发了人参桑葚颗粒，但否认辛某提供的该药品是研究院提供的；最后，辛某支付的该费用是按摩服务费，不是治疗费，也不存在针灸治疗行为，并提供张某的保健按摩师资格证、微信聊天记录加以佐证张某具有按摩的资格，辛某的母亲也认可辛某享受了按摩服务。指针山林研究院和张某提交受理通知书，证明指针山林研究院不服处罚已经提起行政诉讼。辛某对该证据的真实性认可，证明目的不认可，主张该微信中显示辛某母亲的信息中也提到“疗程、治疗”等字眼，张某一直说的也是治疗。

二、指针山医学研究院是否存在公开的宣传治疗行为。辛某提交公证费发票、律师费发票、公证书、药品，证明指指针山林研究院以“十九代祖传中医”，张某院长作为其治疗方法的创始人，在网上宣传治疗帕金森综合征等各种病症，在宣传中用了“药方”及药理化验等字眼，向社会宣传张某的方法和药品，指针山林研究院向辛某进行了治疗活动，并且向辛某出售了治疗药品，为取证其做了公证，也进行了咨询，花费了公证费用和律师费用。指针山林研究院、张某对上述证据的真实性认可，证明目的不认可，主张无法看出指针山林研究院及张某对辛某有明确具体的治疗行为，关于药品的意见，该公证书中的食品检测报告明确了人参桑葚颗粒是食品，因此即使该食品是指针山林研究院提供也是合法的。因双方对证据的真实性不持有异议，本院对上述证据的真实性予以采信。

【裁判观点】根据我国民事诉讼法的规定，合法成立的合同，受法律保护，因重大误解订立的合同当事人有权申请变更或者撤销。辛某主张与指针山林研究院虽未签订医疗服务合同，但从两人提供的转账记录及聊天记录可以看出辛某认可其得到了治疗，也一直认为自己在接受张某的治疗，并支付了相应的治疗费用，故双方形成了事实上的医疗服务合同关系。张某、指针山林研究院虽然主张其提供的并不是治疗行为，只是提供了按摩服务，且其提供的“药品”不是药品而是食品，但是在宣传中或者是在和辛某方交流的过程中多次使用治疗、诊疗及药品等字眼，并明确提出其专长和主治的范围，存在误导及虚假宣传之象，导致辛某对双方之间服务合同产生了重大的误解，因此辛某可以主张撤销其与指针山林研究院之间的服务合同关系，对辛某主张其与指针山林研究院之间合同关系无效的主张，无法律依据，本院不予支持；因合同关系被撤销的，因合同取得财产应该予以返还，但在本案中，指针山林研究院与辛某之间虽然不存在真实的医疗行为，但存在其他的保健服务行为，辛某也实际接受了该服务和食品，且其亦在接受服务之初认可了被告的服务行为的效果，因此全额退还辛某所支付的费用，显失公平，因此对辛某要求指针山林研究院退还其诊疗费用中的合理部分，本院予以支持；对辛某要求的其母亲徐某的培训费，因与本案主体不同，在本案中不予以处理；对辛某要求的律师费和公证费用，属于诉讼成本支出，没有相应的法律依据，本院不予支持；其要求的精神损害赔偿，无法律依据，本院不予支持。对指针山林研究院的其他辩称意见，理由不足，本院不予支持。

【判决结果】 一、北京指针山林医学研究院和张某于本判决生效之日起十日内返还辛某诊疗费 120000 元；二、驳回辛某的其他诉讼请求。

第 21 章　教育、培训业

112. 线下课程未完结，能否解除合同？

线下教育课程未能履行完毕，学生家长能否主张变更合同或者解除合同，并要求培训机构退还培训费用？

【解答】 在原合同不能正常履行的情况下，学生家长可以与教育机构协商，变更合同。

能否解除合同，主要看合同目的是否能够实现。学生家长主张解除合同并要求赔偿的，双方有约定的，按约定处理；无约定的，根据公平原则处理。

所谓有约定，主要是查看原合同中是否有不可抗力导致合同不能履行如何解决的条款，如果有约定，可以直接依原合同条款解决纠纷。

所谓合同目的无法实现，比如原计划参加的比赛、考试被通知取消等情况。这里需要提醒家长，及时保存证据，比如采取防控举措的通知文件、相关比赛或者考试已经取消的通知。

所谓公平原则，一般是在双方协商无果的情况下，根据教育机构已经提供的服务等情况，退还预交的部分培训费用。这里需要提醒学生家长，保存好教育培训合同、缴费凭证、课程表以及沟通记录等证据。

【分析】 由于疫情原因，各省相继出台肺炎疫情防控指挥部令，要求省内各级各类学校在开学前，不得组织学生返校、不得举行任何线下教学和集体活动；各级各类培训机构，未经批准均不得开展培训活动。疫情期间，线下教育、培训活动处于停滞状态，一般情况下合同无法正常履行的。此时，可能出现诸如所购课程按原合同约定在疫情防控期间已经到期，培训进度无法在原合同约定的期间内完成等情况。对于相关合同不能正常履行，嗣后履行无法实现合同目的或继续履行合同对于一方当事人明显不公平，一方当事人请求变更或者解除合同，双方有约定的，按约定处理；无约定的，根据公平原则，充分考量当事人所处的客观环境、主观过错、疫情的发展阶段、疫情与履约不能或履约困难之间的因果关系以及疫情影响的程度等因素，根据不可抗力或情势变更等相关规定，依法变更或者解除合同。

【相关法律法规】

1.《中华人民共和国民法总则》第一百八十条：“因不可抗力不能履行民事义务的，不承担民事责任。法律另有规定的，依照其规定。不可抗力是指不能预见、不能避免且不能克服的客观情况。”

2.《中华人民共和国合同法》第八条：“依法成立的合同，对当事人具有法律约束力。当事人应当按照约定履行自己的义务，不得擅自变更或者解除合同。依法成立的合同，受法律保护。”

3.《中华人民共和国合同法》第七十七条：“当事人协商一致，可以变更合同。法律、行政法规规定变更合同应当办理批准、登记等手续的，依照其规定。”

4.《中华人民共和国合同法》第一百一十七条：“因不可抗力不能履行合同的，根据不可抗力的影响，部分或者全部免除责任，但法律另有规定的除外。当事人迟延履行后发生不可抗力的，不能免除责任。本法所称不可抗力，是指不能预见、不能避免并不能克服的客观情况。”

113. 机构跑路，如何维权？

教培训机构借疫情影响跑路，学生家长能否主张解除合同，并要求培训机构退还培训费用？

【解答】 恶意违约，可以要求退费。

此种情形属于教育培训机构借疫情影响恶意违约，失信经营，建议立即向市场监管部门、消费者协会等部门投诉寻求帮助，或者及时提起诉讼。学生家长可以主张解除合同，要求退费，同时提醒学生家长固定合同等证据，确定合同相对方，及时起诉，避免超过诉讼时效。

【分析】 教育培训机构与学员之间存在两层法律关系：一是教育培训合同关系；二是销售者与消费者之间的消费法律关系。

所谓合同法律关系，首先要固定合同，特别是当事人未采用书面形式但一方已经履行主要义务，对方接受的证据。比如宣传资料、沟通记录、付款凭证等其次要确定谁是被告。教育培训机构在网站上的宣传名称、合同文本上的公司名称、工商登记名称、学费收据上的公司名称不一致的情况，常常在诉讼过程中面临难以确定适格被告。

所谓消费法律关系，是在合同约定不明的情况下，维权和索赔的基础。教育培训机构跑路引发的纠纷案件占教育培训合同纠纷案件的大多数，一般情况下学生家长作为消费者的权益可以得到保护，但实则拿到的学费却不足以弥补其损失。此类纠纷标的较小，消费者却分布在全国各地，很多消费者考虑到维权成本过高而选择自甘倒霉，而那些诉至法院的消费者虽然胜诉，却支出了高昂的费用。对培训机构而言，可能是抓住了消费者维权成本高、维权麻烦这一心理，有恃无恐地违反退费协议的约定，被消费者起诉后，要么出庭与消费者调解了事，要么根本不到庭应诉，任由法院缺席审判。

【相关法律法规】

1.《中华人民共和国合同法》第十条：“当事人订立合同，有书面形式、口头形式和其他形式。法律、行政法规规定采用书面形式的，应当采用书面形式。当事人约定采用书面形式的，应当采用书面形式。”

2.《中华人民共和国合同法》第三十六条："法律、行政法规规定或者当事人约定采用书面形式订立合同，当事人未采用书面形式但一方已经履行主要义务，对方接受的，该合同成立。"

3.《中华人民共和国消费者权益保护法》（2013 年修正）第五十三条："经营者以预收款方式提供商品或者服务的，应当按照约定提供。未按照约定提供的，应当按照消费者的要求履行约定或者退回预付款；并应当承担预付款的利息、消费者必须支付的合理费用。"

4.《中华人民共和国民事诉讼法》（2017 年修正）第一百一十九条："起诉必须符合下列条件：（一）原告是与本案有直接利害关系的公民、法人和其他组织；（二）有明确的被告；（三）有具体的诉讼请求和事实、理由；（四）属于人民法院受理民事诉讼的范围和受诉人民法院管辖。"

114. 机构"爆雷"，教育贷如何还？

2019 年 10 月，老牌英语机构"WB 英语"疑似跑路，涉及近万名学员、超亿元金额的消息教育行业问题推上舆论高点。机构跑路的根本原因都是资金链断裂，教育贷则加重了这一风险。在用户报课时，销售人员往往会以分期付款为诱饵进行劝说，一旦签订合同，学员需要每月按时还款给金融机构，而金融机构会将贷款一次性打给教育机构。疫情期间教育机构风险加大，一旦"爆雷"，教育贷如何还？

【解答】通过政府部门的介入推动退费问题的解决，直至采取法律诉讼。

人民日报曾发表评论称，从目前的很多案例中能看出，不少培训机构夸大宣传、隐匿信息，把重心从教学转向了"拉客户”；一些金融平台不断降低门槛、放松监管、弱化风险控制，让信贷“易借难还”。类似案件中，责任主体需根据个案具体分析。简单说，如果是学员与金融公司因贷款问题出现纠纷，如以欺诈、胁迫等手段签订贷款协议，或存在格式条款、年利率过高等情况，学员可选择诉讼等方式维护自己的合法权益；如果是学员与培训机构因课程等问题导致退费难，那责任主体是培训机构。如果培训机构拒绝退费，可以向教育局、消协、工商、民政等部门投诉，通过政府部门的介入推动退费问题的解决，或者采取法律诉讼方式。

【分析】 教育领域最大的风险在于这是一个预收款行业，机构一收学费就收两三年，企业的问题在前期往往因为资本而被“挡住了一部分”。用资本帮教育公司去扛，预收款中断的时候，资金断流问题就出来了，“一爆雷就是大雷”。所谓的教育贷也叫教育分期，是一些有培训资质的学校和机构为学员开展学费分期支付的一种缴费模式，服务提供方可以是学校机构本身，也可以是第三方金融机构。危机往往因教育机构跑路而爆发，但在背后放贷的金融机构也不是完全无辜。2018 年国务院办公厅印发了《关于规范校外培训机构发展的意见》，要求校外培训机构“不得一次性收取时间跨度超过 3 个月的费用”，出发点是规避培训机构一次性收取高额学费后跑路的风险，类似 WB 英语的学费分期贷款产品设计规则并未按此履行，就这一点来说，不排除提供贷款的金融机构也存在责任。教育服务在预付费之后质量和服务完成度都没有保障，所以在协议上一定要做一些约束。

【相关法律法规】

国务院办公厅《关于规范校外培训机构发展的意见》（国

办发〔2018〕80号)：“(九)规范收费管理。严格执行国家关于财务与资产管理的规定，收费时段与教学安排应协调一致，不得一次性收取时间跨度超过3个月的费用。各地教育部门要加强与金融部门的合作，探索通过建立学杂费专用账户、严控账户最低余额和大额资金流动等措施加强对培训机构资金的监管。培训机构收费项目及标准应当向社会公示，并接受有关部门的监督，不得在公示的项目和标准外收取其他费用，不得以任何名义向培训对象摊派费用或者强行集资。对于培训对象未完成的培训课程，有关退费事宜严格按双方合同约定以及相关法律规定办理。”

115. 讲师跳槽是否有限制?

疫情期间，教育培训机构停课，授课讲师能否跳槽?

【解答】可以离开。但是如果教育培训机构和授课讲师签署过相关竞业限制或禁止协议，双方还应依据相关协议履行义务。

【分析】师资是商业教育培训机构的宝贵资源，在受众群体选择培训机构时，师资因素起到了关键的作用。一般情况下，教育培训机构与授课讲师会在劳动合同中约定竞业限制的情形以及补偿金的计算方法，或者单独订立员工竞业禁止协议。如果授课讲师主要工作即为教授相关课程，构成教育培训机构的核心业务，且竞业禁止协议约定其在一定期限内负有竞业限制义务，基于意思自治原则，授课讲师应当依约履行竞业限制义务。授课讲师以其仅为讲师，非核心高管、高级技术人员或其他负有保密义务的人员，主张不是受竞业限制约束的适格主体，一般不会被支持。作为教育培训机构，在授课讲师离职后，也应当按照竞业限制的相关约定，向授课讲师支付竞业限制补偿金。

【相关法律法规】

1.《中华人民共和国劳动合同法》（2012 年修正）第二十三条：“用人单位与劳动者可以在劳动合同中约定保守用人单位的商业秘密和与知识产权相关的保密事项。对负有保密义务的劳动者，用人单位可以在劳动合同或者保密协议中与劳动者约定竞业限制条款，并约定在解除或者终止劳动合同后，在竞业限制期限内按月给予劳动者经济补偿。劳动者违反竞业限制约定的，应当按照约定向用人单位支付违约金。”

2.《中华人民共和国劳动合同法》（2012 年修正）第二十四条：“竞业限制的人员限于用人单位的高级管理人员、高级技术人员和其他负有保密义务的人员。竞业限制的范围、地域、期限由用人单位与劳动者约定，竞业限制的约定不得违反法律、法规的规定。在解除或者终止劳动合同后，前款规定的人员到与本单位生产或者经营同类产品、从事同类业务的有竞争关系的其他用人单位，或者自己开业生产或者经营同类产品、从事同类业务的竞业限制期限，不得超过二年。”

3.《最高人民法院关于审理劳动争议案件适用法律若干问题的解释（四）》第六条：“当事人在劳动合同或者保密协议中约定了竞业限制，但未约定解除或者终止劳动合同后给予劳动者经济补偿，劳动者履行了竞业限制义务，要求用人单位按照劳动者在劳动合同解除或者终止前十二个月平均工资的 30% 按月支付经济补偿的，人民法院应予支持。前款规定的月平均工资的 30% 低于劳动合同履行地最低工资标准的，按照劳动合同履行地最低工资标准支付。”

116. 不坐班老师与培训机构的关系

疫情期间，很多线下教育培训机构停课，授课讲师有的独立开授网课，有的加入其他线上教育平台谋生，除了竞业限制外，讲师与培训机构解除的是劳动关系还是劳务关系，差别有多大？

【解答】讲师与培训机构的关系要视具体情况而定。通常情况下，如果维系双方关系的仅仅是课时、报酬，不存在管理与被管理的关系，一般认定两者之间属于劳务关系而非劳动关系。如果两者之间的关系既有财产性，又有人身性（比如授课的时间是培训机构确定的，课程的内容和进度也是培训机构确定的，培训机构向其发放相对稳定的工资，缴纳社会保险），一般认定两者之间存在劳动关系。

两者在待遇上的主要差异在于，劳动关系中的劳动者除获得劳动报酬之外，还有社会保险、福利待遇等；劳务关系的劳动者一般只取得劳务报酬。

特别说明一点，如果讲师是已经依法享受养老保险待遇或领取退休金的人员，其与培训机构应当按劳务关系处理。

【分析】根据国务院办公厅《关于规范校外培训机构发展的意见》（国办发〔2018〕80号），培训机构应当与所聘人员依法签订聘用合同、劳动合同或劳务协议。劳动关系区别于劳务关系。劳务关系是平等主体之间就劳务的提供与报酬的给付所达成的协议，遵循意思自治、合同自由和等价有偿的原则，雇主与雇员之间形成的是一种债权债务关系，劳务关系不受劳动法调整，应适用民法总则、合同法的规定。

认定劳动关系与劳务关系的区别大致有以下要点：

1. 主体的范围不同。劳动关系的主体一方是法人或者其他组织，即用人单位，另一方则必须是劳动者个人，劳动合同的主体不能同时都是自然人；劳务关系的主体则可以同时都是法人、其他组织、自然人，也可以单方是自然人与法人、其他组织。也就是说，劳务关系的主体没有劳动关系主体那样的限制条件。

2. 主体的性质和关系不同。劳动关系的主体之间不仅存在财产关系，还存在着人身关系，即行政上的隶属关系。劳动者除了提供劳动之外，还要接受用人单位的管理，服从其安排，遵守其制定的规章制度等，成为用人单位的成员；劳务关系的双方当事人间只存在财产关系，彼此之间没有隶属关系，劳动者提供劳务服务，劳务单位支付劳务报酬，各自独立，地位平等。

3. 主体的待遇不同。劳动关系中的劳动者除获得劳动报酬之外，还有社会保险、福利待遇等；劳务关系的劳动者一般只取得劳务报酬。

4. 确定报酬的原则不同。在劳动关系中，用人单位按照劳动者劳动的数量和质量以及国家规定给付劳动报酬，体现了同工同酬和按劳分配的原则；劳务关系中的劳务价格是按照市场原则支付，完全由双方当事人协商确定。

5. 法律责任不同。劳动合同的不履行、非法履行等所产生的责任不仅有民事上的责任，而且还有行政责任。如《劳动合同法实施条例》第 33 条规定：用人单位违反劳动合同法有关建立职工名册规定的，由劳动行政部门责令限期改正；逾期不改正的，由劳动行政部门处 2000 元以上 2 万元以下的罚款；劳务关系所产生的责任只有民事责任中的违约责任和侵权责任，一般不存在行政责任。

教育行业当下疫情影响和经济下行压力，仍然具有很大潜力。对暂时存在资金困难但有发展潜力的企业特别是中小微企业，建议讲师和培训机构尽量通过和解、调解等方式，共渡难关，避免杀鸡取卵、竭泽而渔。

【相关法律法规】

1.《最高人民法院关于审理劳动争议案件适用法律若干问题的解释（三）》第七条："用人单位与其招用的已经依法享受养老保险待遇或领取退休金的人员发生用工争议，向人民法院提起诉讼的，人民法院应当按劳务关系处理。"

2. 国务院办公厅《关于规范校外培训机构发展的意见》（国办发〔2018〕80号）："（四）遵循基本要求。……培训机构应当与所聘人员依法签订聘用合同、劳动合同或劳务协议。"

3.《中华人民共和国合同法》第一百零九条："当事人一方未支付价款或者报酬的，对方可以要求其支付价款或者报酬。"

117. 培训合同效力

疫情期间，有的校外培训机构出现停业或者无力履行教育培训合同的情况，学员或者家长索赔时，才发现培训机构根本没有办学资质。这样的培训合同是否有效，培训费用能追回吗？

【解答】 设立、经营校外培训机构，应取得办学许可证，校外培训背后涉及社会公共利益，无办学许可证的校外培训机构所实施的行为存在损害社会公共利益的情形，在行政领域应受到相关处罚；在民事领域，相关培训合同应为无效合同。在签订教育培训合同时，学员或者学员家长也应当查看培训机构办学许可、培训场所面积、培训内容等，尽到审慎签约义务。

【分析】2018 年，国务院办公厅发布《关于规范校外培训机构发展的意见》，规定：设立、经营校外培训机构，应取得办学许可证。之所以做出上述规定，背景是一些校外培训机构开展以“应试”为导向的培训，违背了教育规律和青少年成长发展规律，影响了学校正常的交易教学秩序，造成学生课外负担过重，增加了家庭经济负担，社会反响强烈。其目的在于规范校外培训机构的设立和经营行为，规范其培训内容和模式，在培训质量上加强监管，控制和减少面向中小学生进行的不必要培训，保障中小学生身心健康发展。

有的培训机构违反国务院办公厅《关于规范校外培训机构发展的意见》中关于校外培训机构跨县域设立培训点需经所在县级教育部门审批，培训场所面积需达标，培训内容不得针对应试，以超前、超标的方式设置课程等规定，实施有偿培训，与学生家长约定培训目标，使接受培训的学生获得学校正常教育以外的利益，该行为侵犯了《中华人民共和国教育法》赋予其他学生接受教育机会平等的权利，并同时侵害了包括其他学生家长等在内的社会公共利益，相关《教育培训协议书》应为无效。一般情况下，教育培训机构对该合同无效的法律后果存在重大过错，负有主要责任；学生家长如果没有尽到审慎签约的合同义务，也将负有一定的责任。

【相关法律法规】

1.《中华人民共和国合同法》第五十二条：“有下列情形之一的，合同无效：（一）一方以欺诈、胁迫的手段订立合同，损害国家利益；（二）恶意串通，损害国家、集体或者第三人利益；（三）以合法形式掩盖非法目的；（四）损害社会公共利益；（五）违反法律、行政法规的强制性规定。”

第五十八条："合同无效或者被撤销后，因该合同取得的财产，应当予以返还；不能返还或者没有必要返还的，应当折价补偿。有过错的一方应当赔偿对方因此所受到的损失，双方都有过错的，应当各自承担相应的责任。"

2.《中华人民共和国教育法》第八条："教育活动必须符合国家和社会公共利益。国家实行教育与宗教相分离。任何组织和个人不得利用宗教进行妨碍国家教育制度的活动。"

第九条："中华人民共和国公民有受教育的权利和义务。公民不分民族、种族、性别、职业、财产状况、宗教信仰等，依法享有平等的受教育机会。"

3. 国务院办公厅《关于规范校外培训机构发展的意见》(国办发〔2018〕80 号)："（四）遵循基本要求。各地标准必须达到以下基本要求。场所条件方面，校外培训机构必须有符合安全条件的固定场所，同一培训时段内生均面积不低于 3 平方米，确保不拥挤、易疏散；必须符合国家关于消防、环保、卫生、食品经营等管理规定要求。通过为参训对象购买人身安全保险等必要方式，防范和化解安全事故风险。师资条件方面，校外培训机构必须有相对稳定的师资队伍，不得聘用中小学在职教师。所聘从事培训工作的人员必须遵守宪法和法律，热爱教育事业，具有良好的思想品德和相应的培训能力；从事语文、数学、英语及物理、化学、生物等学科知识培训的教师应具有相应的教师资格。培训机构应当与所聘人员依法签订聘用合同、劳动合同或劳务协议。聘用外籍人员须符合国家有关规定。管理条件方面，校外培训机构必须坚持和加强党的领导，做到党的建设同步谋划、党的组织同步设置、党的工作同步开展，确保正确的办学方向。必须有规范的章程和相应的管理制度，明确培训宗旨、业务范围、议事决策机制、资金管理、保障条件和服务承诺等。（五）确保证照齐全。校外培训机构必须经审批取得办学许可证后，登记取得营业执照（或事业单位法人证书、民办非企业单位登记证书，下同），才能开展培训。已取得办学许可证和营业执照的，如不符合设置标准，应当按标准要求整改，整改不到位的要依法吊销办学许可证，终止培训活动，并依法办理变更或注销登记。”

118. 线上教育资质

疫情给线下教育按下了暂停键，促使线下教育转型线上，线上教育加速冲向风口，直播课、录播课、音频课，花样迭出；微信、App、小鹅通，各类平台大显神通。但是，全国范围内的互联网教育机构几乎都在“裸奔”，线上教育机构，需要具备哪些资质？

【解答】一般来说，开展营利性线下教育培训活动，除了对举办者、办学规模、办学经营、办学场所、教学设施设备等方面有一定的要求外，还应当取得的核心资质文件即当地教育行政部门颁发的《办学许可证》。倘若转型线上，根据业务形态的不同，教育培训机构还应当取得相应的证照。

【分析】按照《国务院办公厅关于规范校外培训机构发展的意见》要求，省级教育行政部门重点对培训机构、培训内容和培训人员等进行备案。

校外线上培训机构备案材料主要包括：培训机构的ICP（互联网信息服务）备案、电信业务经营许可（涉及经营电信业务的）等相关证照信息，建立党组织情况的信息，资金管理、保障条件和服务承诺等信息，互联网平台信息数据交互及处理能力和个人信息保护制度，网络安全管理制度，安全保护技术措施，服务器设置在中国内地的说明材料。

学科类培训内容备案材料主要包括课程介绍、教学安排、招生简章等，引进国外课程的要根据有关规定提供相关证明。

学科类培训人员备案材料主要包括基本信息、教师资格证明（其中，外籍人员提供学习和工作经历、教学资质或教学能力说明）。

【相关法律法规】

《关于规范校外线上培训的实施意见》（教基函〔2019〕8号）

119. 以案说法——违反竞业限制协议，应当承担违约责任

疫情期间，线下教育被按下暂停键，有的线下培训机构的任课教师选择离职，转入线上培训机构，任课老师离职后，违反竞业限制协议，是否应当承担违约责任？

【案例摘要】 师资是商业教育培训机构的宝贵资源，在受众群体选择培训机构时，师资因素起到了关键的作用，郑某的主要工作即为教授相关课程，系作业帮公司的核心业务，故法院认定作业帮公司与郑某签订竞业禁止协议并约定郑某在一定期限内负有竞业限制义务并无不当，基于意思自治原则，郑某应当依约履行竞业限制义务。

【案情介绍】（2018）京0108民初16506号民事判决书。

郑某于2016年7月5日入职作业帮公司，负责小学语文作文的教研和教学，主要工作内容为上直播课、带领团队研发课程、编写教材、组织备课、监督团队课程质量、保证课程完成率等相关指标。在职期间的工作模式为线上授课，客户通过下载“作业帮App”完成课程的购买和学习的过程。

郑某月工资标准为基本工资6000元、岗位工资10000元及数额不等的课时薪酬（绩效奖金），在职期间的实发工资金额为 10775.31 元、13416.28 元、15274.32 元、32108.2 元、69740.3 元、57939.74 元、15770.07 元、52113.37 元、54276.12 元、40573.05 元；其中应发固定工资数额为 14476.19 元、16000 元、16000 元、16000 元、16000 元、16000 元、16000 元、16000 元、15304.35 元、12800 元。离职后作业帮公司向郑某已支付 45100.7 元、已核算出 3598.69 元尚未支付。

作业帮公司与郑某签订期限为 2016 年 7 月 5 日至 2019 年 9 月 30 日的书面劳动合同，其上载明："第 38 条竞业限制义务：(1) 乙方（郑某）未经甲方（作业帮公司）书面同意，在其任职于甲方期间及离职后两年内，不得在从事与甲方及其关联公司竞争业务的任何竞争对手或该竞争对手的关联公司处，接受或取得任何权益和/或职位，或向任何甲方及甲方关联公司的竞争对手或该竞争对手的关联公司提供任何咨询服务或其他协助。……(3) 竞业限制的行为：乙方在其任职于甲方期间及离职后两年内，不得直接或间接地以个人名义……从事包括但不限于以下行为：1) 投资或从事甲方及其关联公司的竞争业务……第 39 条经济补偿：……(3) 离职后竞业限制补偿金计算标准：乙方与甲方劳动合同终止或解除后一年内，甲方应当向乙方总计支付相当于乙方离职前一年（从离职日开始向前计算）基本工资（不含奖金、津贴、加班工资、提成及期权等）的二分之一，作为乙方离职后履行本合同竞业限制义务的全部经济补偿。如果乙方在甲方工作不足一年的，按实际工作期间的基本工资推算年基本工资收入，以年基本工资收入（不含期权）的二分之一作为乙方离职后履行本合同竞业限制义务的全部经济补偿。……(4) 离职后竞业限制经济补偿的支付方式：在乙方与甲方终止或解除劳动合同后，甲方按月向乙方支付，支付时间为每月最后一天，支付标准为本条第3款规定的经济补偿的十二分之一，由甲方通过银行转账形式支付给乙方，甲方将代扣代缴个人所得税。第40条保密及竞业限制期限……（2）本合同约定的竞业限制期限为甲乙双方劳动合同有效期内及劳动合同终止或解除后两年。第41条违约责任……（2）乙方违反本合同约定的竞业限制义务的，应当承担违约责任，返还甲方已经支付的所有经济补偿，并且在甲方通知乙方后10日内向甲方支付相当于本合同第39条第3款规定的全部经济补偿的3倍数额的违约金……（8）乙方单方面拒绝接受甲方给予的竞业限制经济补偿的，视为乙方对经济补偿的放弃，但是乙方仍须遵守本合同约定的竞业限制义务。”

2017年4月25日，作业帮公司为郑某出具离职证明，其上载明：郑某……在离职后需要履行（竞业限制和）保密义务，不得向任何单位和个人透露我司商业秘密和其他经营秘密。”2017年5月1日双方解除劳动关系。

2017年5月3日郑某入职上海一起作业信息科技有限公司（以下简称上海一起作业公司），双方签订期限为2017年5月3日至2020年6月30日的书面劳动合同，社会保险由上海一起作业信息科技有限公司北京分公司代缴。在职期间在一起作业家长通App中进行小学语文阅读和作文的授课。

2017年6月1日，作业帮公司向郑某支付45100.7元，当月16日，作业帮公司向郑某发送电子邮件，内容为告知其该公司将2017年5月竞业限制补偿金7876.5元支付至其工资卡中。该电子邮件附件为关于支付郑某竞业限制补偿金支付告知函及招商银行交易明细，其上载明：“郑某……根据您与作业帮公司签订的劳动合同相关条款，双方约定自2017年5月1日起两年内须履行竞业限制义务，公司于2017年5月31日已向您的工资卡支付4月份课酬：税前￥47741.72……适用税率为30%，税后￥37224.2元，以及5月份竞业限制经济补偿金￥7876.5元，……共计支付（税后）：￥45100.7元……”

2017年6月14日，作业帮公司对“一起作业家长通App”中相关内容进行公证，就郑某教学的相关课程进行证据保全，上课对象均为二至六年级学生，上课内容为作文和阅读。郑某主张其2017年9月前授课免费，此后14节课399元。作业帮公司未能提供课程收费信息。

2017年6月16日郑某向作业帮公司发送电子邮件，主要内容为其在职期间或离职时并未签订过竞业限制协议，故不接受公司所赋予的竞业限制义务，同时要求作业帮公司与其当面沟通竞业限制补偿金一事，并欲退回作业帮公司支付的7876.5元。

2017年6月22日郑某向作业帮公司发送电子邮件，主要内容为入职时人力未与其沟通劳动合同的细节，其未签署竞业限制协议；离职时其与作业帮公司亦未签署竞业限制协议，该公司曾承诺郑某不支付其补偿金，其也无需履行竞业限制协议相关条款；作业帮公司支付的7876.5元未证得其本人同意，且标准过低，要求作业帮公司给予对应补偿其即停止上班，并阐述自作业帮公司离职原因。

2017年7月13日作业帮公司向郑某发送电子邮件，内容为作业帮公司欲支付郑某2017年6月浮动课酬，因郑某账户已经注销未能成功发放，需郑某提供其他银行信息或至作业帮公司自取。

2018年8月21日，上海一起作业公司为郑某出具离职证明，载明郑某为该公司语文项目负责人，因个人原因辞职，双方解除劳动合同。

【裁判观点】 依据《中华人民共和国劳动合同法》第二十三条规定："用人单位与劳动者可以在劳动合同中约定保守用人单位的商业秘密和与知识产权相关的保密事项。对负有保密义务的劳动者，用人单位可以在劳动合同或者保密协议中与劳动者约定竞业限制条款，并约定在解除或者终止劳动合同后，在竞业限制期限内按月给予劳动者经济补偿。劳动者违反竞业限制约定的，应当按照约定向用人单位支付违约金。"本案中，双方所签署的劳动合同中约定郑某在解除劳动合同后两年内应遵守竞业限制义务，包括不得入职与作业帮公司具有竞争关系的用人单位、不得为与作业帮公司具有竞争关系的同类组织提供咨询等，离职证明亦载明需履行竞业限制义务等，而郑某虽主张其并未了解其上内容而签字、作业帮公司口头告知其无需履行竞业限制义务，但并未提交证据予以证明，本院对其主张不予采信。

郑某主张其任职作业帮公司时仅为普通讲师，不属于高级管理人员和高级技术人员，对此本院认为，师资是商业教育培训机构的宝贵资源，在受众群体选择培训机构时，师资因素起到了关键的作用，而郑某的主要工作即为教授相关课程，系作业帮公司的核心业务，故本院认定作业帮公司与郑某签订竞业禁止协议并约定郑某在一定期限内负有竞业限制义务并无不当，基于意思自治原则，郑某应当依约履行竞业限制义务。

就作业帮公司支付的7876.50元的性质，郑某虽主张其并不了解上述款项的性质，亦主张该笔款项与其在职期间工资标准悬殊较大，以该笔款项作为竞业限制补偿金显失公平，且作业帮公司并未按照竞业限制补偿金进行报税，对于此本院认为，郑某需履行竞业限制义务，而劳动合同系双方真实意思表示，其上明确约定竞业限制补偿金的计算方法，现作业帮公司支付的竞业限制补偿金并未低于该标准，该公司亦曾向郑某告知该笔款项的性质，郑某以不明款项性质为由拒绝履行竞业限制义务之主张本院不予采信。

关于郑某自作业帮公司离职后是否违反了竞业限制义务，法院认定如下：双方当事人的陈述和现有证据均显示郑某在“一起作业家长通 App”发布有偿组织小学语文相关课程授课内容，而依据双方劳动合同约定，其在职作业帮公司期间，从事的亦是小学语文方面的培训工作，二者在工作内容上有所重合，受众群体亦均为接受语文培训的小学生，故本院认定郑某离职后在上海一起作业公司开展的培训工作，显然构成了作业帮公司的竞争业务，该行为违反了与作业帮公司签订劳动合同中关于离职后竞业限制义务的约定。

竞业限制补偿金系用人单位向劳动者支付的因履行竞业限制义务而导致一定程度择业受限的补偿。现作业帮公司已向郑某支付竞业限制补偿金 7876.50 元，但因郑某离职后未履行竞业限制义务，作业帮公司无需向其支付相应对价，故郑某应向作业帮公司返还上述竞业限制补偿金，现仲裁裁决郑某返还作业帮公司竞业限制补偿金 7876.50 元的仲裁结果并无不当，本院不持异议。

进而，关于郑某是否应向作业帮公司支付违反《竞业禁止协议》的违约金。郑某在作业帮公司工作期间，其主观知识与授课技能，与作业帮公司的经营信息、授课模式与理念等，存在一定的增进过程，且在此过程中，郑某必然了解了作业帮公司培训业务相关的授课技巧和客户信息，其自作业帮公司离职后从事高度重合的竞争业务，违约行为亦应给作业帮公司造成了一定的损失，但结合郑某在作业帮公司工作时间不长、作业帮公司所提交的证据亦不足以佐证其损失数额或郑某的获利情况，故本院认为双方在劳动合同中约定的年基本工资收入二分之一的三倍的违约金的标准，属约定数额过高的情形，并对郑某申请酌减违约金数额的主张予以采纳。综上，本院以作业帮公司的实际损失为基础，考虑到郑某的违约情形、竞业限制条款履行情况等，根据公平原则和诚实信用原则，酌定郑某应向作业帮公司支付违反竞业限制条款的违约金 100000 元。

【判决结果】 一、郑某于本判决生效之日起十日内向作业帮教育科技（北京）有限公司支付违反竞业限制条款的违约金 100000 元；二、郑某于本判决生效之日起十日内向作业帮教育科技（北京）有限公司返还竞业限制补偿金共计 7876.50 元；三、驳回作业帮教育科技（北京）有限公司的其他诉讼请求。

120. 以案说法——无资质办学，培训合同无效

疫情期间，“停课不停学”，但是有的培训机构没有取得资质，超前超标设置课程，实施有偿培训，培训合同有效吗？

【案情摘要】 被告雨佳培训中心违反国务院办公厅《关于规范校外培训机构发展的意见》中关于校外培训机构跨县域设立培训点需经所在县级教育部门审批，培训场所面积需达标，培训内容不得针对应试，以超前、超标的方式设置课程等规定，实施有偿培训，并与原告徐某约定培训目标，使接受培训的学生获得学校正常教育以外的利益，该行为侵犯了《中华人民共和国教育法》赋予其他学生接受教育机会平等的权利，并同时侵害了包括其他学生家长等在内的社会公共利益。因此，原告徐某与被告雨佳培训中心达成的《教育培训协议书》应为无效。

【案情介绍】（2019）苏0982民初3608号民事判决书。

2017年6月19日，被告雨佳培训中心与由被告大丰区党校设立的盐城市大丰区学苑接待中心（具备企业法人资格）签订《协议书》，协议书约定由该中心向被告雨佳培训中心提供教育场所及办公场所（教学楼第四层220平方米）以设立教育培训点；该中心配合被告雨佳培训中心进行办班招生宣传工作，但不得以党校名义招生；该中心支付教室、办公场所年租金6万元等。上述《协议书》签订后，陶某即使用大丰区党校提供的教育培训场所设立雨佳培训中心大丰区培训点，实施有偿招生培训。2018年7月2日，原告为使其儿子徐某在普通高等学校招生全国统一考试（以下简称高考）中取得好成绩，与被告南京雨佳文化教育培训中心签订了《教育培训协议书》。协议约定，为了更好地完成教育培训任务，让学生顺利达到培养目标，经甲乙双方协商（甲方为雨佳培训中心，乙方为徐某），订立如下协议：一、甲乙双方的权利与义务。1. 甲方为乙方提供良好的教学环境和启东名师团教学团队的老师。2. 乙方服从甲方的教学安排、按时上课，严格遵守课堂纪律，不无故旷课，认真完成老师布置的作业。3. 甲方保证所有材料及教学形式采用启东中学模式。教学和启东中学同步。二、课时安排。自2018年5月起到2020年6月高考前。三、培养目标。甲方保证乙方经过系统培训学习后，在高考时的总分数达到本二投档线。四、收费标准。培训学费（含资料费）及协议收费合计叁万元，乙方须在本协议签订时一次性向甲方缴清。五、违约责任。1. 本协议一经签订，甲乙双方即建立法律关系，具有法律效力，任何一方均须无条件执行，不得擅自修改或终止。2. 乙方家长要监督孩子认真学习，配合甲方搞好培训工作。如有严重违反纪律或不认真学习的，则予以退学。3. 如最终没有达到本协议第三条确定的培训目标，则甲方在高考分数公布的两周内，将签约收费如数退还给乙方。协议签订的当日，原告通过银行向被告雨佳培训中心委托的，在其盐城市大丰区培训点从事培训工作的陶某银行卡上汇款 3 万元，被告雨佳培训中心就此向原告出具了培训费收据。2018 年 10 月初，被告雨佳培训中心在大丰区设立的上述培训点停业，致案涉教育培训合同终止履行。此后，陶某退还原告培训费 1 万元。原告向两名被告交涉剩余培训费的返还未果，遂提起诉讼。

【裁判观点】 本案争议的焦点为：一、案涉教育培训合同是否有效，被告雨佳培训中心应否返还原告徐某缴纳的培训费；二、被告大丰区党校应否对被告雨佳培训中心在本案中应负的民事责任承担连带责任。关于争议焦点一，被告雨佳培训中心违反国务院办公厅《关于规范校外培训机构发展的意见》中关于校外培训机构跨县域设立培训点需经所在县级教育部门审批，培训场所面积需达标，培训内容不得针对应试，以超前、超标的方式设置课程等规定，在盐城市大丰区设立针对高考的培训点，实施有偿培训，并与原告徐某约定培训目标，使接受培训的学生获得学校正常教育以外的利益，该行为侵犯了《中华人民共和国教育法》赋予其他学生接受教育机会平等的权利，并同时侵害了包括其他学生家长等在内的社会公共利益。因此，原告徐某与被告雨佳培训中心达成的《教育培训协议书》应为无效。被告雨佳培训中心对该合同无效的法律后果存在重大过错，对案涉纠纷的形成负有主要责任；原告徐某与被告雨佳培训中心签订案涉教育培训合同时，未尽审慎签约的合同义务，对案涉纠纷的形成亦负有一定的责任。据此，被告雨佳培训中心向原告徐某收取的培训费依法应予返还。关于争议焦点二，根据合同相对性原理，被告大丰区党校非案涉《教育培训协议书》的合同主体，原告徐某要求被告大丰区党校对被告雨佳培训中心培训费的返还承担连带责任于法无据，法院对此不予支持。

【判决结果】 一、被告南京雨佳文化教育培训中心返还原告徐某教育培训费 2 万元，于本判决生效之日起十日内履行。二、驳回原告徐某的其他诉讼请求。

第 22 章　餐饮、酒店、娱乐

121. 餐饮企业房租减免

自新冠肺炎疫情暴发以来，多地陆续出台相关政策对公众聚集场所（如影院、饭店、娱乐场所等）的营业进行调整或限制，以减少人员聚集，阻止疫情蔓延。餐饮企业作为直接面向公众经营的场所，其受到疫情的影响更为直接、明显，部分餐饮企业被迫强制停止营业，即便是没有被强制直接停业，也多因疫情下居民避免外出、客流量减少而遭受了较大损失。在此情形下，诸多负有社会责任感的房地产运营商陆续自发公布对租户的减免政策，各地政府也出台了相应的文件鼓励支持出租人对因受疫情影响的企业减免租金。在疫情防控期间，如出租人不减免租金，那么餐饮企业是否有权要求出租人减免租金？

【解答】 应根据具体案情做出相应处理。

经营性房屋租赁合同，如受疫情影响房屋无法正常使用，承租人以此要求出租人减免房租的，一般可予支持。如疫情并未影响承租人实际占有使用房屋，仅基于疫情期间客流减少等原因造成承租人营业收益受到影响的，一般不免除承租人的租金给付义务；如对承租人营收产生重大减损的，可依据公平原则酌情调整租金。承租人以此要求解除合同的，一般不予支持。

【分析】如受疫情影响房屋无法正常使用，承租人以此要求出租人减免房租的，一般可予支持。例如，因受疫情影响，被政府及有关部门要求餐饮企业关闭或暂停营业的，导致餐饮企业无法正常经营的，那么餐饮企业可主张此次疫情属于不可抗力，要求适用不可抗力的法定免责制度，请求免除疫情防控期间的租金。本次新冠疫情期间，部分地方政府下发通知要求暂停开放餐饮场所。对于经餐饮企业而言，由于政府采取的控制措施，致使租赁合同在一定期间内不能履行，此时新冠疫情应当构成商业租赁中的不可抗力。

如疫情并未影响承租人实际占有使用房屋，仅基于疫情期间客流减少等原因造成承租人营业收益受到影响的，一般不免除承租人的租金给付义务；如对承租人营收产生重大减损的，可依据公平原则酌情调整租金。对于本次疫情中未被强令停业的大部分店铺，虽然租赁合同还未达到根本不能履行的程度，但受到客流量减少的影响，继续履行原租赁合同的租金条款明显对承租人不公平，或者承租人由于疫情收入锐减、不能实现经营目的。因此，店铺虽未被责令或要求停业，但受疫情影响店铺经营收入锐减的情形，承租人有可能援引情势变更原则请求适用公平原则适当减少疫情期间的租金。

【相关法律法规】

1.《中华人民共和国合同法》第一百一十七条：“因不可抗力不能履行合同的，根据不可抗力的影响，部分或者全部免除责任，但法律另有规定的除外。当事人迟延履行后发生不可抗力的，不能免除责任。本法所称不可抗力，是指不能预见、不能避免并不能克服的客观情况。”

2. 最高人民法院《关于适用（中华人民共和国合同法）若干问题的解释（二）》第二十六条：“合同成立以后客观情况发生了当事人在订立合同时无法预见的、非不可抗力造成的不属于商业风险的重大变化，继续履行合同对于一方当事人明显不公平或者不能实现合同目的，当事人请求人民法院变更或者解除合同的，人民法院应当根据公平原则，并结合案件的实际情况确定是否变更或者解除。”

122. 餐饮、住宿定金处理

对疫情发生前签订的在疫情期间履行的餐饮、住宿服务等消费类合同，确因受疫情影响或疫情防控需要，直接导致合同履行不公平或不能履行的，消费合同或者消费券上载明“一经出售概不退还”，消费者能否要求解除合同退还定金？

【解答】可以。

【分析】疫情期间的餐饮、住宿等纠纷，应结合日常生活经验和交易习惯考察疫情对合同目的影响。消费者因疫情退订餐饮、住宿并要求返还定金的，应当尽量协调当事人变更合同履行日期，双方协商不成，消费者有正当理由拒绝变更日期，主张解除合同返还定金的，应予支持。因解除合同造成损失产生纠纷的，鼓励双方当事人协商解决，协商不成的，按照公平原则或不可抗力相关规定妥善处理。相关消费服务合同已经签订并可以履行，但服务、商品提供方主张因疫情影响需增加商品、服务价款的，一般不予支持。

经营者以格式条款、通知、声明、店堂告示等方式，做出排除或者限制消费者权利、减轻或者免除经营者责任、加重消费者责任等对消费者不公平、不合理的规定，其内容无效。

【相关法律法规】

《中华人民共和国消费者权益保护法》（2013年修正）第二十六条："经营者在经营活动中使用格式条款的，应当以显著方式提请消费者注意商品或者服务的数量和质量、价款或者费用、履行期限和方式、安全注意事项和风险警示、售后服务、民事责任等与消费者有重大利害关系的内容，并按照消费者的要求予以说明。经营者不得以格式条款、通知、声明、店堂告示等方式，做出排除或者限制消费者权利、减轻或者免除经营者责任、加重消费者责任等对消费者不公平、不合理的规定，不得利用格式条款并借助技术手段强制交易。格式条款、通知、声明、店堂告示等含有前款所列内容的，其内容无效。"

123. 共享员工

盒马生鲜宣布将联合知云海肴、新世纪青年、餐饮企业等合作解决现阶段餐饮行业待岗人员的问题，通过租用临时员工的"共享员工"模式开展自救。如何看待疫情期间餐饮企业之间的"共享员工"？

【解答】

当前，一些缺工企业与尚未复工的企业之间实行"共享员工"，进行用工余缺调剂，一定程度上提高了人力资源配置效率。"共享员工"不改变原用人单位和劳动者之间的劳动关系，原用人单位应保障劳动者的工资报酬、社会保险等权益，并督促借调企业提供必要的劳动保护，合理安排劳动者工作时间和工作任务，保障劳动者身心健康。合作企业之间可通过签订民事协议明确双方权利义务关系。原用人单位不得以营利为目的借出员工。原用人单位和借调单位均不得以“共享员工”之名，进行违法劳务派遣，或诱导劳动者注册为个体工商户以规避用工责任。

【分析】“共享员工”模式为餐饮企业解决当前背景下员工待岗问题提供了新的解决方案，但在劳动关系、劳动报酬、社会保险缴纳以及工伤赔偿等方面也存在一定的法律风险。

餐饮企业不具有劳务派遣的资质，应当避免与商超企业之间形成劳务派遣关系，在“共享员工”的过程中不应具有营利的目的或性质，并应就“共享”过程中涉及的工作地点、工作岗位、工作报酬和工作内容等变更内容与员工签署补充协议进行明确约定。

依法为“共享员工”缴纳社会保险。《社会保险法》明确规定，为劳动者依法购买社保是用人单位的法定义务，待岗职工的输出企业作为用人单位应当承担社保义务，不能因临时的过渡举措而向输入待岗职工的企业转移该义务，从而损害待岗职工的合法权益。但对于“共享员工”社会保险费用的承担可以与输入企业之间进行协商分配。

购买“雇主责任险”，降低“共享员工”在共享过程中因工负伤所造成的损失。

【相关法律法规】

《中华人民共和国劳动合同法》（2012 年修正）第五十七条：“经营劳务派遣业务应当具备下列条件：（一）注册资本不得少于人民币二百万元；（二）有与开展业务相适应的固定的

经营场所和设施；（三）有符合法律、行政法规规定的劳务派遣管理制度；（四）法律、行政法规规定的其他条件。经营劳务派遣业务，应当向劳动行政部门依法申请行政许可；经许可的，依法办理相应的公司登记。未经许可，任何单位和个人不得经营劳务派遣业务。”

第六十七条：“用人单位不得设立劳务派遣单位向本单位或者所属单位派遣劳动者。”

124. 酒店订单能否无损退订？

受疫情严重影响，春节期间大量酒店订单被取消，并且该情况还会持续一段时间。酒店订单（包括客房、餐饮等订单）是否可因此次疫情影响？

【解答】视具体情况而定。

【分析】因不可抗力等不可归责于旅游经营者（注：包括为旅游者提供住宿、餐饮等服务的经营者）、旅游辅助服务者的客观原因导致旅游合同无法履行，旅游经营者、旅游者有权请求解除旅游合同且不承担违约责任，旅游者有权请求旅游经营者退还尚未实际发生的费用。

文化和旅游部办公厅于 2020 年 1 月 24 日印发紧急通知，明确要求全国旅行社及在线旅游企业暂停经营团队旅游及“机票 + 酒店”旅游产品业务，并要求妥善处理好游客行程调整和退团退费等合理诉求。新冠肺炎疫情能否直接被认定为“不可抗力”并作为免责事由，则需要结合个案具体情况来考量是否出现了导致“不能履行合同”或“不能实现合同目的”的“不能预见、不能避免并且不能克服”的客观情况。由于疫情原因，合同不能正常履行、嗣后履行无法实现合同目的或继续履行合同对于一方当事人明显不公平，一方当事人请求变更或者解除合同，双方有约定的，按约定处理；无约定的，根据公平原则，充分考量当事人所处的客观环境、主观过错、疫情的发展阶段、疫情与履约不能或履约困难之间的因果关系以及疫情影响的程度等因素，根据不可抗力或情势变更等相关规定，依法变更或者解除合同。

【相关法律法规】

《中华人民共和国旅游法》（2018 年修订）第六十七条："因不可抗力或者旅行社、履行辅助人已尽合理注意义务仍不能避免的事件，影响旅游行程的，按照下列情形处理：（一）合同不能继续履行的，旅行社和旅游者均可以解除合同。合同不能完全履行的，旅行社经向旅游者做出说明，可以在合理范围内变更合同；旅游者不同意变更的，可以解除合同。（二）合同解除的，组团社应当在扣除已向地接社或者履行辅助人支付且不可退还的费用后，将余款退还旅游者；合同变更的，因此增加的费用由旅游者承担，减少的费用退还旅游者。（三）危及旅游者人身、财产安全的，旅行社应当采取相应的安全措施，因此支出的费用，由旅行社与旅游者分担。（四）造成旅游者滞留的，旅行社应当采取相应的安置措施。因此增加的食宿费用，由旅游者承担；增加的返程费用，由旅行社与旅游者分担。"

第一百一十一条："本法下列用语的含义：（一）旅游经营者，是指旅行社、景区以及为旅游者提供交通、住宿、餐饮、购物、娱乐等服务的经营者。（二）景区，是指为旅游者提供游览服务、有明确的管理界限的场所或者区域。（三）包价旅游合同，是指旅行社预先安排行程，提供或者通过履行辅助人提供交通、住宿、餐饮、游览、导游或者领队等两项以上旅游服务，旅游者以总价支付旅游费用的合同。（四）组团社，是指与旅游者订立包价旅游合同的旅行社。（五）地接社，是指接受组团社委托，在目的地接待旅游者的旅行社。（六）履行辅助人，是指与旅行社存在合同关系，协助其履行包价旅游合同义务，实际提供相关服务的法人或者自然人。”

125. 酒店承包经营合同能否变更?

酒店承包经营合同由于疫情防控措施造成停业或者客流量明显下降，承包人能否要求变更合同?

【解答】 可以。

【分析】 酒店承包经营合同具有明显的营利性。当因采取疫情防控措施造成停业或者客流明显减少时，给承包人造成的损失显然超出一般商业风险的，应积极促成当事人协商解决，承包人可以以继续履行合同其明显不公等为由请求减免相应承包期间的费用或请求变更相应的合同内容。

【相关法律法规】

《中华人民共和国合同法》第六条：“当事人行使权利、履行义务应当遵循诚实信用原则。”

第八条：“依法成立的合同，对当事人具有法律约束力。当事人应当按照约定履行自己的义务，不得擅自变更或者解除合同。依法成立的合同，受法律保护。”

第六十条：“当事人应当按照约定全面履行自己的义务。当事人应当遵循诚实信用原则，根据合同的性质、目的和交易习惯履行通知、协助、保密等义务。”

第一百一十七条：“因不可抗力不能履行合同的，根据不可抗力的影响，部分或者全部免除责任，但法律另有规定的除外。当事人迟延履行后发生不可抗力的，不能免除责任。本法所称不可抗力，是指不能预见、不能避免并不能克服的客观情况。”

126. 演唱会取消了怎么办?

文艺演出、演唱会、体育比赛等因疫情而取消，活动组织方是否需要承担违约责任？购票人是否可以申请组织方退票？

【解答】活动组织方不需要承担违约责任，购票人可以申请退票。

【分析】文艺演出、演唱会、体育比赛活动具有明显的聚众性。疫情发生对于此类合同履行构成不可抗力的，购票人可申请组织方退票处理，且各方均不需要承担合同解除的违约责任。一般情况下，演出合作协议中若约定发生不可抗力因素后，双方取消演唱会时，双方应退还对方已支付的实际出资款，若任何一方未足额按时退还，则承担违约责任。也就是说，由于疫情原因，导致合同无法履行而被解除，此时合作各方无须因合同解除承担违约责任，双方应根据合同解除的法律规定，返还已支付的款项。如果因为返还款项延迟，根据合同约定，应就延迟还款行为承担违约责任；若无合同约定，经相对方催告，仍延迟返还款项的，延迟履行方应承担相应损失赔偿责任。

疫情发生之后，为保证公众安全，原本计划在近几个月举办的演唱会、音乐节等活动都做出了取消或延期的安排。根据《合同法》和《营业性演出管理条例》等相关规定，如果举办方已经事先向消费者进行了门票销售，由于相关活动无法如期正常举办，消费者可以要求解除双方之间的购票合同，并且门票销售方需要返还消费者已经支付的门票款。

此外，按照规定，演唱会和音乐节等活动一般而言需要事先根据相关规定申请办理营业性演出的举办审批。在演出延期的情况之下，由于演出的时间、地点和场次可能均发生了变化，根据《营业性演出管理条例》相关规定，举办单位应当重新向文化主管部门提出申请。

【相关法律法规】

《中华人民共和国合同法》第九十四条："有下列情形之一的，当事人可以解除合同：（一）因不可抗力致使不能实现合同目的；（二）在履行期限届满之前，当事人一方明确表示或者以自己的行为表明不履行主要债务；（三）当事人一方迟延履行主要债务，经催告后在合理期限内仍未履行；（四）当事人一方迟延履行债务或者有其他违约行为致使不能实现合同目的；（五）法律规定的其他情形。"

第九十七条："合同解除后，尚未履行的，终止履行；已经履行的，根据履行情况和合同性质，当事人可以要求恢复原状、采取其他补救措施，并有权要求赔偿损失。"

第一百零七条："当事人一方不履行合同义务或者履行合同义务不符合约定的，应当承担继续履行、采取补救措施或者赔偿损失等违约责任。"

第一百一十三条："当事人一方不履行合同义务或者履行合同义务不符合约定，给对方造成损失的，损失赔偿额应当相当于因违约所造成的损失，包括合同履行后可以获得的利益，但不得超过违反合同一方订立合同时预见到或者应当预见到的因违反合同可能造成的损失。经营者对消费者提供商品或者服务有欺诈行为的，依照《中华人民共和国消费者权益保护法》的规定承担损害赔偿责任。"

第一百一十四条："当事人可以约定一方违约时应当根据违约情况向对方支付一定数额的违约金，也可以约定因违约产生的损失赔偿额的计算方法。约定的违约金低于造成的损失的，当事人可以请求人民法院或者仲裁机构予以增加；约定的违约金过分高于造成的损失的，当事人可以请求人民法院或者仲裁机构予以适当减少。”

127. 网络直播的法律风险

疫情期间，网红经济、宅经济再次成为焦点。通过线上网络直播的方式来维持一定的曝光率，直播带货成为网络很多人追捧的生活方式，网络直播有哪些法律风险？

【解答】网络直播可能触发著作权侵权、广告违规、内容违规、打赏无效等法律风险。

【分析】1. 著作权侵权风险。许多平台都会在平台内部嵌入音乐菜单，主播可以直接点击播放音乐，此时如果平台没有获得相应的音乐作品的许可，可能涉嫌著作权侵权。有的主播翻唱他人歌曲进行表演，或者直接在直播过程中以播放他人歌曲的形式来吸引更多的关注。根据《著作权法》等相关规定，倘若未经歌曲著作权人的同意而擅自在直播时进行播放或翻唱的，可能涉及侵犯著作权人对音乐作品享有的著作权。此外，有的主播未经授权，在平台上播放热播影视剧剧集，可能构成直接侵权。直播平台如果没有限制主播直播内容，并且应当知道其直接侵权行为的存在，但其没有及时制止侵权行为，存在过错，可能构成帮助侵权而承担法律责任。

2. 广告违规风险。如果仅仅是与网友分享一些自己“种草”的日常用品，一般而言不会有太多问题。如果商家与主播、平台合作，在视频中插入广告，或向观众推销商品，以广告作为直播平台主要的变现方式，根据《广告法》规定，网络主播在直播节目中对诸如美妆、食品、生活用品等进行推荐、介绍的，直播平台可能成为广告发布者，网络主播可能构成广告代言人。此时，一旦广告出现违法违规的情形，直播平台可能需要承担广告发布者的责任。

3. 内容违规风险。有的主播利用平台直播淫秽、色情等违规内容，《互联网信息服务管理办法》规定了互联网“九不准”，实践中，互联网直播平台经常出现淫秽、色情等违规内容，其中既有由平台实施的行为，也有主播行为，该行为不仅违反网络监管规定，而且可能触犯刑法，实践中亦有不少平台负责人、主播被判入狱的案例。此外，因用户行为导致的内容违规风险亦不容忽视，特别是一些弹幕、评论等，也是经常出现违规内容的地方。

4. 未成年人打赏行为可能无效。观众在观看直播过程中会涉及对主播进行打赏这一行为。打赏涉及两个行为：一是向平台购买虚拟礼物的行为；二是打赏主播的赠予行为。对于打赏，黑龙江省高院在（2018）黑01民终5591号判决书中认定：“在观看主播人直播过程中并不需要另行支付虚拟货币费用，而是在其对主播人的直播内容感到满意或者赞赏的情况下，通过用虚拟货币购买礼物的方式打赏，也即，即便不打赏礼物，作为平台用户，观众仍然可以观看直播内容。故观众刷礼物打赏的行为属于自愿性的，并未在其与主播人之间设定一定的权利义务关系，属于无偿、单务合同，形成的是赠予法律关系。”实践中，未成年人使用成年人的账号对直播主播打赏，对于未成年人的打赏行为，根据《中华人民共和国合同法》第四十七条规定“限制民事行为能力人订立的合同，经法定代理人追认后，该合同有效，但纯获利益的合同或者与其年龄、智力、精神健康状况相适应而订立的合同，不必经法定代理人追认”，可能会存在合同无效的情形。

【相关法律法规】

1.《中华人民共和国广告法》（2018年修订）第九条："广告不得有下列情形：（一）使用或者变相使用中华人民共和国的国旗、国歌、国徽，军旗、军歌、军徽；（二）使用或者变相使用国家机关、国家机关工作人员的名义或者形象；（三）使用"国家级""最高级""最佳"等用语；（四）损害国家的尊严或者利益，泄露国家秘密；（五）妨碍社会安定，损害社会公共利益；（六）危害人身、财产安全，泄露个人隐私；（七）妨碍社会公共秩序或者违背社会良好风尚；（八）含有淫秽、色情、赌博、迷信、恐怖、暴力的内容；（九）含有民族、种族、宗教、性别歧视的内容；（十）妨碍环境、自然资源或者文化遗产保护；（十一）法律、行政法规规定禁止的其他情形。"

第十六条："医疗、药品、医疗器械广告不得含有下列内容：（一）表示功效、安全性的断言或者保证；（二）说明治愈率或者有效率；（三）与其他药品、医疗器械的功效和安全性或者其他医疗机构比较；（四）利用广告代言人作推荐、证明；（五）法律、行政法规规定禁止的其他内容。药品广告的内容不得与国务院药品监督管理部门批准的说明书不一致，并应当显著标明禁忌、不良反应。处方药广告应当显著标明'本广告仅供医学药学专业人士阅读'，非处方药广告应当显著标明'请按药品说明书或者在药师指导下购买和使用'。推荐给个人自用的医疗器械的广告，应当显著标明'请仔细阅读产品说明书或者在医务人员的指导下购买和使用'。医疗器械产品注册证明文件中有禁忌内容、注意事项的，广告中应当显著标明

‘禁忌内容或者注意事项详见说明书’。”

2.《互联网信息服务管理办法》第十五条：“互联网信息服务提供者不得制作、复制、发布、传播含有下列内容的信息：(一) 反对宪法所确定的基本原则的；(二) 危害国家安全，泄露国家秘密，颠覆国家政权，破坏国家统一的；(三) 损害国家荣誉和利益的；(四) 煽动民族仇恨、民族歧视，破坏民族团结的；(五) 破坏国家宗教政策，宣扬邪教和封建迷信的；(六) 散布谣言，扰乱社会秩序，破坏社会稳定的；(七) 散布淫秽、色情、赌博、暴力、凶杀、恐怖或者教唆犯罪的；(八) 侮辱或者诽谤他人，侵害他人合法权益的；(九) 含有法律、行政法规禁止的其他内容的。”

3.《中华人民共和国合同法》第四十七条：“限制民事行为能力人订立的合同，经法定代理人追认后，该合同有效，但纯获利益的合同或者与其年龄、智力、精神健康状况相适应而订立的合同，不必经法定代理人追认。”

128. 以案说法——因不可抗力导致合同解除，解除后不履行还款义务应承担违约责任

由于文艺演出、演唱会属于聚集性活动，受疫情影响，相关活动或延期，或取消。受新冠疫情不可抗力影响直接导致合同无法履行的可以解除合同吗？各方可以追究违约责任吗？

【案例概要】 李荣浩［有理想］巡回演唱会因演出场因雾霾天气无法施工，构成不可抗力的约定。双方取消演唱会后，苏州三禾惟方文化传播有限公司拒绝返还天津国际体育发展有限公司已支付的合作款 266 万元，构成违约，经天津市南开区人民法院公开审理，判令其以 2660000 元为基数按照中国人民银行同期同档基准贷款利率的130%承担违约责任。

【案情介绍】（2017）津0104民初6820号民事判决书。原告：天津国际体育发展有限公司，被告：苏州三禾惟方文化传播有限公司。

2016年3月1日，原、被告签订《李荣浩［有理想］巡回演唱会——天津站合作协议》，约定：原、被告合作负责艺人李荣浩天津站演出的落地工作，活动日期为2016年12月10日，活动地点为天津体育中心，合作金额为3800000元，支付方式为原告于收到本演唱会巡演总代理合约或李荣浩书面参加天津站演出确认函后，2日内向被告支付合作总款项的70%即2660000元，被告于演出前三个月（2016年9月9日前）向原告支付合作总款项的30%即1140000元，合同中载明了原、被告双方的收款账户信息。合同还约定：如因气候或不可抗力因素或不可规则于协议任一方之原因，导致演唱会无法如期举行，双方应本于诚意协商，延期举办本活动，互不追究责任；如因不可抗力因素，应于发生不可抗力后3个工作日内进行协商，若双方同意不择期举办而取消演唱会时，则须于发生不可抗力10个工作日内，退还双方已支付的实际出资款，即原告退还被告1140000元，被告退还原告2660000元，退还后，双方不承担违约责任，若任何一方未足额按时退还，则承担违约责任。合同对违约责任及收益分配等条款亦作了约定。此后，原告与第三人签订《预定场馆协议书》，约定：原告预定第三人天津体育馆于2016年12月10日举办2016李荣浩有理想世界巡回演唱会天津站。2016年3月1日，原告向被告转账4566000元，其中包括天津李荣浩场2660000元。2016年9月30日，天津市南开区行政审批局向原告发放《南开区营业性演出准予许可决定》，载明：许可原告于 2016 年 12 月 10 日 19：30 在天津市南开区宾水西道天津体育馆举办 2016 李荣浩有理想世界巡回演唱会天津站。2016 年 12 月 1 日，天津市南开区行政审批局向原告发放《南开区营业性演出准予许可决定》，载明：许可原告于 2017 年 1 月 7 日 19：30 在天津市南开区宾水西道天津体育馆举办 2016 李荣浩有理想世界巡回演唱会天津站。2016 年 12 月 9 日，原告向被告发出《关于请三禾公司协调艺人档期的函》，载明：由于雾霾原因导致天津体育馆改造延期属于不可抗力因素，原告根本无法估计及控制，但原告依旧希望双方基于互相理解及友好合作的原则，继续进行合作，请被告与艺人协调 2017 年 3 月档期，将“李荣浩［有理想］世界巡回演唱会”继续进行下去，给您带来的不便恳请谅解。2017 年 1 月 18 日，被告向原告发出《告知函》，载明：2016 年 12 月 10 日被告再度接到原告通知，由于场地改造原因导致 2017 年 1 月 7 日的档期仍不能如期举行演出，需延至 2017 年 3 月，被告与艺人方沟通协调后，艺人方明确回复没有办法再配合档期调整；原告已付款项被告不予退还，作为违约金；若艺人方或其他配合单位向被告索赔，由此造成的一切经济损失被告仍有权向原告追讨等内容。2017 年 1 月 23 日，原告向被告发出《回复函》，载明：被告于 2017 年 1 月 19 日向原告发送的《告知函》，原告收悉已阅，现回复如下：1. 演唱会推迟原因系天津体育馆因雾霾天气导致改造不能如期完成，非原告原因，不同意被告在《告知函》中的主张；2. 请被告向原告支付 1140000 元落地执行费，并保留按照合作协议约定要求被告赔偿的权利；3. 请被告协调 2017 年艺人时间（除全运会举办期间 8 月至 9 月上旬），演唱会是否可以进行请被告于 2017 年 2 月 25 日 12 时前书面函复原告，否则视为被告同意取消举办演唱会；4. 若演唱会无法举办，请被告按照合同8.2约定，于2017年3月3日前将原告已支付的2660000元退回并协商合作协议终止事宜。2017年3月3日，原告向被告发出《催缴函》，载明：限被告于本催缴函发出之日起3日内足额向原告支付1140000元落地执行费，逾期未支付的，原告即时与被告终止合作协议，届时，被告需按照合作协议9.2条约定，向原告支付3800000元作为赔偿，并足额向原告退还2660000元合作款。此后被告未向原告支付上述款项，故成讼。

另查，2016年11月1日，天津市人民政府办公厅发布《天津市人民政府办公厅关于印发天津市重污染天气应急预案的通知》，载明：Ⅲ级响应措施，在Ⅳ级响应措施基础上，增加以下强制性措施：……（3）停止室外喷涂、粉刷、切割、护坡喷浆作业；（4）停止所有施工公司的土石方作业（包括：停止土石方开挖、回填、场内倒运、掺拌石灰、混凝土剔凿等作业，停止建筑工程配套道路和管沟开挖作业）建筑垃圾和渣土运输车、砂石运输车辆禁止上路行驶；（5）所有水泥粉磨站、渣土存放点全面停止生产、运行，全市混凝土搅拌站和砂浆搅拌站停止生产，站内堆放的散体物料全部苫盖，增加洒水降尘频次。2016年12月6日，天津市环境保护局发布《我市终止重污染天气应急响应》的通知，载明：11月24日12时起，受不利气象条件影响，我市启动了重污染天气Ⅲ级响应；11月30日上午，我市将重污染天气预警等级由黄色提升至橙色，同时当日12时，应急响应措施由Ⅲ级调整为Ⅱ级。12月5日上午，市政府发布了重污染天气预警解除通知，此次应急响应于12月5日12时终止。

【裁判观点】 本案系合同纠纷，原告与被告签订的《李荣浩［有理想］巡回演唱会——天津站合作协议》系双方真实意思表示，不违反法律法规法的强制性规定，应认定合法有效，双方均应按照合同约定享有权利，履行义务。

关于原告主张要求确认原、被告之间的《合作协议》终止的诉请，庭审中被告同意原告的该项请求，故法院对于原告的该项诉请予以支持。

关于本案争议的合同不能履行的原因是否为不可抗力导致是本案争议焦点。庭审中，被告以演唱会无法如期举行系原告不能落实演出场地为由进行抗辩。法院认为，合作协议签订后，原告依约向被告履行了 2660000 元的付款义务，后又依约向第三人租用了演出场地并向相关行政机关申请了演出许可，其已经履行了合同约定的主要义务。依据三方当事人的述辩以及原、被告提交的证据可以证实，演出场地不能如期使用的原因系演出场馆改造期间，遇天津市发生严重雾霾天气，天津市人民政府及时启动相关应急预案，在全市范围内停止一切户外施工活动，致使场馆改造完成时间延迟。该情况非三方当事人可以预见，既无法通过采取相应措施予以避免也无法克服，属于演出合作协议中第八条不可抗力的约定。依据合作协议第八条第二款的规定，发生不可抗力因素后，双方取消演唱会时，双方应退还对方已支付的实际出资款。故原告要求被告返还出资款 2660000 元的诉请，法院予以支持。

关于被告拒绝向原告返还出资款 2660000 元是否构成违约，如何计算违约金。法院认为，同时依据合作协议第八条第二款的规定，发生不可抗力因素后，双方取消演唱会时，双方应退还对方已支付的实际出资款，若任何一方未足额按时退还，则承担违约责任。现被告已书面确认不能协调艺人档期，演唱会取消，但经原告多次向其主张要求返还已支付的出资款时，被告拒绝返还，已经构成违约。庭审中被告辩称违约金约定过高，请求法院予以调整，法院认为，原告未能就其实际损失的金额提供相关证明，但被告占有原告出资款，确会给原告造成一定的损失。依据相关规定，法院酌定违约金的支付标准为以2660000元为基数按照中国人民银行同期同档基准贷款利率的130%予以支付。

关于原告主张要求被告支付的律师费、公证费以及原告向保险公司交纳12920元保险费的承担问题。法院认为，上述费用属于被告未按期返还原告出资而给造成的损失，该损失可以通过被告支付的违约金予以补偿。故对于原告的该项诉讼请求，法院不予支持。

【判决结果】 一、确认原告天津国际体育发展有限公司与被告苏州三禾惟方文化传播有限公司签订的《李荣浩［有理想］巡回演唱会－天津站合作协议》已经终止；二、本判决生效后三十日内，被告苏州三禾惟方文化传播有限公司向原告天津国际体育发展有限公司返还合作款2660000元；三、本判决生效后三十日内，被告苏州三禾惟方文化传播有限公司向原告天津国际体育发展有限公司支付以2660000元为基数按照中国人民银行同期同档基准贷款利率的130%计算自2017年6月14日起至实际给付之日止的利息；四、驳回原告天津国际体育发展有限公司的其他诉讼请求。

129. 以案说法——直播随意放歌，侵犯信息网络传播权

疫情期间，互联网直播蓬勃发展，一些秀场主播播放他人的音乐作品，或者翻唱经典音乐，能构成著作权侵权吗？

【案例摘要】2018年2月14日，冯某在斗鱼直播时，播放了半首歌曲《恋人心》，中国音乐著作权协会将斗鱼被告上法院。2018年12月27日，北京互联网法院公开宣判，认定冯某构成侵权行为，判决斗鱼赔偿经济损失2000元及因诉讼支出的合理费用3200元。

【案情介绍】（2019）京73民终1384号民事判决书。

2018年2月14日，网络主播冯某在斗鱼公司经营的斗鱼直播平台编号为71017的直播间进行在线直播，其间冯某播放了歌曲《恋人心》，时长约1分10秒（歌曲全部时长为3分28秒）；歌曲在播放时显示词曲作者为张超。播放该歌曲前，主播冯某与观看直播的用户互动说："一起安静听歌"；在时长为1分10秒播放歌曲《恋人心》的过程中，主播冯某不时与观看直播的用户进行解说互动，感谢用户赠送礼物打赏，并哼唱了该歌曲歌词中的"长江水"三个字。直播结束后，此次直播视频被主播制作并保存在斗鱼直播平台上，观众可以通过登录斗鱼直播平台随时随地进行播放观看和分享。庭审中，音著协明确，本案所诉的侵权行为并不是主播在直播中的行为，而是直播后该次直播视频被上传到斗鱼直播平台供人观看分享的行为，斗鱼公司作为视频的权利人，直接侵害了音著协享有的信息网络传播权，应当承担侵权责任。

2018年4月2日，音著协委托北京市德君律师事务所向斗鱼公司发送《关于贵公司所涉侵犯著作权事件的函》，称鉴于斗鱼公司未征得许可并未支付著作权使用费而使用音乐作品的行为已构成对著作权人合法权益的侵犯，通知斗鱼公司于2018年4月12日前与音著协指定联系人洽商著作权许可使用事宜。2018年4月9日，斗鱼公司向音著协回函，要求音著协提供涉嫌被侵权的音乐作品权属文件及涉嫌侵权的主播名称、主播房间号、具体网页链接地址文件，以便于斗鱼公司判断处理。但音著协未予回复。

北京市信德公证处于 2018 年 5 月 8 日出具（2018）京信德内民证字第 02704 号《公证书》。公证处工作人员使用屏幕录像软件对公证过程进行录制，刻录所得光盘作为《公证书》附件。根据《公证书》附件光盘所载视频，公证处工作人员登录斗鱼公司经营的斗鱼直播平台，点击进入主播“冯某”主页面，点击“直播回看”，选择“2018－02－1421 点场”进入相关页面后，前述歌曲《恋人心》播放的具体情形均载于其中。此外，根据《公证书》附件光盘所载视频，本次公证包含了《恋人心》等共 25 首歌曲在斗鱼直播平台的被使用情况。

在音著协提起本案诉讼前，斗鱼公司因与音著协在北京市东城区人民法院的另案诉讼而收到了同样作为证据提交的上述《公证书》，斗鱼公司遂于 2018 年 7 月 9 日在斗鱼直播平台上删除了包含播放歌曲《恋人心》内容在内的主播冯某“2018－02－1421 点场”直播视频文件。

为证明张超为歌曲《恋人心》的词曲作者，音著协提交了网易云音乐及 QQ 音乐播放软件中歌曲《恋人心》的网络截图，上述截图均显示歌曲《恋人心》的词曲作者为张超。

音著协还提交了其与张超于 2010 年 8 月 23 日签订的《音乐著作权合同》，合同中约定：张超同意将其拥有著作权的音乐作品（现有和今后将有的所有音乐作品）的表演权、复制权、发行权、广播权及信息网络环境下的表演权、复制权（亦称信息网络传播权）以信托方式授权音著协进行集体管理，以便上述权利在其存续期间及在本合同有效期内完全由音著协行使；张超在签署本合同后，不得自己行使或委托第三人代其行使在本合同有效期内约定由音著协行使的权利；为有效管理张超授予音著协的权利，音著协有权以自己的名义向侵权使用者提起诉讼；本合同自签订之日起生效，有效期为3年。至期满前60日张超未以书面形式提出异议，本合同自动续展3年。之后亦照此办理。

庭审中，斗鱼公司对张超是否为涉案歌曲《恋人心》的词曲作者及音著协与张超签订的《音乐著作权合同》是否仍在有效期内提出异议。为此，音著协提交了《音乐著作权合同》原件证明其真实性，且分别于2018年11月27日和12月14日共两次出具书面《说明》，确认《恋人心》的词曲作者张超仍然是音著协的会员，音著协未收到过张超终止合同的书面通知，《音乐著作权合同》依然在有效期内，且音著协对上述事实的真实性承担法律责任。

【裁判观点】 本案的争议焦点为：

一、关于音著协对涉案作品在指定期间内是否享有权利

著作权属于作者，如无相反证明，在作品上署名的公民、法人或者其他组织为作者。本案中，涉案歌曲的词曲作者为张超，斗鱼公司对此亦无异议，本院对此予以确认。

依照我国相关法律法规的规定，著作权人和与著作权有关的权利人可以授权著作权集体管理组织行使著作权或者与著作权相关的权利。著作权集体管理组织被授权后，可以以自己的名义为著作权人和与著作权有关的权利人主张权利，并可以作为当事人进行涉及著作权或者与著作权相关权利的诉讼、仲裁活动。

本案中，音著协作为依法成立的音乐作品著作权集体管理

机构，已与张超签订《音乐著作权合同》，虽然合同签订于2010年8月23日，且约定授权期限为3年，但同时约定，如果张超在期限届满前60日未以书面形式提出异议，则合同自动续展。斗鱼公司对涉案歌曲词、曲作者身份的质疑以及对于原告诉讼资格的异议，但并未提供相应证据，其主张缺乏事实和法律依据，本院不予支持。音著协有权对涉案歌曲的信息网络传播权进行管理，并有权以自己的名义对侵犯该涉案歌曲信息网络传播权的行为提起诉讼。

二、关于被诉侵权行为主体及其性质的认定

《中华人民共和国著作权法》第十条第一款第（十二）项规定，信息网络传播权，即以有线或者无线方式向公众提供作品，使公众可以在其个人选定的时间和地点获得作品的权利。在斗鱼直播平台上存储的涉案视频中存在未经权利人许可播放《恋人心》歌曲的内容，公众能够在个人选定的时间和地点通过登录斗鱼直播平台进行浏览、观看、分享，属于未经许可对涉案歌曲实施的信息网络传播权行为，侵害了权利人对涉案歌曲享有的信息网络传播权。

斗鱼公司主张，主播为涉案视频的作者，斗鱼公司通过合同转让行为取得涉案作品的有关著作权，合同转让行为不构成侵权，斗鱼公司没有涉案视频的参与创作，也没有提供任何内容，而是由主播制作并上传自动保存于平台上，斗鱼公司仅提供信息存储服务，并事前进行合理审查，事后采取合理措施，在整个过程中，斗鱼公司均未获益且没有获益可能。

根据本案查明的事实，凡在斗鱼直播平台上进行直播的主播均要与斗鱼公司签订《斗鱼直播协议》，协议第6条约定，主播在斗鱼平台直播期间产生的所有成果的全部知识产权、所有权及相关权益，由斗鱼公司享有。由上述约定可知，主播与斗鱼公司之间虽然并无劳动或劳务关系，但主播系为斗鱼公司创作涉案视频，斗鱼公司作为涉案视频的权利人，享有相关权利，亦应对因涉案视频产生的法律后果承担相应责任。斗鱼公司为涉案视频这一成果的权利人，涉案视频存储于斗鱼公司的服务器中，在斗鱼公司的控制下向公众传播，斗鱼公司应当对涉案视频存在侵权内容应承担的责任。最后，关于获益问题，斗鱼公司否认其与主播之间存在分成情形，本院认为，斗鱼公司作为涉案视频的权利人，在涉案视频中存在侵权内容的情况下，应当对该行为承担侵权责任，至于其与主播之间就涉案视频是否存在收益分成，不影响侵权行为的认定，也不影响侵权责任的承担。

三、关于被诉侵权行为责任承担的认定

《中华人民共和国著作权法》第四十九条规定，侵犯著作权或者与著作权有关的权利的，侵权人应当按照权利人的实际损失给予赔偿；实际损失难以计算的，可以按照侵权人的违法所得给予赔偿。赔偿数额还应当包括权利人为制止侵权行为所支付的合理开支。权利人的实际损失或者侵权人的违法所得不能确定的，由人民法院根据侵权行为情节，判决给予五十万元以下的赔偿。

斗鱼公司侵害了音著协就涉案歌曲《恋人心》享有的信息网络传播权，应当承担侵权责任。音著协要求斗鱼公司赔偿经济损失及合理费用的请求应予支持，关于经济损失，音著协并未举证证明其遭受的实际损失和斗鱼公司的获益。根据音著协网站上公布的《网络传播权业务类的收费标准》，如果经音著协许可后合法上载一首歌曲，每年收费200元，同时结合涉案歌曲《恋人心》的艺术价值、知名度，斗鱼公司的侵权情节、主观恶意、后续处理措施等因素，一审法院酌情确定2000元的经济损失并无不当。关于合理费用，一审法院根据公证书的具体情况，律师在本案的具体工作，酌情确定的数额亦符合实际，并无不当。

【判决结果】 武汉斗鱼网络科技有限公司赔偿原告中国音乐著作权协会经济损失2000元、合理费用3200元，驳回原告中国音乐著作权协会的其他诉讼请求。

第23章　电商

130. 网红食品安全问题

本次新冠肺炎疫情期间，直播平台、网红经济大暴发，很多食品通过网络渠道销售，请问网红食品安全吗?

【解答】《网络餐饮服务食品安全监督管理办法》（本节简称《办法》）于2018年1月1日起实施，其中明确了网络餐饮服务第三方平台提供者、通过自建网站提供餐饮服务的餐饮服务提供者以及入网餐饮服务提供者应当履行的主要义务。

【分析】 1. 对入网餐饮服务提供者：一是主体资质要求。入网餐饮服务提供者应当具有实体经营门店并依法取得食品经营许可证，按照食品经营许可证载明的主体业态、经营项目从事经营活动，不得超范围经营。二是公示义务。入网餐饮服务提供者应当在网上公示菜品名称和主要原料名称，公示的信息应当真实。三是制定并实施原料控制要求的义务。入网餐饮服务提供者应当选择资质合法、保证原料质量安全的供货商，或者从原料生产基地、超市采购原料，做好食品原料索证索票和进货查验记录，不得采购不符合食品安全标准的食品及原料。四是加工过程控制要求。入网餐饮服务提供者在加工过程中应当检查待加工的食品及原料，发现有腐败变质、油脂酸败、霉变生虫、污秽不洁、混有异物、掺假掺杂或者感官性状异常的，不得加工使用。五是定期维护设施设备等义务。《办法》还规定，入网餐饮服务提供者应当在自己的加工操作区内加工食品，不得将订单委托其他食品经营者加工制作。网络销售的餐饮食品应当与实体店销售的餐饮食品质量安全保持一致。

2. 对网络餐饮服务第三方平台提供者和通过自建网站提供餐饮服务的餐饮服务提供者。一是备案义务。网络餐饮服务第三方平台提供者应当在通信主管部门批准后 30 个工作日内，向所在地省级食品药品监督管理部门备案。网络餐饮服务第三方平台提供者设立从事网络餐饮服务分支机构的，应当在设立后 30 个工作日内，向所在地县级食品药品监督管理部门备案。自建网站餐饮服务提供者应当在通信主管部门备案后 30 个工作日内，向所在地县级食品药品监督管理部门备案。二是建立食品安全相关制度。网络餐饮服务第三方平台提供者应当建立并执行入网餐饮服务提供者审查登记、食品安全违法行为制止及报告、严重违法行为平台服务停止、食品安全事故处置等制度，并在网络平台上公开相关制度。三是审查登记义务。网络餐饮服务第三方平台提供者应当对入网餐饮服务提供者的食品经营许可证进行审查，登记入网餐饮服务提供者的名称、地址、法定代表人或者负责人及联系方式等信息，保证入网餐饮服务提供者食品经营许可证载明的经营场所等许可信息真实。四是设置机构和配备人员相关要求。网络餐饮服务第三方平台提供者应当设置专门的食品安全管理机构，配备专职食品安全管理人员，每年对食品安全管理人员进行培训和考核。培训和考核记录保存期限不得少于两年。五是公示义务。网络餐饮服务第三方平台提供者和自建网站餐饮服务提供者应当在餐饮服务经营活动主页面，公示餐饮服务提供者的食品经营许可证。同时，在网上公示餐饮服务提供者的名称、地址、量化分级信息。六是记录义务。网络餐饮服务第三方平台提供者和自建网站餐饮服务提供者应当履行记录义务，如实记录网络订餐的订单信息，信息保存时间不得少于六个月。七是抽查和监测的义务。网络餐饮服务第三方平台提供者应当对入网餐饮服务提供者的经营行为进行抽查和监测。同时，考虑到餐饮服务连锁公司总部建立网站为其门店提供网络交易服务的特殊性，《办法》规定，餐饮服务连锁公司总部建立网站为其门店提供网络交易服务的，参照本办法关于网络餐饮服务第三方平台提供者的规定执行。

【相关法律法规】

1.《食品经营许可管理办法》（2017年修订）第四条：“食品经营许可实行一地一证原则，即食品经营者在一个经营场所从事食品经营活动，应当取得一个食品经营许可证。”

2.《网络餐饮服务食品安全监督管理办法》第二条：“在中华人民共和国境内，网络餐饮服务第三方平台提供者、通过第三方平台和自建网站提供餐饮服务的餐饮服务提供者（以下简称入网餐饮服务提供者），利用互联网提供餐饮服务及其监督管理，适用本办法。”

第四条：“入网餐饮服务提供者应当具有实体经营门店并依法取得食品经营许可证，并按照食品经营许可证载明的主体业态、经营项目从事经营活动，不得超范围经营。”

131. 医药电商法律风险

在疫情期间，由于人们居家抗“疫”，对远程网络的医药服务需求大量增加，医药电商在日益旺盛的市场需求中迎来一波蓬勃发展。电子商务+医药这一“跨界产品”，有哪些法律风险和亟待解决的难题？

【解答】医药电商关系到人民群众的健康和安全，医药行业是强监管行业。医药+电商的经营模式受《电子商务法》《药品管理法》和互联网药品销售和诊疗相关规定的多重规范，当前凸显的风险主要包括：主体资质、处方药、医保、远程诊疗等风险。

【分析】1. 主体资质风险。根据《药品管理法》，第三方平台应当按照国务院药品监督管理部门的规定，向所在地省、自治区、直辖市人民政府药品监督管理部门备案。同时根据《互联网药品信息服务管理办法》第5—8条，通过互联网提供药品信息的服务活动的第三方医药电商平台应当在省级药品监督管理部门取得“互联网药品信息服务资格证书”，并在其网站主页显著位置标注证书编号。

对于平台上向消费者网售药品的药品上市许可持有人和药品经营企业应和线下药店同一标准，应当根据《药品管理法》第51条规定依法取得允许零售的“药品经营许可证”方可零售。

对于线上诊疗服务，根据《互联网诊疗管理办法（试行）》，应当由取得《医疗机构执业许可证》的医疗机构提供，由依法取得相应执业资质且具有3年以上独立临床工作经验的医师开展。

2. 处方药风险。药品不是普通生活用品，直接关乎百姓生命安全和身体健康，药品尤其是处方药的研发、生产、销售、使用等各个环节应受到严格监管。2019年12月1日，新修订的《药品管理法》开始实施，其中提到允许“有条件”放开网售处方药，同时规定了药品网络交易第三方平台提供者的责任。不过，在同年11月由发改委、商务部发布的《市场准入负面清单（2019年版）》中又提出严禁邮寄、互联网交易等方式直接向公众销售处方药。这一规定又给现有的网售处方药上了把锁。北京大学医学人文学院教授王岳在接受媒体采访时表示：“不论网售处方药政策是否放开，处方药应凭方购买是不变的底线，这是毫无疑问的。”

3. 医保风险。2020年3月2日，国家医保局和国家卫健委联合印发疫情期间的“互联网+”医保服务指导意见，将互联网医疗正式纳入医保，打开了困扰已久的瓶颈。一些有互联网医院资质的第三方医药电商平台，同样雨露均沾。加之网售处方药在疫情期间发挥了积极作用，医药电商酝的发展机遇正出现在眼前。值得注意的是，2019年，国家医保局和财政部发布了《欺诈骗取医疗保障基金行为举报奖励暂行办法》，明确了涉及定点医疗机构及其工作人员、定点零售药店及其工作人员、参保人员、医疗保障经办机构工作人员等的欺诈骗保行为，包括盗刷医疗保障身份凭证，为参保人员套取现金或购买营养保健品、化妆品、生活用品等非医疗物品的。统筹地区医疗保障部门可按查实欺诈骗保金额的一定比例，对符合条件的举报人予以奖励，最高额度不超过10万元。

4. 互联网远程诊疗风险。2018年7月，国家卫生健康委员会和国家中医药管理局组织制定了《互联网诊疗管理办法（试行)》《互联网医院管理办法（试行)》《远程医疗服务管理规范（试行）》，根据《互联网诊疗管理办法（试行）》，开展诊疗活动的医药电商应与患者签订协议，告知患者服务内容、流程、双方责任和权利以及可能出现的风险等，签订知情同意书。医师应当应要求消费者提供真实线下诊疗记录，确定患者在实体医疗机构明确诊断为某种或某几种常见病、慢性病后，可以针对相同诊断进行复诊。当患者出现病情变化需要医务人员亲自诊查时，医疗机构及其医务人员应当立即终止互联网诊疗活动，引导患者到实体医疗机构就诊。诊疗过程全程应该进行记录，作为将来可能产生争议纠纷的责任认定证据。

【相关法律法规】

1.《中华人民共和国电子商务法》第二条："中华人民共和国境内的电子商务活动，适用本法。本法所称电子商务，是指通过互联网等信息网络销售商品或者提供服务的经营活动。法律、行政法规对销售商品或者提供服务有规定的，适用其规定。金融类产品和服务，利用信息网络提供新闻信息、音视频节目、出版以及文化产品等内容方面的服务，不适用本法。"

2.《互联网诊疗管理办法（试行）》第五条："互联网诊疗活动应当由取得《医疗机构执业许可证》的医疗机构提供。"

3.《中华人民共和国药品管理法》（2019年修订）第五十一条："从事药品批发活动，应当经所在地省、自治区、直辖市人民政府药品监督管理部门批准，取得药品经营许可证。从事药品零售活动，应当经所在地县级以上地方人民政府药品监督管理部门批准，取得药品经营许可证。无药品经营许可证的，不得经营药品。药品经营许可证应当标明有效期和经营范围，到期重新审查发证。药品监督管理部门实施药品经营许可，除依据本法第五十二条规定的条件外，还应当遵循方便群众购药的原则。”

4.《欺诈骗取医疗保障基金行为举报奖励暂行办法》第四条：“本办法所称的欺诈骗取医疗保障基金行为主要包括：（一）涉及定点医疗机构及其工作人员的欺诈骗保行为。1. 虚构医药服务，伪造医疗文书和票据，骗取医疗保障基金的；2. 为参保人员提供虚假发票的；3. 将应由个人负担的医疗费用记入医疗保障基金支付范围的；4. 为不属于医疗保障范围的人员办理医疗保障待遇的；5. 为非定点医药机构提供刷卡记账服务的；6. 挂名住院的；7. 串换药品、耗材、物品、诊疗项目等骗取医疗保障基金支出的；8. 定点医疗机构及其工作人员的其他欺诈骗保行为。（二）涉及定点零售药店及其工作人员的欺诈骗保行为。1. 盗刷医疗保障身份凭证，为参保人员套取现金或购买营养保健品、化妆品、生活用品等非医疗物品的；2. 为参保人员串换药品、耗材、物品等骗取医疗保障基金支出的；3. 为非定点医药机构提供刷卡记账服务的；4. 为参保人员虚开发票、提供虚假发票的；5. 定点零售药店及其工作人员其他欺诈骗保行为。（三）涉及参保人员的欺诈骗保行为。1. 伪造假医疗服务票据，骗取医疗保障基金的；2. 将本人的医疗保障凭证转借他人就医或持他人医疗保障凭证冒名就医的；3. 非法使用医疗保障身份凭证，套取药品耗材等，倒买倒卖非法牟利的；4. 涉及参保人员的其他欺诈骗保行为。（四）涉及医疗保障经办机构工作人员的欺诈骗保行为。1. 为不属于医疗保障范围的人员办理医疗保障待遇手续的；2. 违反规定支付医疗保障费用的；3. 涉及经办机构工作人员的其他欺诈骗保行为。（五）其他欺诈骗取医疗保障基金的行为。”

132. 直播 + 电商法律风险

受新冠疫情影响，人们过起了足不出户的“宅生活”，不光是专注直播的网红头部人物，普通的商超里的“柜姐”、饭店里的“大厨”也当起了“主播”，电商直播发展进入“普及爆发期”，那么，直播 + 电商，需要避开哪些“坑”？

【解答】 直播 + 电商的商业模式主要涉及两类主体，一类是平台，一类是商家。对于平台，主要起监管作用。平台首先要具备相应的许可和备案资质。其次，平台要对用户及直播发布者的身份及信用情况管理审核。最后，平台要尽到以下几方面义务：例如平台信息公示、对直播内容的监督和审查、完善协议公约与用户隐私保护、产品监督和消费者保护责任等。

直播电商平台上的商家需要重点注意：一是需要实名登记、亮照经营；二是要保证直播内容合法性、真实性；三是诚信经营。

【相关法律法规】

1.《中华人民共和国电子商务法》第九条：“本法所称电子商务经营者，是指通过互联网等信息网络从事销售商品或者提供服务的经营活动的自然人、法人和非法人组织，包括电子商务平台经营者、平台内经营者以及通过自建网站、其他网络服务销售商品或者提供服务的电子商务经营者。本法所称电子商务平台经营者，是指在电子商务中为交易双方或者多方提供网络经营场所、交易撮合、信息发布等服务，供交易双方或者多方独立开展交易活动的法人或者非法人组织。本法所称平台内经营者，是指通过电子商务平台销售商品或者提供服务的电子商务经营者。”

第十五条：“电子商务经营者应当在其首页显著位置，持续公示营业执照信息、与其经营业务有关的行政许可信息、属于依照本法第十条规定的不需要办理市场主体登记情形等信息，或者上述信息的链接标识。前款规定的信息发生变更的，电子商务经营者应当及时更新公示信息。”

第十七条：“电子商务经营者应当全面、真实、准确、及时地披露商品或者服务信息，保障消费者的知情权和选择权。电子商务经营者不得以虚构交易、编造用户评价等方式进行虚假或者引人误解的商业宣传，欺骗、误导消费者。”

2.《互联网直播服务管理规定》第二条：“在中华人民共和国境内提供、使用互联网直播服务，应当遵守本规定。本规定所称互联网直播，是指基于互联网，以视频、音频、图文等形式向公众持续发布实时信息的活动；本规定所称互联网直播服务提供者，是指提供互联网直播平台服务的主体；本规定所称互联网直播服务使用者，包括互联网直播发布者和用户。”

133. 互联网创业的硬核牌照

移动互联网蓬勃发展的时代，更多创业者的商业模式离不开“+互联网”那么互联网创业，需要哪些牌照资质?

【解答】 当下比较热门的互联网业态，比如在线教育、网络游戏、自行零售食品、提供小额消费贷款、租房服务、在线直播网站播放自行制作的试听节目等，都有相应的牌照资质要求。详见本节【分析】部分。此外，需要说明的是，应用商店或者微信并不是监管机构，他们上架的 App 或者小程序可并不代表 App 或者小程序就合法合规地拥有相关牌照资质。虽然有些领域政府的监管不是很严格，无牌或者少牌的情况不少见，但是企业长大到一定程度需要融资甚至考虑上市的时候，牌照资质就变得重要起来。无论是在传统的互联网上以网站经营，还是应用移动互联网的App或者微信小程序，对于牌照资质的要求都是一样的。

【分析】1. 在线教育。需要增值电信业务经营许可证（B25信息服务业务，俗称ICP许可证）、网络文化经营许可证、信息网络传播视听节目许可证。目前，互联网文化经营（音乐除外）、网络视听节目服务属于禁止外商投资的领域。根据《外商投资准入特别管理措施（负面清单）》（2019年版），学前、普通高中和高等教育机构限于中外合作办学，须由中方主导（校长或者主要行政负责人应当具有中国国籍，理事会、董事会或者联合管理委员会的中方组成人员不得少于1/2）。禁止投资义务教育机构、宗教教育机构。

2. 自行零售一般产品。目前，自营类电商无须取得增值电信业务经营许可证，只需物联网信息服务备案（ICP备），允许外商投资。

3. 自行零售食品（含保健品）。目前，自行零售食品（含保健品）需取得互联网信息服务备案（ICP备）、食品经营许可证，允许外商投资。

4. 提供小额消费贷款。提供小额消费贷款服务需要ICP许可证、小额贷款公司牌照或消费金融公司牌照。目前，新设小贷公司的审批已暂停，现行中国法律允许外资持股网贷机构，但具有持股比例限制。

5. 租房服务。需要增值电信业务经营许可（B21在线数处理与交易处理业务，俗称EDI许可证）、房地产经纪机构备案，允许外商投资。

6. 在线直播网站播放自行制作的视听节目。需要ICP许可证、信息网络传播视听节目许可证、网络文化经营许可证、广播电视节目制作经营许可证、营业性演出许可证。网络视听节目服务、互联网文化经营（音乐除外）、广播电视节目制作经营（含引进业务）属于禁止外商投资的领域，外商投资经济机构须中方控股。

【相关法律法规】

1.《互联网信息服务管理办法》第四条：“国家对经营性互联网信息服务实行许可制度；对非经营性互联网信息服务实行备案制度。未取得许可或者未履行备案手续的，不得从事互联网信息服务。”

2.《互联网文化管理暂行规定》第八条：“申请从事经营性互联网文化活动，应当向所在地省、自治区、直辖市人民政府文化行政部门提出申请，由省、自治区、直辖市人民政府文化行政部门审核批准。”

第九条：“对申请从事经营性互联网文化活动的，省、自治区、直辖市人民政府文化行政部门应当自受理申请之日起20日内做出批准或者不批准的决定。批准的，核发《网络文化经营许可证》，并向社会公告；不批准的，应当书面通知申请人并说明理由。《网络文化经营许可证》有效期为3年。有效期届满，需继续从事经营的，应当于有效期届满30日前申请续办。”

3.《互联网视听节目服务管理规定》第七条：“从事互联网视听节目服务，应当依照本规定取得广播电影电视主管部门颁发的《信息网络传播视听节目许可证》（以下简称《许可证》）或履行备案手续。未按照本规定取得广播电影电视主管部门颁发的《许可证》或履行备案手续，任何单位和个人不得从事互联网视听节目服务。互联网视听节目服务业务指导目录由国务院广播电影电视主管部门商国务院信息产业主管部门制定。”

4.《关于进一步加强网络剧、微电影等网络视听节目管理的通知》：“从事网络剧、微电影等网络视听节目播出的互联网视听节目服务单位，应具有满足审核需求的经国家或省级网络视听节目行业协会培训合格的审核人员，具备健全的节目内容编审管理制度，并依法取得广播影视行政部门颁发的《信息网络传播视听节目许可证》，严格按照许可业务范围开展业务。”

5.《食品经营许可管理办法》（2017 年修订）第四条：“食品经营许可实行一地一证原则，即食品经营者在一个经营场所从事食品经营活动，应当取得一个食品经营许可证。”

6.《电信业务分类目录》（2015 年版）：“B21 在线数据处理与交易处理业务。在线数据处理与交易处理业务是指利用各种与公用通信网或互联网相连的数据与交易/事务处理应用平台，通过公用通信网或互联网为用户提供在线数据处理和交易/事务处理的业务。在线数据处理与交易处理业务包括交易处理业务、电子数据交换业务和网络/电子设备数据处理业务。”

“B25 信息服务业务。信息服务业务是指通过信息采集、开发、处理和信息平台的建设，通过公用通信网或互联网向用户提供信息服务的业务。信息服务的类型按照信息组织、传递等技术服务方式，主要包括信息发布平台和递送服务、信息搜索查询服务、信息社区平台服务、信息即时交互服务、信息保护和处理服务等。信息发布平台和递送服务是指建立信息平台，为其他单位或个人用户发布文本、图片、音视频、应用软件等信息提供平台的服务。平台提供者可根据单位或个人用户需要向用户指定的终端、电子邮箱等递送、分发文本、图片、音视频、应用软件等信息。”

134. “秒杀商品”的退货

“秒杀商品”是否适用七日无理由退货？七日何时起算？赠品是否需要一并退回？

【解答】对于“秒杀商品”，除非符合《网络购买商品七日无理由退货暂行办法》“排除标准”，应当允许无理由退货。选择无理由退货的消费者应当自收到商品之日起七日内向网络商品销售者发出退货通知。七日期间自消费者签收商品的次日开始起算。消费者退货时应当将商品本身、配件及赠品一并退回。

【分析】“秒杀”活动的本质即以低廉的价格吸引购买，具有冲动消费的极大可能性，理应赋予消费者反悔权。《网络购买商品七日无理由退货暂行办法》第六条规定了以下商品不适用七日无理由退货规定：(1) 消费者定作的商品；(2) 鲜活易腐的商品；(3) 在线下载或者消费者拆封的音像制品、计算机软件等数字化商品；(4) 交付的报纸、期刊。

消费者退货时应当将商品本身、配件及赠品一并退回。赠品包括赠送的实物、积分、代金券、优惠券等形式。如果赠品不能一并退回，经营者可以要求消费者按照事先标明的赠品价格支付赠品价款。

这里需要提示的是，不少网上超市要求消费者自行前往实体门店办理退货，限制退货方式、提高无理由退货门槛，是不合理的。

【相关法律法规】

《网络购买商品七日无理由退货暂行办法》第六条：“下列商品不适用七日无理由退货规定：（一）消费者定作的商品；（二）鲜活易腐的商品；（三）在线下载或者消费者拆封的音像

制品、计算机软件等数字化商品；（四）交付的报纸、期刊。”

第十条：“选择无理由退货的消费者应当自收到商品之日起七日内向网络商品销售者发出退货通知。七日期间自消费者签收商品的次日开始起算。”

第十二条：“消费者退货时应当将商品本身、配件及赠品一并退回。赠品包括赠送的实物、积分、代金券、优惠券等形式。如果赠品不能一并退回，经营者可以要求消费者按照事先标明的赠品价格支付赠品价款。”

135. “薅羊毛”的法律责任

疫情期间，全民网购，更多的人有机会收到来自“羊毛党”的晒单，2019 年著名的“脐橙薅羊毛”事件让“羊毛党”再次浮出水面。某农产品电商商家在价格设置中出现脐橙标价错误，26 元 4500 克错标为 4500 斤。一个叫“路人 A –”的 B 站 50 万粉 UP 主知道后，立刻向其粉丝传播，鼓动粉丝“薅羊毛”，最后店铺一天被拍下 23 万件订单，涉及金额高达 700 万元。这种利用商家的失误恶意下单然后索赔的行为，谁来担责？

【解答】“薅羊毛”行为一般来说并不违法，尽管有悖诚实信用原则，一般难以追责。但如果是“羊毛党”利用商家过失或平台漏洞，恶意注册大量账户刷单来“薅羊毛”，则有可能涉嫌非法利用信息网络犯罪、侵犯公民个人信息；如果在“薅羊毛”过程中存在刷单和虚假交易，骗取平台的补贴，可能涉嫌诈骗。

【分析】当事人订立合同，采用要约、承诺方式，承诺生效时合同成立。网店销售某种商品，目的是与他人订立买卖合同，属于要约。买受人在网站上下达订单表示承诺，双方形成买卖合同关系，该买卖合同一般情况下是双方当事人的真实意思表示，且内容不违反法律、行政法规的强制性规定，在买受人支付对价并注明交易成功时，应视为买卖合同成立且买受人已经履行义务，卖家接单并收取货款后，应履行合同义务，其以网上售价价格过低、设错库存为由拒绝发货系违约行为，应承担违约责任。

对于非以买卖为目的，而是恶意损害或非法占有为目的的当事人，可能涉及刑事责任。例如，某些人搭建网站，在该网站上发布涵盖优惠福利获取教程、利用规则漏洞获取不当利益教程、违法犯罪教程等各类教程的帖子，利用软件点外卖餐食后，故意在餐食中投放虫子等异物，进而在该软件上虚假投诉并恶意索赔，骗取赔偿款。此类行为已经涉嫌非法利用信息网络罪。再比如某些人微信等联系谋划，以非法占有为目的，发布“薅羊毛”的信息，并与其他成员进行虚假刷单交易，骗取卖家补贴金，数额较大的，其行为可能已构成诈骗罪。

【相关法律法规】

《中华人民共和国刑法》（2017 年修正）第二百八十七条之一：“【非法利用信息网络罪】利用信息网络实施下列行为之一，情节严重的，处三年以下有期徒刑或者拘役，并处或者单处罚金：（一）设立用于实施诈骗、传授犯罪方法、制作或者销售违禁物品、管制物品等违法犯罪活动的网站、通讯群组的；（二）发布有关制作或者销售毒品、枪支、淫秽物品等违禁物品、管制物品或者其他违法犯罪信息的；（三）为实施诈骗等违法犯罪活动发布信息的。单位犯前款罪的，对单位判处罚金，并对其直接负责的主管人员和其他直接责任人员，依照第一款的规定处罚。有前两款行为，同时构成其他犯罪的，依照处罚较重的规定定罪处罚。”

136. 网络合同纠纷的管辖

疫情期间，网络消费暴增，发生网络购物合同纠纷案件，由哪个法院管辖？

【解答】网络购物合同纠纷以方便确定、便利诉讼为原则，以信息网络方式订立的买卖合同，通过信息网络交付标的的，以买受人住所地为合同履行地；通过其他方式交付标的的，收货地为合同履行地。合同对履行地有约定的，从其约定。但是，如果当事人滥用诉讼程序权利，故意人为制造管辖连接点，使本没有管辖权的法院取得管辖权，并无法说明合理理由的，应由被告所在地管辖。

【分析】通过信息网络形式订立的买卖合同通常存在被告住所地确认难、履行地确认难问题，民事诉讼法解释第二十条的立法初衷系解决上述难题，故以方便确定、便利诉讼为原则，做出了“通过其他方式交付标的的，收货地为合同履行地”的规定，从而便于当事人明确管辖，保护合同相对人的合法权益。但是，当事人进行民事诉讼应当遵循诚实信用原则，不得滥用诉讼程序权利，故意人为制造管辖连接点，使本没有管辖权的法院取得管辖权，且不能提供任何证据证明其与具体收货地址之间的关联性，有违方便确定管辖、便利诉讼的立法目的，且损害对方当事人的合法权益，最终造成买受人任意选择管辖的法院，影响民事诉讼活动的正常进行。

【相关法律法规】

1.《中华人民共和国民事诉讼法》第二十三条：“因合同纠纷提起的诉讼，由被告住所地或者合同履行地人民法院管辖。”

2.《最高人民法院关于适用〈中华人民共和国民事诉讼

法〉的解释》第二十条："以信息网络方式订立的买卖合同，通过信息网络交付标的的，以买受人住所地为合同履行地；通过其他方式交付标的的，收货地为合同履行地。合同对履行地有约定的，从其约定。"

第三十一条："经营者使用格式条款与消费者订立管辖协议，未采取合理方式提请消费者注意，消费者主张管辖协议无效的，人民法院应予支持。"

137. 以案说法——非恶意"薅羊毛"，卖方须承担违约责任

疫情期间，全民网购中，不乏有人利用商家的失误，实施"薅羊毛"行为，卖方需要对自己的错误行为买单吗？电商平台需要承担连带责任吗？

【案例摘要】王某在北京京东公司网上购物商城上购买深圳有点公司销售的笔记本电脑，标注单价1500元/台，该单价明显低于市场价，深圳有点公司以标注错误为由拒绝发货，经大连市中级人民法院公开审理，判令深圳有点公司赔偿王某重新购置案涉笔记本损失14299元，北京京东公司对上述款项不承担连带清偿责任。

【案情介绍】（2019）辽02民终2521号民事判决书。

2017年2月8日，深圳有点公司在北京京东公司经营的网上购物商城发布以单价1500元/台销售联想ThinkPad p50s移动图形工作站15.6英寸笔记本电脑i7－6500U4G500G/W10@04CD方案2（换成16G内存＋1TB纯固态硬盘）i7－6500U4G500G/W10@04CD销售信息。王某当日通过北京京东公司网上购物商城与深圳有点公司签订该型号笔记本电脑产品网上订单购物合同。该合同约定，王某向深圳有点公司付清货款 1500 元后，深圳有点公司负责将所购货物以普通快递形式送货至大连市沙河口区香西路 29 号 702，运费由深圳有点公司负担。王某按约付清 1500 元货款，深圳有点公司以网上售价标注错误设错库存为由，未如期将案涉产品送达约定收货地点，王某至今未收到货物。期间，深圳有点公司曾请求退回货款并按订单金额 30% 赔偿王某经济损失，王某拒绝。

【裁判观点】 深圳有点公司在北京京东公司网上购物商城上做出销售案涉笔记本信息，标注单价 1500 元/台，虽然该单价明显低于市场价，但其行为系合同法规定的要约行为，并非要约邀请，王某在该网站上下达订单表示承诺，双方形成买卖合同关系，该买卖合同系双方当事人的真实意思表示，且内容不违反法律、行政法规的强制性规定，王某支付深圳有点公司商品对价款 1500 元并注明交易成功时，应视为买卖合同成立且王某已经履行其义务。深圳有点公司接单并收取货款后，应履行合同义务，其以网上售价价格过低、设错库存为由拒绝发货系违约行为，应承担违约责任，应赔偿王某因重新购置案涉商品所需支付的实际费用。依照北京京东公司网上购物商城于 2017 年 7 月 24 日王某立案日标注的案涉笔记本产品价格为 14299 元，深圳有点公司应赔偿王某实际损失为 14299 元。

关于北京京东公司应否承担连带责任进行审理，法院认为：首先，合同法第一百一十三条并未规定电子商务平台经营者的连带责任，仅是规范产品销售方的责任，不能成为判令北京京东公司承担连带责任的依据。其次，依照消费者权益保护法第四十四条之规定，网络交易平台提供者不能提供销售者或者服务者的真实名称、地址和有效联系方式的，消费者也可以向网络交易平台提供者要求赔偿；网络交易平台提供者明知或者应知销售者或者服务者利用其平台侵害消费者合法权益，未采取必要措施的，依法与该销售者或者服务者承担连带责任，本案中北京京东公司履行了“提供销售者相关信息”的义务，且无据认定“深圳有点公司利用平台侵害王某的合法权益”，不符合该条法律规定规范的网络交易平台提供者承担责任的情形。最后，依照《中华人民共和国电子商务法》第三十八条规定，电子商务平台经营者知道或者应当知道平台内经营者销售的商品或者提供的服务不符合保障人身、财产安全的要求，或者有其他侵害消费者合法权益行为，未采取必要措施的，依法与该平台内经营者承担连带责任。本案中并未发生侵权行为，仅是深圳有点公司未履行合同义务，不符合该条法律规定规范的电子商务平台经营者承担连带责任的情形。综合上述分析，无据认定北京京东公司对判项第一项确认债务承担连带责任。一审判决北京京东公司承担连带责任没有事实和法律依据，应予撤销并改判驳回王某该项诉请。

【判决结果】一、维持大连市沙河口区人民法院（2017）辽0204民初4204号民事判决第一项（编者按：深圳有点公司于本判决生效之日起10日内赔偿王某重新购置案涉笔记本损失14299元。）；二、撤销大连市沙河口区人民法院（2017）辽0204民初4204号民事判决第二项（编者按：北京京东公司对上述款项不承担连带清偿责任。）；三、驳回王某对北京京东叁佰陆拾度电子商务有限公司的诉讼请求。

138. 以案说法——恶意“薅羊毛”，构成非法利用信息网络罪

疫情期间，全民网购，很多人通过微信群、QQ群收到了非常便宜的货品链接，并点击购买，却不知入了骗子的圈套。近年来，因为“薅羊毛”出现的社会热点事件不在少数，也有一些羊毛党薅羊毛把自己薅向了违法的边缘。恶意“薅羊毛”，能构成犯罪吗？

【案例概要】刘某等人组建“薅羊毛”QQ群“大表哥带飞项目3群”和“大表哥666全款学员群”，收取会员费在群内发布优惠福利获取教程、利用规则漏洞获取不当利益教程，刘行为构成非法利用信息网络罪，被判处有期徒刑一年三个月，并处罚金人民币五万元；同时，刘某还触犯侵犯公民个人信息罪，被判处相应刑罚，实行数罪并罚。

【案情介绍】1. 非法利用信息网络。被告人刘某于2017年七八月份至2018年8月期间，在广西壮族自治区南宁市青秀区民族大道上东国际R1栋6单元802室开办颜夕工作室，并组建“薅羊毛”QQ群“大表哥带飞项目3群”和“大表哥666全款学员群”，后以缴纳人民币666元会员费的形式吸收1600余名会员入群，合计收取会员费人民币60余万元，在此期间，被告人刘某组织被告人滕某、容某某，共同在上述QQ群内发布优惠福利获取教程、利用规则漏洞获取不当利益教程、违法犯罪教程等各类教程、信息600余条，会员下载量达11万余次。其中“饿了么赔付”“最新滴滴打车退款教程”等20余个帖子系违法犯罪教程，会员下载量达11000余次，被告人滕某在上述QQ群内发布“京东赔付流程”“DMF下文”“当面付0率教程”等违法犯罪教程，下载量达1400余次；被告人容某某在上述QQ群内发布“饿了么赔付教程”“PDDTK思路”“颜夕团队58思路”等违法犯罪教程，下载量达900余次。

2018年3月为更好地扩大效应吸引会员，被告人刘某在被告人滕某的协助下，搭建www.yanxiwl.com（颜夕大表哥）网站，并由被告人刘某、滕某、容某某共同对该网站进行日常管理或维护，三人在该网站上发布涵盖优惠福利获取教程、利用规则漏洞获取不当利益教程、违法犯罪教程等各类教程的帖子150余条，点击率达数十万次。其中“揭露外面的滴滴退款车，滴滴打车退款百分百成功”“撸大芒果……也可以0撸芒果”等违法犯罪教程的帖子10余条，点击率达4万余次。

会员葛某、金某、王某、陈某通过缴费加入上述两个“薅羊毛”QQ群后，多次按照群内的“饿了么赔付教程”步骤，利用“饿了么”软件点外卖餐食后，故意在餐食中投放虫子等异物，进而在该软件上虚假投诉并恶意索赔，合计骗取赔偿款人民币280余元。

2. 侵犯公民个人信息。被告人刘某于2017年十一二月期间，从网络获取名为“1600万”的电子文件，其明知文件内容为“姓名+身份证号码”形式的公民个人信息，仍将该文件上传至自己组建的“薅羊毛”QQ群“大表哥带飞项目3群”内，供缴费入该群的会员免费使用，以用于相关活动获取福利优惠。

案发后，经江阴市公安局勘验，上述“1600万”的电子文件内有“姓名+身份证号码”形式的公民个人信息12余万条。

【裁判观点】 被告人刘某伙同他人设立网站、通讯群组发布违法犯罪信息，情节严重，其行为确已构成非法利用信息网络罪，且系共同犯罪；违反国家有关规定，非法获取公民个人信息并向他人提供，情节特别严重，其行为确已构成侵犯公民个人信息罪，应予数罪并罚。被告人滕某、容某某伙同他人设立网站、通讯群组发布违法犯罪信息，情节严重，被告人的行为均确已构成非法利用信息网络罪，且系共同犯罪。公诉机关的指控成立。被告人刘某在共同犯罪中起主要作用，系主犯，应当按照其所参与的全部犯罪处罚；鉴于其归案后如实供述自己的罪行，自愿认罪认罚，予以从轻处罚。被告人滕某、容某某在共同犯罪中均起次要作用，系从犯，归案后均如实供述自己的罪行，自愿认罪认罚，依法对被告人滕某、容某某均予以从轻处罚。关于被告人刘某的辩护人提出的“被告人刘某犯非法利用信息网络罪的主观恶性不深、未造成严重后果”的辩护意见及理由，经查，被告人刘某设立网站、通讯组群发布违法犯罪信息，具有一定社会危害，对辩护人的上述辩护意见不予采纳；关于辩护人提出的“被告人刘某犯侵犯公民个人信息罪属间接故意，主观上属放任他人获取其上传的公民个人信息”的辩护意见及理由，经查，被告人刘某明知是公民个人信息仍非法获取并向他人提供，具有直接故意，对辩护人的上述辩护意见不予采纳；关于辩护人提出的其他建议对被告人刘某从轻处罚的辩护意见及理由，经查，符合案情和法律规定，予以采纳。关于被告人滕某、容某某的辩护人分别提出的建议对二被告人从轻处罚的辩护意见和理由，经查，符合案情和法律规定，予以采纳。公诉机关的量刑建议适当。

【判决结果】一、被告人刘某犯非法利用信息网络罪，判处有期徒刑一年三个月，并处罚金人民币五万元；犯侵犯公民个人信息罪，判处有期徒刑三年，并处罚金人民币一千元，决定执行有期徒刑四年（刑期从判决执行之日起计算，判决执行以前先行羁押的，羁押一日折抵刑期一日，自 2019 年 9 月 2 日至 2023 年 7 月 30 日止），并处罚金人民币五万一千元（罚金于本判决发生法律效力第二日起十日内一次性缴纳）。二、被告人滕某犯非法利用信息网络罪，判处有期徒刑九个月（刑期从判决执行之日起计算，判决执行以前先行羁押的，羁押一日折抵刑期一日，自2019年9月2日至2020年5月1日止），并处罚金人民币六千元（罚金于本判决发生法律效力第二日起十日内一次性缴纳）。三、被告人容某某犯非法利用信息网络罪，判处有期徒刑八个月（刑期从判决执行之日起计算，判决执行以前先行羁押的，羁押一日折抵刑期一日，自2019年9月2日至2020年3月31日止），并处罚金人民币五千元（罚金于本判决发生法律效力第二日起十日内一次性缴纳）。四、责令被告人刘某退出违法所得人民币60万元，予以没收，上缴国库；扣押在案的被告人刘某、滕某、容某某的作案工具小米手机3部、三星手机1部、苹果手机6部、电脑硬盘10个、移动硬盘1个、iPad平板电脑1台，予以没收。

— 第4篇 —
复工复产相关纠纷的法律适用

新冠肺炎疫情暴发以来，各地纷纷采取了延期复工、人员隔离等措施。这些措施有效地控制了疫情的扩散，为疫情防治提供了有效的保障，但同时也对经济发展造成了很大的影响，在接下来的一段时间，社疫情法律纠纷也定将大规模出现。为了更好地解决此类纠纷，我们需要准确把握与新冠肺炎疫情相关的法律适用问题。

第24章　不可抗力的法律适用问题

139. 新冠肺炎疫情属于不可抗力

本次新冠肺炎疫情是否属于法律上的不可抗力？

【解答】 本次新冠肺炎疫情在法律性质上属于不可抗力。

【分析】 全国人大常委会法工委明确，当前我国发生新冠肺炎疫情，为了保护公众健康，政府也采取了相应疫情防控措施。对于因此不能履行合同的当事人来说，属于不能预见、不能避免并不能克服的不可抗力。

【相关法律法规】

1.《中华人民共和国民法总则》第一百八十条："不可抗力是指不能预见、不能避免且不能克服的客观情况。"

2.《中华人民共和国合同法》第一百一十七条："本法所称不可抗力，是指不能预见、不能避免并不能克服的客观情况。"

140. 不可抗力的法律后果

不可抗力的发生将带来哪些法律后果？

【解答】不可抗力的法律后果主要体现在合同领域，根据《合同法》的规定，不可抗力的法律后果主要有合同解除和责任免除。

先来看一个解除合同的案例：

【案例摘要】福建省马氏养殖有限公司、周某某租赁合同纠纷案，福建省莆田市中级人民法院认为"非洲猪瘟"疫情属于不可抗力，合同目的因此不能实现的，当事人可以解除合同。

【案情介绍】福建省莆田市中级人民法院（2019）闽03民终2604号民事判决书，2019年10月21日。上诉人（原审被告）：福建省马氏养殖有限公司；被上诉人（原审原告）：周某某。

2016年7月10日，周某某与马氏养殖公司签订《猪场租赁合同》，合同约定由周某某承租马氏养殖公司位于莆田市秀屿区面积320平方米的养殖场，租期为2年（自2016年7月10日至2018年7月9日），若遇到政府政策不可抗力时，年租金按时计算，马氏养殖公司应退还剩余租金等内容。2018年11月8日，莆田市城厢区确诊出非洲猪瘟疫情。同日，经莆田市秀屿区农业农村局清点，马氏养殖公司内的生猪已全部无害化处理完毕。后因疫区封锁，马氏养殖公司的养殖场无法继续养殖生猪，双方对租金退还问题产生纠纷，周某某遂案诉一审法院，要求解除双方于2018年7月10日续签的《猪场租赁合同》。

【裁判观点】依法成立的合同，当事人应当严格按照约定履行自己的义务，但因不可抗力致使合同目的不能实现的，当事人可以解除合同。本案中，在非洲猪瘟疫情发生之前，双方均按照合同的约定履行。在非洲猪瘟疫情发生之后，生猪被全部无害化处理，政府也对疫区进行封锁，周某某确实无法继续养殖生猪，导致周某某的合同目的无法实现，故周某某请求解除合同，于法有据，予以支持。

【判决结果】解除周某某与福建省马氏养殖有限公司于2018年7月10日续签的《猪场租赁合同》（租赁期限自2018年7月10日至2020年7月9日）。

【案例分析】依据不可抗力解除合同，要结合疫情是否对合同目的的实现构成实质性影响进行认定，同时结合疫情对合同的影响程度，全部或部分免除责任。本案中，承租人因受疫情影响不能再继续养殖生猪，导致承租场地进行养殖的合同目的根本不能实现，应依据不可抗力解除合同。

再来看一个部分免除责任的案例：

【案例摘要】白某某与土默特左旗人民政府合同纠纷再审案，最高人民法院认为“非典”属于不可抗力，对于“非典”造成的损失双方各承担50%。

【案情介绍】最高人民法院（2016）最高法民再220号再审民事判决书，2016年9月2日。再审申请人（一审原告、二审被上诉人）：白某某；被申请人（一审被告、二审上诉人）：

土默特左旗人民政府。

1999 年 5 月 1 日，土左旗政府与宝富华公司签订了《土默特左旗宾馆承包合同书》，2003 年 3 月 19 日，白某某、土左旗政府以及宝富华公司三方签订了《土左旗宾馆承包转让合同书》，该合同约定：宝富华公司与土左旗政府的承包合同中全部权利义务转由白某某承接履行，2003 年“非典”发生，土默特左旗卫生局公共卫生监督所通知白某某停业，为此白俊英停业 3 个月。后双方产生纠纷，最终诉至最高人民法院。

【裁判观点】关于白某某要求土左旗政府退还“非典”期间承包费 5 万元的诉讼请求，“非典”属于不可抗力，基于公平原则白某某所承包的宾馆因“非典”停业，对于“非典”造成的损失双方各承担50%。

【判决结果】就“非典”期间承包费 5 万元的诉讼请求，土左旗政府应返还白某某承包费 2.5 万元。

【相关法律法规】

1.《中华人民共和国合同法》第一百一十七条：“因不可抗力不能履行合同的，根据不可抗力的影响，部分或者全部免除责任，但法律另有规定的除外。”

2.《中华人民共和国合同法》第九十四条：“有下列情形之一的，当事人可以解除合同：（一）因不可抗力致使不能实现合同目的。”

141. 新冠肺炎疫情下的合同解除问题

既然本次新冠肺炎疫情也属于不可抗力，能否以此为理由解除合同?

【解答】并不能，需要在案件中结合疫情对合同当事人的影响程度具体分析判断。

【分析】 本次新冠肺炎疫情在法律性质上为不可抗力事件，这是一个法律性质的判断，而合同的解除，则是不可抗力制度的适用问题，是否能够适用不可抗力制度解除合同，需要在案件中结合疫情对合同当事人的影响程度具体分析判断。

《合同法》第94条规定了适用不可抗力规则可以达到解除合同的法律后果，在司法实践中，因受不可抗力影响而提出解除合同主张的一方当事人也基本上都是援引的这些条文。有些观点认为一旦发生了不可抗力事件，合同解除的法定条件就达成，就该解除合同，而且在此情形下即便违约也无须承担任何法律责任，即产生了“新冠肺炎疫情＝不可抗力事件＝合同解除＝免责”的逻辑。这一观点过于片面地理解了上述法律规定，动辄以新冠肺炎疫情的发生为由主张解除合同、免除责任，而没有认识到不可抗力事件虽然发生，但是否会对争议合同的履行已经造成严重阻碍，以至于无法实现合同目的，当事人进而得以主张解除合同及责任免除，还需要结合案涉合同订立的时间、履行期限届满的时点、能否采取补救措施以及继续履行合同的成本等诸多因素综合判断。

【案例介绍】 一名网约车司机与某汽车租赁公司于2019年11月签订了一份《车辆租赁合同》，约定租赁期限为1年，租金为每月3000元。因新冠肺炎疫情暴发，受其影响，宁波市政府采取小区封闭的管控政策，使得合同履行受阻，司机于2020年2月15日起诉至法院，要求解除双方之间的租赁合同，并要求被告退还押金9400元，理由是疫情属于不可抗力，合同已经无法履行。被告希望与原告继续履行合同，表示若2月20日正常复工，愿意减免10日租金；若2月20日未如期复工，则愿意与原告再次协商租金减免事宜。经海曙区人民法院法官调解，原告最终接受被告的方案，同意继续履行合同，并愿意与被告共同承担因疫情影响减少的租金损失。

【判决结果】 本案属于新冠肺炎疫情虽然对合同的履行造成一定影响，但并未导致合同因此不能履行、不能实现合同目的，也未导致履行对一方当事人有着明显的不公平，因此，法院本着鼓励交易的原则，调解促成当事人通过变更合同内容等方式继续履行。

【相关法律法规】

1.《中华人民共和国合同法》第九十四条："有下列情形之一的，当事人可以解除合同：（一）因不可抗力致使不能实现合同目的。"

2.《关于审理涉新冠肺炎疫情相关商事纠纷的若干问题解答》（浙高法民二〔2020〕1号）："新冠肺炎疫情虽属不可抗力，但并非对所有商事合同的履行都构成阻碍。对于在疫情发生前签订的商事合同，当事人一方以受新冠肺炎疫情影响，导致合同不能履行为由，要求解除合同的，需要结合合同签订时间、履行期限届满的时间节点、采取替代措施的可行性及履约成本等因素，综合考量疫情对于商事合同履行的影响程度，区分具体情况，依法做出处理：（1）疫情对合同履行没有影响的，应当按约继续履行，当事人一方以疫情属不可抗力为由，要求解除合同的，不予支持。（2）疫情对合同履行虽有一定影响，但未导致合同不能履行或未导致履行对一方当事人明显不公平、不能实现合同目的等情形的，应当鼓励交易，可以引导当事人通过变更履行期限、履行方式、部分合同内容等方式，继续履行合同。一方当事人以疫情属不可抗力为由要求解除合同的，原则上不予支持。（3）因疫情形势和政府及有关部门采取的疫情防控措施导致合同根本不能履行，当事人请求解除合同的，人民法院应予支持。”

142. 不可抗力制度的例外情形

本次新冠肺炎疫情适用不可抗力制度是否有例外？

【解答】 有例外情形。

本次疫情适用不可抗力制度主要有以下两种例外情形。

第一种情形是：对于疫情发生后订立的合同，新冠肺炎疫情以及政府采取的行政干预措施不构成不可抗力。根据不可抗力的构成要件，不可抗力是指合同当事人在签订合同时不可预见的事件，如果合同双方在疫情发生后签订合同，意味着双方当事人对疫情以及合同履行面临的环境应当能够预见，法院也会推定当事人对特定事件及变化和后果有着一定的预判。因此，对于此类合同，新冠肺炎疫情不符合不可抗力的构成要件，不构成不可抗力。

第二种情形是：对于新冠肺炎疫情发生前已成立尚未履行完毕的合同，虽然疫情发生对合同的履行造成影响，但当事人已经迟延履行在先的，不能以不可抗力事件为理由提出请求或抗辩。契约严守是合同法的基本原则，《合同法》第 117 条明确规定，当事人迟延履行后发生不可抗力的，不能免除责任。合同当事人在新冠肺炎疫情发生前已经延迟履行的，就不能以不可抗力事件为由要求解除合同或免除责任，而仍然应当按照合同的约定承担违约责任。

【相关法律法规】

《中华人民共和国合同法》第一百一十七条：“当事人迟延履行后发生不可抗力的，不能免除责任。”

143. 排除不可抗力的合同条款无效

合同当事人能否将不可抗力排除在免责事由之外?

【解答】不能。当事人将不可抗力排除在免责事由之外的约定无效。

【分析】在卓盈丰制衣纺织（中山）有限公司与广东长城建设集团有限公司建设工程施工合同纠纷抗诉案一案中，最高人民法院认为，台风和暴雨都是独立于施工方之外的客观自然事件，会造成施工的中断。施工方对于台风和暴雨的发生以及施工中断的发生是不能够避免和克服的，因此，台风和暴雨应当属于施工中的不可抗力事件。台风和暴雨造成建设工程工期的延误，因具有不可归责于施工方的事由而应免除施工方的责任，应将延误的时间计算到工程应该延误的时间中去。即使双方在合同中约定工期不因雨天而延长，亦应将不可抗力延误的时间计算到工程的合理延期之内。

144. 不可抗力发生后的通知义务

如果要主张不可抗力，应采取何种措施?

【解答】对于遭受不可抗力而履行受阻的合同，受影响一方当事人应及时通知合同相对方，通知的形式最好为书面，可作为履行通知义务的证据。

【分析】根据《合同法》第 118 条，当事人一方因不可抗力不能履行合同的，应当及时通知对方，以减轻可能给对方造成的损失，并应当在合理期限内提供证明。因此，此次新冠肺炎疫情发生后，如果适用不可抗力规则，受影响一方当事人应该以合理的方式及时通知合同相对方，并尽可能留存各种证据，包括通报疫情的消息、政府发布的各类通知、以证明合同因受到疫情影响而出现履行上的阻碍。

【案例摘要】 吴川市森茂房产开发有限公司、李某某商品房预售合同纠纷案，广东省湛江市中级人民法院认为森茂公司未能举证如台风等不可抗力发生后有依约告知李康建的证据，故森茂公司以不可抗力发生应予扣减违约天数，不予采纳。

【案情介绍】 广东省湛江市中级人民法院（2017）粤08民终2028号民事判决书，2017年12月29日。上诉人（原审被告）：吴川市森茂房产开发有限公司；被上诉人（原审原告）李某某。

李某某与森茂公司于2013年5月2日签订一份合同，约定李某某向森茂公司购买位于吴川市海港海岸·万和城一栋房屋，合同签订后，李某某依约向森茂公司支付清涉案商品房房款。合同约定于2014年10月31日前交楼。李某某实际收楼的时间为2015年9月17日，距约定的交楼时间迟延318天。

【裁判观点】 属于不可抗力的事件，法律规定免除责任。合同约定遭遇不可抗力且出卖人在发生之日起30日告知买受人的，出卖人可据实予以延期。但本案森茂公司未能举证如台风等不可抗力发生后有依约告知李康建的证据，故森茂公司以不可抗力发生应予扣减违约天数，不予采纳。至于其他不属于不可抗力的事由，作为开发商在签订合同时应有一定的预见性，要求扣减迟延交楼的天数，亦不应支持。

【判决结果】 法院认定迟延交楼的时间系从2014年11月1日起算至2015年9月6日，即迟延308天，并以此为依据判决被告向原告支付违约金。

【相关法律法规】

《中华人民共和国合同法》第一百一十八条：“当事人一方因不可抗力不能履行合同的，应当及时通知对方，以减轻可能给对方造成的损失，并应当在合理期限内提供证明。”

第 25 章　情势变更规则的法律适用问题

145. 情势变更制度的含义

什么是情势变更与情势变更制度？

【解答】情势变更，是指在合同订立后产生的订立合同时当事人不能预见并且不能克服的情况。情势变更制度，是指在合同订立后，因发生订立合同时当事人不能预见并且不能克服的情况，改变了订立合同时的基础，使合同的履行失去意义或者履行合同使当事人之间的利益重大失衡，应当允许当事人终止合同或变更合同的制度。

情势变更制度与不可抗力制度，二者有相似之处，例如均在合同订立时无法预见，均对合同的履行产生重大影响，但不可抗力对合同能否履行的影响程度更大于情势变更，不可抗力事件的发生可能直接导致合同的解除。相较而言，情势变更的法律后果则更为灵活多样，该制度下，当事人既可以终止合同履行，也可以对合同进行变更。

146. 情势变更制度的适用条件

【解答】根据合同法解释二第二十六条的规定，构成情势变更需具备以下要件：一是应有情势变更的事实，也就是合同赖以存在的客观情况确实发生变化。二是这种变化须是当事人所不能预见的，如果当事人在订立合同时能够预见到相关的情势变更，即表明其知道相关情势变更所产生的风险，并甘愿承担，在这种情况下情势变更原则就不能适用。三是情势变更必须不可归责于双方当事人，也就是由除不可抗力以外的其他意外事故所引起，如果可归责于当事人，则应由其承担风险或违约责任，而不适用情势变更原则。四是情势变更的事实发生于合同成立之后，履行完毕之前。五是情势发生变更后，如继续维持合同效力，则会对当事人显失公平。

情势变更制度确立于合同法司法解释二，这一制度的适用改变了合同履行的正常轨道，并且在实践中，人民法院在个案中对于认定情势变有较大的裁量权，因此最高人民法院确定了必须慎重适用情势变更的基本原则，要求对于部分当事人在诉讼中提出适用情势变更原则变更或者解除合同的请求，人民法院应当依据公平原则和情势变更原则严格审查，而且个案适用时还需经上报审核的程序。最高人民法院在《关于正确适用〈中华人民共和国合同法〉若干问题的解释（二）服务党和国家的工作大局的通知》中也强调，要严格适用《合同法》若干问题的解释（二）第 26 条，对于该条文，各级人民法院务必正确理解、慎重适用。如果根据案件的特殊情况，确需在个案中适用的，应当由高级人民法院审核。必要时应提请最高人民法院审核。

【相关法律法规】

《最高人民法院关于适用〈中华人民共和国合同法〉若干问题的解释（二）》第二十六条：“合同成立以后客观情况发生了当事人在订立合同时无法预见的、非不可抗力造成的不属于商业风险的重大变化，继续履行合同对于一方当事人明显不公平或者不能实现合同目的，当事人请求人民法院变更或者解除合同的，人民法院应当根据公平原则，并结合案件的实际情况确定是否变更或者解除。”

147. 情势变更制度与商业风险的区别

如何区分情势变更与商业风险?

【解答】 是否属于情势变更还是商业风险,需要参照合同约定,并从可预见性、归责性以及产生后果等方面进行分析。

【分析】 根据最高院的指导意见,商业风险属于从事商业活动的固有风险,诸如尚未达到异常变动程度的供求关系变化、价格涨跌等。情势变更是当事人在缔约时无法预见的非市场系统固有的风险。人民法院在判断某种重大客观变化是否属于情势变更时,应当注意衡量风险类型是否属于社会一般观念上的事先无法预见、风险程度是否远远超出正常人的合理预期、风险是否可以防范和控制、交易性质是否属于通常的"高风险高收益"范围等因素,并结合市场的具体情况,在个案中识别情势变更和商业风险。就本次新冠肺炎疫情影响力而言,其法律性质已被确认为不可抗力事件,如果继续履行合同将会造成对受影响一方明显不公平的后果,是完全可以适用情势变更原则对当事人之间的利益予以重新调整分配的。

【案例摘要】 吴某某、王某某房屋租赁合同纠纷案,最高人民法院认为涉房屋租金涨跌的主要原因是市场因素,且能够遇见,属于正常的商业风险,而非情势变更。

【案情介绍】 最高人民法院(2017)最高法民申3380号再审审查与审判监督民事裁定书,2017年12月13日。再审申请人(一审原告、二审上诉人):吴某某、王某某;被申请人(一审被告、二审被上诉人):三亚文豪旅业有限公司。

吴某某、王某某与文豪公司自2006年签订《铺面租赁合同》,尔后案涉房屋所处地段同类铺面租金价格大幅上涨,二人认为应依据情势变更原则依法调整案涉房屋租金价格,最终诉至最高人民法院。

【裁判观点】 本案中，首先，根据原判决查明的事实，吴某某、王某某与文豪公司自2006年签订案涉《铺面租赁合同》至今，三亚地区包括案涉租赁房屋相同地段的房租价格确有上涨，此种上涨深受房地产市场整体价格波动的影响。在我国房地产市场近年来整体呈长势的大背景下，2006年国务院出台将海南省建成国际旅游岛的政策，与海南房价和房租的普遍上涨存在一定程度的关联性。案涉房屋租金上涨是与海南房屋租赁市场整体波动相一致，这说明案涉房屋租金涨跌的主要原因是市场因素，属于正常的商业风险。其次，吴某某、王某某签订案涉《铺面租赁合同》时，亦约定了租金调整条款，这说明其对房屋租赁市场的变化是有一定预期的，嗣后的价格涨跌都应视为在其合理预见范围之内，不存在无法预见之情形。再次，继续履行案涉《铺面租赁合同》，吴某某、王某某仍能依约收取案涉房屋租金，且由于合同约定文豪公司缴纳租赁税金，继续履行合同不会额外增加吴某某、王某某订约时预计付出的履约成本，吴某某、王某某不会陷入履行困难。最后，案涉《铺面租赁合同》的预期利益和履行利益已充分表现在价格条款之中，超出合同的市场价格并不属于合同预期利益的范畴。继续履行合同是否显失公平并不能简单以合同签订时的价格与合同履行时的价格进行纵向比较，只有在合同的履行利益低于维持利益，即出租方继续履行合同所得对价将难以维持房屋适租状态及支付必要成本时，方宜认为构成合同法解释二第二十六条规定的“继续履行合同对一方当事人明显不公平”之情形。

【判决结果】 驳回吴某某、王某某的再审申请。

148. 新冠肺炎疫情与情势变更制度

本次新冠肺炎疫情适用情势变更制度么?

【解答】 适用。

【分析】 情势变更制度的目的，是调整那些虽然能够继续履行，但是如果继续履行将对于一方当事人明显不公平或不能实现合同目的的情形，就本次新冠肺炎疫情影响力而言，其法律性质已被确认为不可抗力事件，如果继续履行合同将会造成对受影响一方明显不公平的后果，是完全可以适用情势变更原则对当事人之间的利益予以重新调整分配的。

本次新冠肺炎疫情与2003年的“非典”疫情、“非洲猪瘟”疫情在法律适用上高度相似，各地法院在审理此类案件时根据个案情况对是否适用不可抗力规则、情势变更规则进行了阐明。

【案例摘要】 李某某、莱州市永安路街道西关居民委员会追偿权纠纷案，山东省烟台市中级人民法院认为“非典”疫情，是突发的、不可预知的灾害，适当减免租赁费符合情势变更原则。

【案情介绍】 山东省烟台市中级人民法院（2018）鲁06民终268号判决书，上诉人李某某，被上诉人莱州市永安路街道西关居民委员会。

2002年1月1日，西关居委会与李某某签订租赁合同，合同约定，西关居委会将莱州市客运宾馆的房屋、设备及低值易耗品租赁给李某某经营，租赁期限为三年，双方在租赁合同中对租金事项进行了约定，西关居委会起诉李某某支付租金，李某某主张“非典”疫情期间西关居委会为其减免二个月租赁费。

【裁判观点】 关于“非典”期间扣减租赁费的争议，法院认为“非典”疫情是突发的、不可预知的灾害。在“非典”期间，李某某租赁的宾馆停止营业，造成经济损失是现实存在的，该损失是双方订立租赁合同时无法预计的，超出了“市场风险”的范围，因此适当减免租赁费符合情势变更原则。

【判决结果】 一、撤销山东省莱州市人民法院（2015）莱州民初字第 2255 号民事判决；二、上诉人莱州市永安路街道西关居民委员会于本判决生效后十日内给付上诉人李某某 2002 年、2003 年垫付的水费 504 元、煤款 43123.5 元、水电费 24902.64 元、招待费 78310 元、应当减免的租赁费 24167 元，共计 171007.14 元。

149. 情势变更制度下的责任承担问题

受新冠肺炎疫情影响的合同，如何适用情势变更制度分配责任？

【解答】 构成不可抗力的，部分或全部免除不能履行方的责任；适用情势变更制度的，按照公平原则划分双方责任比例。

【分析】 公平原则是当事人订立、履行民事合同所应遵循的基本原则。关于责任划分的裁判规则，各地高院出台了相关指导意见，例如广西高院民一庭在《关于妥善审理涉新冠肺炎疫情相关民事纠纷的指导意见》中指出：一方当事人以新冠肺炎疫情为由主张减轻或免除合同责任的，应重点审查新冠肺炎疫情与合同不能正常履行、损害事实之间的因果关系，根据疫情造成民事义务履行障碍的具体情况，坚持“原因与责任相适应”原则，结合个案情况，准确核实疫情对当事人之间的权利义务关系是否构成影响和影响的程度，综合判断各方当事人承担责任的比例，避免以疫情为名规避责任或者获取不当利益。

合同各方当事人在疫情期间应基于诚实信用原则采取适当措施防止损失扩大。一方当事人因未及时履行通知义务，造成对方损失，相对方请求损害赔偿责任的，未及时履行通知义务的一方应承担相应损害赔偿责任。一方当事人违约后，对方没有采取适当措施致使损失扩大的，不得就扩大的损失要求赔偿。双方当事人均尽到了注意义务，一方当事人在疫情前为履行合同做必要准备而产生的成本损失，应结合个案情况由双方当事人合理分担。

第26章　与疫情相关侵权责任纠纷的法律适用

民事侵权责任纠纷的法律适用主要集中于《民法总则》《侵权责任法》等民事法律部门。新冠肺炎疫情的特殊时期，法院在裁判过程中，都会更加着重考虑公共利益原则在特殊时期的适用。

150. 疫情防控期间的封闭隔离是否是限制人身自由?

此次疫情防控期间，各地政府纷纷启动应急措施，很多小区实施封闭，相关人员被要求居家隔离或被集中收治隔离。对于这种限制人身自由的行为，受影响的人能否以限制人身自由，侵害身体健康为由，要求管控者承担侵权责任?

【解答】一般不能。

【分析】为了应对此次新冠肺炎疫情，国家卫生健康委员会已决定采取甲类传染病的预防、控制措施。根据我国传染病防治法的规定，在我国境内的一切单位和个人，有义务接受疾病预防控制机构、医疗机构有关传染病的调查、检验、采集样本、隔离治疗等预防、控制措施，如实提供有关情况，医疗机构也有权对病人、病原携带者，予以隔离治疗，隔离。为防止疫情传播扩散，各地疫情防控指挥部也先后出台了一系诸如封闭小区、限制人员流动的措施，为隔离行为提供了权力依据。

就对疫情防控的需要与公民人身自由权的保障这一矛盾，各地法院也发布了一些指导意见，为了保护公共利益，保障更多人的生命健康权，这些意见都倾向认为疫情防控需要的法律价值高于公民人身自由权，例如广西高院民一庭在《关于妥善审理涉新冠肺炎疫情相关民事纠纷的指导意见》中指出：因疫情防控需要根据有关规定对新冠肺炎确诊患者、疑似人员和密切接触者等采取隔离、治疗等管控措施引发的人身损害赔偿纠纷，当事人以违法限制其人身自由，侵害其身体健康为由，要求管控者承担侵权责任的，一般不予支持。

相反，如果疫情期间因不遵守相关管理规定，不配合依法履行公务人员的要求，殴打、辱骂、威胁防控人员，冲击、破坏防控设施的，受害人和受害单位可提起民事诉讼并要求加害人承担赔礼道歉、赔偿损失等民事责任。严重的，加害人可能承担妨害公务、故意伤害罪的刑事责任。

【典型案例】叶某妨害公务案——拒不配合疫情防控管理暴力袭警。（来源：最高人民法院发布第一批依法惩处妨害疫情防控犯罪典型案例）

【案情介绍】2020年2月2日17时许，被告人叶某驾车载其舅父和胞兄途经湖北省崇阳县新冠肺炎防控指挥部金塘镇寒泉村疫情检测点时，工作人员要求叶某等人检测体温。叶某等人拒绝检测，辱骂工作人员并用车辆堵住检测点，后经人劝导移开，工作人员报警。当日18时许，崇阳县公安局金塘派出所所长张某某带领民警万某、辅警姜某等人到叶某家传唤其接受调查，叶某拒绝并用拳头殴打张某某、姜某等人，其亲属亦撕扯、推搡民警，阻碍民警依法传唤叶某。经鉴定，被害人张某某、姜某损伤程度均为轻微伤。

【判决结果】 湖北省崇阳县人民法院经审理认为，被告人叶某在疫情防控期间，拒不配合防控管理，以暴力方法阻碍人民警察执行公务，致二人轻微伤，其行为构成妨害公务罪，应依法从重处罚。叶某有坦白情节，且认罪认罚。综合其犯罪情节，于2020年2月10日以妨害公务罪判处被告人叶某有期徒刑一年三个月。

【相关法律法规】

《中华人民共和国传染病防治法》第十二条："在中华人民共和国领域内的一切单位和个人，必须接受疾病预防控制机构、医疗机构有关传染病的调查、检验、采集样本、隔离治疗等预防、控制措施，如实提供有关情况。"

第三十九条："医疗机构发现甲类传染病时，应当及时采取下列措施：（一）对病人、病原携带者，予以隔离治疗，隔离期限根据医学检查结果确定；（二）对疑似病人，确诊前在指定场所单独隔离治疗；（三）对医疗机构内的病人、病原携带者、疑似病人的密切接触者，在指定场所进行医学观察和采取其他必要的预防措施。拒绝隔离治疗或者隔离期未满擅自脱离隔离治疗的，可以由公安机关协助医疗机构采取强制隔离治疗措施。"

151. 被感染肺炎的损害赔偿问题

被传染了新冠肺炎，能否向传播者主张损害赔偿？

【解答】 原则上不能，但有例外。

【分析】除了法律规定的几类特殊类型外，一般侵权责任的认定应以行为人的过错作为构成要件，被感染者如果没有证据证明肺炎传播者主观上存在故意或是过失，或没有办法证明被感染与传播者的行为存在着法律上的因果关系，则不能认定传播者对被感染者构成侵权，因此不能向其主张损害赔偿。大多数情形下，病毒传播者在主观上并不存在恶意，有时甚至不知道自己已经感染了新冠肺炎，与其接触而被传染的人因此患病的，不能向其主张损害赔偿。

但也不是任何情形下病毒传播者都不会对他人构成侵权。如果有证据证明肺炎传播者在明知自身处于确诊感染、疑似感染或者感染新冠肺炎高度可能的情况下仍未依照政府部门防控要求履行相应行为，则可能对他人构成侵权，情节严重的，可能构成故意伤害或以危险方法危害公共安全罪定罪处理。

根据《最高人民法院、最高人民检察院、公安部、司法部关于依法惩治妨害新型冠状病毒感染肺炎疫情防控违法犯罪的意见》的规定，在疫情防控期间，故意伤害医务人员造成轻伤以上的严重后果，或者对医务人员实施撕扯防护装备、吐口水等行为，致使医务人员感染新型冠状病毒的，依照刑法第二百三十四条的规定，以故意伤害罪定罪处罚。

【相关法律法规】

1.《中华人民共和国侵权责任法》第六条："行为人因过错侵害他人民事权益，应当承担侵权责任。"

2.《中华人民共和国刑法》第二百三十四条："故意伤害他人身体的，处三年以下有期徒刑、拘役或者管制。犯前款罪，致人重伤的，处三年以上十年以下有期徒刑；致人死亡或者以特别残忍手段致人重伤造成严重残疾的，处十年以上有期徒刑、无期徒刑或者死刑。本法另有规定的，依照规定。”

152. 关于疫情防控期间姓名权、隐私权的问题

疫情防控期间，疾病预防控制机构、医疗机构能否采集、公布相关人员的信息？

【解答】基于疫情防控需要，防控、医疗机构可以采集、公布相关人员信息，但不得侵犯他人隐私。

【分析】根据我国传染病防治法，各级疾病预防控制机构、医疗机构在传染病预防控制中可以收集、分析和报告传染病监测信息，并又相关部门向社会公布，但不得泄露涉及个人隐私的有关信息、资料。

因此，基于疫情防控需要，如果疾病预防控制机构、医疗机构根据相关规定和防控举措要求，在合理的范围内收集、公布相关人员等信息，相关人员以此为由起诉侵犯其姓名权、隐私权的，法院一般不予支持，或在更加着重考虑公共利益原则在特殊时期的适用的前提下予以裁判。但上述机构及工作人员，因非法泄露个人隐私信息造成他人损害的，应承担民事侵权责任。

【相关法律法规】

《中华人民共和国传染病防治法》第十二条：“疾病预防控制机构、医疗机构不得泄露涉及个人隐私的有关信息、资料。”

第六十八条：“疾病预防控制机构违反本法规定，有下列情形之一的，由县级以上人民政府卫生行政部门责令限期改正，通报批评，给予警告；对负有责任的主管人员和其他直接责任人员，依法给予降级、撤职、开除的处分，并可以依法吊销有关责任人员的执业证书；构成犯罪的，依法追究刑事责任：

（五）故意泄露传染病病人、病原携带者、疑似传染病病人、密切接触者涉及个人隐私的有关信息、资料的。”

第六十九条：“医疗机构违反本法规定，有下列情形之一的，由县级以上人民政府卫生行政部门责令改正，通报批评，给予警告；造成传染病传播、流行或者其他严重后果的，对负有责任的主管人员和其他直接责任人员，依法给予降级、撤职、开除的处分，并可以依法吊销有关责任人员的执业证书；构成犯罪的，依法追究刑事责任：（七）故意泄露传染病病人、病原携带者、疑似传染病病人、密切接触者涉及个人隐私的有关信息、资料的。”

153. 关于疫情防控期间发布不当言论的责任承担问题

在疫情防控期间发布不当言论，侮辱、诽谤、诋毁确诊患者、疑似人员、治愈人员或参与疫情防控工作人员的行为，将如何承担责任？

【解答】对于疫情期间通过互联网、微信朋友圈等公开渠道散布不实信息，对特定人员发动的言论攻击行为，构成侵权的，受害人可提起民事诉讼，要求加害人承担停止侵害、恢复名誉、消除影响、赔礼道歉、赔偿损失等民事责任。在个案中，要根据侵权的构成要件进行具体分析判断。

【分析】新冠肺炎确诊病人、疑似病人、治愈病人的人格尊严同样受法律保护，禁止用侮辱、诽谤、歧视等方式损害其合法权益，否则按侵权责任法的规定承担民事侵权责任。对于奋战在“抗疫”第一线医务工作者、社区工作者、民警、战士，他们为治疗患者与控制疫情的扩散做出了极大的贡献，他们的名誉权、荣誉权也不得侵犯。

非常时期，人们对发布的消息十分敏感，对于相关言论，在确定其是否构成谣言或诽谤时，需要结合具体情况进行判断，综合分析发布者的目的和意图，以及言论的影响程度，如果仅是针对疫情防控的善意提醒，且没有造成实质性的不良影响，就不能向其主张损害赔偿。

【案例摘要】吴某某、刘某某名誉权纠纷案中，安徽省安庆市中级人民法院认为刘某某在朋友圈中及微信群中发表言论等行为和宋某某、王某某分别在微信群中发表言论等行为，虽带有过激猜测夸大言论，有不实之处，但该过激猜测夸大言论并未明确提及吴某某，并无侵害吴某某名誉权的情形。

【案情介绍】安徽省安庆市中级人民法院（2019）皖08民终1565号民事判决书，2019年7月16日。上诉人（原审原告）：吴某某；被上诉人（原审被告）：刘某某、宋某某、王某某等。

2018年9月，安徽省南陵、宣州部分县区发生非洲猪瘟疫情，疫情得到政府有效规范处置。2018年9月17日，安徽省政府发出紧急通知启动非洲猪瘟疫情Ⅰ级应急响应，要求各地各部门要按照《安徽省非洲猪瘟疫情应急预案实施方案》的要求，全面进入临战状态，全力抓好疫情防控工作。2018年11月15日凌晨，太湖县市场监督管理局、县农业综合执法大队等部门人员来到新仓镇冷鲜猪肉经销商吴甘凤家巡查时，发现门前停有一辆冷藏厢式货车里挂满片状猪肉，门前地面单层货架上也摆放有片状猪肉，执法人员迅速核查检查中发现，货车司机私自随车携带127千克无检疫证明的生猪产品（当天已依法依规无害化处理）。县农委、新仓镇政府、县畜牧兽医局等有关负责人接报后也到达现场。上述检查行为，引起部分被告在内的群众围观、议论、拍照等并在微信等网络媒体发布图片及视频的行为。

刘某某于 2018 年 11 月 15 日在微信朋友圈中发表："各位亲戚朋友注意！近一个星期别在全县的各个卖肉摊点买肉，因为昨天也就是 2018 年 11 月 14 号，花园农贸和小池大石有批发商进来一批病猪肉，大约有 30 吨之多！如果发现瘦肉颜色不鲜，肥膘和肉皮带黄色，略带臭味，千万不要买！这批猪肉病人吃了绝对有害，切记切记!"。并配发有摆放多条半边生猪肉图片一张。宋某某（微信名"笑口常开"）于 2018 年 11 月 15 日在微信朋友圈中发表"这两天你们不要去农贸市场大湖市场买肉吃有病毒"；并在"新仓养猪户群（163）"微信群里以"笑口常开"的网名发表言论"我们 12 点半来抓非洲猪瘟肉，猪身上的应章都是假的,"，"刚刚到的猪肉全部是发口蹄疫的猪肉"，并配发有生猪肉图片及视频。

王某某于 2018 年 11 月 15 日在"太湖新仓抗非养殖合作社(150)"微信群里以"王者归来（结友生态养殖场）"的网名发表言论："各位养殖户，昨晚新仓小池经过一夜战斗，已初战告捷，已截获两车违法猪肉，请互相转告，速派人守候。""地点在农贸，金鸡。""昨晚辛苦了大家，一夜未眠，需要换他们休息。"

原告以被告的上述网络言论及发布视频、图片的行为，侵犯了其名誉权，并对侵犯原告商业名誉造成了经济损失，为此起诉，要求各被告因侵犯原告名誉，赔礼道歉、在微信群里辟谣，并分别承担精神损害赔偿；要求各被告对其侵犯原告商业名誉所造成的经济损失进行赔偿；要求各被告共同购回原告该批腌制猪肉。

【裁判观点】 以书面、口头形式宣扬他人的隐私，或者捏造事实公然丑化他人人格，以及用侮辱、诽谤等方式损害他人名誉，造成一定影响的，应当认定为侵害公民名誉权的行为。本案纠纷发生时，太湖县正处于安徽省防控非洲猪瘟疫情Ⅰ级应急响应期间，刘某某在朋友圈中及微信群中发表言论等行为和宋某某、王某某分别在微信群中发表言论等行为，提醒消费者不要购买病死猪肉，虽对太湖县市场、新仓镇农贸市场流动的生鲜猪肉有病死猪肉，带有过激猜测夸大言论，有不实之处，但该过激猜测夸大言论并未明确提及吴某某，并无侵害吴甘凤名誉权的情形。吴某某提交的证据亦不足以证明其他被上诉人对其名誉权造成侵害。吴某某要求各被上诉人承担侵权责任于法无据。

【相关法律法规】

《中华人民共和国侵权责任法》第二条："侵害民事权益，应当依照本法承担侵权责任。"

第十五条："承担侵权责任的方式主要有：（一）停止侵害；（二）排除妨碍；（三）消除危险；（四）返还财产；（五）恢复原状；（六）赔偿损失；（七）赔礼道歉；（八）消除影响、恢复名誉。以上承担侵权责任的方式，可以单独适用，也可以合并适用。"

第27章　与疫情防控相关的刑事责任法律适用

本次新冠肺炎疫情暴发以来，举国上下齐心协力、众志成城，全力投入抗击疫情阻击战。在这一特殊时期，为依法惩治妨害预防、控制突发传染病疫情等灾害的犯罪活动，保障预防、控制突发传染病疫情等灾害工作的顺利进行，贯彻落实《中央全面依法治国委员会关于依法防控新型冠状病毒感染肺炎疫情、切实保障人民群众生命健康安全的意见》，最高人民法院、最高人民检察院、公安部、司法部于 2 月 6 日联合发布《关于依法惩治妨害新型冠状病毒感染肺炎疫情防控违法犯罪的意见》（以下称《意见》），为法律适用标准提出要求。最高人民检察院公布了四批妨害新冠肺炎疫情防控犯罪的典型案例，指导各级司法机。

其实在“非典”肺炎疫情暴发时期，两高两部就曾出台过关于惩治疫情相关犯罪的司法解释，而本次新冠疫情期间的违法犯罪行为相较于“非典”时期，又存在着区别。据最高人民检察院涉疫情防控检察业务领导小组办公室主任、第一检察厅厅长苗生明说，本次涉疫情违法犯罪案件相较于“非典”时期，在发案量、罪名分布、犯罪手段上都存在着不同。

为了指导各级司法机关准确适用相关法律，做到统一裁判，最高人民检察院随后公布了四批妨害新冠肺炎疫情防控犯罪的典型案例，本章将结合这些典型案例，为读者解析与疫情防控相关的刑事法律是如何适用的。

154. 妨害公务行为的法律适用

【典型案例】四川省仁寿县王某妨害公务案。［来源：全国检察机关依法办理妨害新冠肺炎疫情防控犯罪典型案例（第二批）］

【案情介绍】2020 年 1 月 24 日，四川省委、省政府决定在全省启动突发公共卫生事件一级应急响应。仁寿县及下属各乡镇、街道和相关部门按照要求成立了疫情防控指挥、领导机构。

2 月 4 日 14 时许，被告人王某在仁寿县普宁街道一门市上班时，普宁街道办事处负责疫情防控的工作人员廖某、邓某与县委政法委工作人员杨某、方某等人按照当地新冠肺炎疫情联防联控工作指挥部安排，在旁边的小区外拉警戒带，设置卡点，测量小区进出人员体温，以确保进出人员平安。因王某停放的四轮电瓶车挡住卡点进出口通道，廖某等人向其表明疫情防控工作人员身份后，要求王某配合防疫工作将车挪走。王某先是称电瓶没电，打不着火，在廖某表示愿意帮忙推车后，又说廖某等人不是交警，无权要求其挪车。廖某等人向王某解释疫情防控工作要求，王某觉得廖某等人大惊小怪，没有必要搞那么严重，一边用手指着廖某，一边辱骂其“拿着鸡毛当令箭”。廖某要求其配合工作不准骂人后，王某愈发激动，趁廖某不备挥拳击打其脸部，致其面部软组织挫伤。为避免现场秩序混乱，廖某等人上前制止王某，将其摁住。王某仍用手不停抓挠廖某脸部，在其脸上抓出几道血痕。现场工作人员报警，民警赶到现场依法将王某抓获并立案。

2月5日，仁寿县人民检察院采用电话、视频方式提前介入本案，引导侦查机关及时调取了政府疫情防控相关文件、案发现场监控视频等证明案件事实的关键证据。2月10日，仁寿县公安局将本案移送检察机关审查起诉。仁寿县人民检察院审查认为，本案事实清楚，证据确实、充分，王某到案后如实供述，自愿认罪，符合认罪认罚从宽制度的适用条件。王某在检察机关讯问、告知诉讼权利并释法说理后，在值班律师在场且提供法律帮助的情况下，签署认罪认罚具结书并同意适用速裁程序。仁寿县人民检察院当日以妨害公务罪适用速裁程序提起公诉。

【判决结果】2月11日上午，仁寿县人民法院远程开庭审理本案，并当庭宣判，采纳了检察机关指控的事实、罪名及量刑建议，以妨害公务罪判处王某拘役四个月。

【法律适用】 以暴力、威胁方法阻碍国家机关工作人员（含在依照法律、法规规定行使国家有关疫情防控行政管理职权的组织中从事公务的人员，在受国家机关委托代表国家机关行使疫情防控职权的组织中从事公务的人员，虽未列入国家机关人员编制但在国家机关中从事疫情防控公务的人员）依法履行为防控疫情而采取的防疫、检疫、强制隔离、隔离治疗等措施的，依照刑法第二百七十七条第一款、第三款的规定，以妨害公务罪定罪处罚。暴力袭击正在依法执行职务的人民警察的，以妨害公务罪定罪，从重处罚。

按照最高检的意见，首先，对于妨害公务对象的认定，因疫情具有突发性、广泛性，为了最大限度防控疫情，各级政府需要组织动员居（村）委会、社区工作人员等落实防控职责，实施管控措施。因此，对于符合意见规定的三类人员的，均属于妨害公务行为的对象。其次，对于妨害公务行为的认定，对于妨害公务人员实施与防疫、检疫、强制隔离、隔离治疗等措施密切相关行为的，应认定为妨害公务行为。

【相关法律法规】

《中华人民共和国刑法》第二百七十七条："以暴力、威胁方法阻碍国家机关工作人员依法执行职务的，处三年以下有期徒刑、拘役、管制或者罚金。以暴力、威胁方法阻碍国家机关工作人员依法执行职务的，处三年以下有期徒刑、拘役、管制或者罚金。"

155. 寻衅滋事行为的法律适用

【典型案例】 河北省隆尧县赵某某寻衅滋事案。［来源：全

国检察机关依法办理妨害新冠肺炎疫情防控犯罪典型案例（第二批）]

【案情介绍】2020 年 2 月 1 日上午，隆尧县固城镇乡观村村干部刘某某、白某某按照县政府疫情防控工作要求，在村中大街巡逻劝返聚集聊天的村民，当路过被告人赵某某家门口时，刘某某要求赵某某“别在门口聚集了，现在疫情这么严重，回家吧”。赵某某对劝解不满，遂借故以村委会未经其同意粉刷其家外墙（当时赵某某外出打工，其父母同意，且此前赵某某未提及过此事），以要求恢复原貌为由与刘某某发生争执，后被家人拉回家中。2 月 2 日上午 8 时许，赵某某再次以此事为由携带尖刀和烟花弹“震天雷”到村委会扬言自杀闹事。其家人及亲戚和在场的村干部进行劝解，但赵某某情绪激动，一直用尖刀抵住颈部扬言自杀，并让所有人不得进入村委会办公室。9 时许，在固城镇政府开会的刘某某得知消息后随即到镇派出所报案，并与派出所民警一起赶到村委会。公安民警到场后赵某某情绪更加激动，继续用尖刀抵住颈部威胁自杀。13 时许，隆尧县公安局特警赶到现场增援，在与赵某某交谈试图逐步接近时，赵某某扔掉尖刀欲点燃随身携带的烟花弹“震天雷”，当即被公安特警果断制服。期间，大量村民长时间聚集围观议论，秩序十分混乱，严重干扰了村委会疫情防控工作。

2 月 2 日，隆尧县公安局对赵某某以涉嫌寻衅滋事罪立案侦查并采取刑事拘留措施。同日，隆尧县人民检察院迅速派员提前介入，采取电话沟通、视频连线、查阅电子案卷等方式，与公安机关就案件定性、完善证据等方面进行沟通交流。2 月 5 日下午，公安机关向检察机关提请批准逮捕。2 月 6 日，检察机关依法对赵某某作出批准逮捕决定。2 月 7 日，案件侦查终结移送审查起诉。检察机关经与看守所、法院、值班律师沟通协调，决定采取视频连线方式保障值班律师为赵某某提供法律帮助。案件承办检察官依法提讯了赵某某，告知其权利义务及认罪认罚从宽制度，值班律师通过视频连线解答了赵某某的法律咨询，通过释法说理，赵某某认罪认罚、真诚悔罪，自愿签署了《认罪认罚具结书》，同意适用速裁程序。2 月 10 日，检察机关经审查依法向法院提起公诉。

【判决结果】 2 月 12 日，征得赵某某同意后，隆尧县人民法院采用三方（法院、检察院、被告人）互联网视频方式、适用速裁程序审理该案并当庭宣判，采纳了检察机关量刑建议，以寻衅滋事罪判处赵某某有期徒刑六个月，赵某某当庭表示认罪服判不上诉。

【法律适用】 在疫情防控期间，司法机关对于针对防控疫情有关人员实施的违法犯罪行为，扰乱疫情防控正常工作的，采取的是依法从严的政策。在具体案件中，这些行为将作为从重情节予以考虑。意见指出，在疫情防控期间，故意伤害医务人员造成轻伤以上的严重后果，或者对医务人员实施撕扯防护装备、吐口水等行为，致使医务人员感染新型冠状病毒的，依照刑法第二百三十四条的规定，以故意伤害罪定罪处罚。随意殴打医务人员，情节恶劣的，依照刑法第二百九十三条的规定，以寻衅滋事罪定罪处罚。采取暴力或者其他方法公然侮辱、恐吓医务人员，符合刑法第二百四十六条、第二百九十三条规定的，以侮辱罪或者寻衅滋事罪定罪处罚。

【相关法律法规】

《中华人民共和国刑法》第二百三十四条："故意伤害他人身体的，处三年以下有期徒刑、拘役或者管制。犯前款罪，致人重伤的，处三年以上十年以下有期徒刑；致人死亡或者以特别残忍手段致人重伤造成严重残疾的，处十年以上有期徒刑、无期徒刑或者死刑。本法另有规定的，依照规定。”

第二百四十六条：“以暴力或者其他方法公然侮辱他人或者捏造事实诽谤他人，情节严重的，处三年以下有期徒刑、拘役、管制或者剥夺政治权利。前款罪，告诉的才处理，但是严重危害社会秩序和国家利益的除外。通过信息网络实施第一款规定的行为，被害人向人民法院告诉，但提供证据确有困难的，人民法院可以要求公安机关提供协助。”

第二百九十三条：“有下列寻衅滋事行为之一，破坏社会秩序的，处五年以下有期徒刑、拘役或者管制：（一）随意殴打他人，情节恶劣的；（二）追逐、拦截、辱骂、恐吓他人，情节恶劣的；（三）强拿硬要或者任意损毁、占用公私财物，情节严重的；（四）在公共场所起哄闹事，造成公共场所秩序严重混乱的。纠集他人多次实施前款行为，严重破坏社会秩序的，处五年以上十年以下有期徒刑，可以并处罚金。”

156. 生产、销售假冒不合格口罩行为的法律适用

【典型案例】浙江义乌邵某某、毛某某涉嫌销售伪劣产品案。[来源：全国检察机关依法办理妨害新冠肺炎疫情防控犯罪典型案例（第一批）]

【案情介绍】犯罪嫌疑人邵某某系外贸从业人员，得知新型冠状病毒肺炎疫情暴发市场急需口罩，便至义乌寻找货源转手卖出以赚取差价。1月25日，犯罪嫌疑人邵某某先后两次从田某某（另案处理）处购置劣质仿冒“3M”口罩共计2万个，并将上述口罩销售给犯罪嫌疑人毛某某，销售金额达18余万元。犯罪嫌疑人毛某某通过微信又将该批口罩出售给他人，销售金额20余万元。案发后，涉案劣质仿冒“3M”口罩在运输途中被截获。经浙江省轻工业品质量检验研究院国家纺织服装产品质量监督检验中心（浙江）检验，涉案口罩的标识、头带、过滤效率均不符合标准要求，系不合格产品。1月25日晚，义乌市公安局经群众举报及舆情监控，在义乌市江北下朱查获涉嫌销售劣质仿冒“3M”防护口罩的犯罪嫌疑人邵某某、毛某某等人，1月27日对犯罪嫌疑人邵某某、毛某某等人刑事拘留。义乌市人民检察院在犯罪嫌疑人邵某某、毛某某被刑拘当天即主动对接义乌市公安局，于1月28日提前介入该案，提出完善证据、后续侦查和追诉上家的意见，上家田某某于1月29日被抓获到案。义乌市公安局于1月30日将该案提请检察机关批准逮捕，义乌市人民检察院同日对犯罪嫌疑人邵某某、毛某某作出批准逮捕的决定，将以涉嫌销售伪劣产品罪提起公诉。

【法律适用】 在疫情防控期间，生产、销售伪劣的防治、防护产品、物资，符合刑法第一百四十条规定的，以生产、销售伪劣产品罪定罪处罚。

【相关法律法规】

《中华人民共和国刑法》第一百四十条：“生产者、销售者在产品中掺杂、掺假，以假充真，以次充好或者以不合格产品冒充合格产品，销售金额五万元以上不满二十万元的，处二年以下有期徒刑或者拘役，并处或者单处销售金额百分之五十以上二倍以下罚金；销售金额二十万元以上不满五十万元的，处二年以上七年以下有期徒刑，并处销售金额百分之五十以上二倍以下罚金；销售金额五十万元以上不满二百万元的，处七年以上有期徒刑，并处销售金额百分之五十以上二倍以下罚金；

销售金额二百万元以上的，处十五年有期徒刑或者无期徒刑，并处销售金额百分之五十以上二倍以下罚金或者没收财产。”

157. 哄抬物价谋取暴利行为的法律适用

【典型案例】 天津市津南区张某等人涉嫌非法经营案。［来源：全国检察机关依法办理妨害新冠肺炎疫情防控犯罪典型案例（第四批）］

【案情介绍】 犯罪嫌疑人张某、贾某系天津市某大药房连锁公司的实际控制人，犯罪嫌疑人苏某、王某分别系该公司下属药店的店长。2020年1月21日，张某、贾某决定提高公司下属药店所售疫情防护用品、药品的价格，趁疫情防控之机牟取暴利，并通知各店长执行。随后，该公司下属7家药店，大幅提高20余种疫情防护用品、药品的价格并对公众销售，其中将进价12元的口罩提价至128元，将疫情发生前售价2元的84消毒液提价至38元。从1月21日起至1月27日案发仅六天时间内，非法经营额达100余万元，严重扰乱当地的防疫秩序。

1月27日，天津市公安局津南分局接到津南区市场监督管理局的线索后立案侦查，并于次日将犯罪嫌疑人张某等人抓获归案，并对犯罪嫌疑人张某、贾某、苏某、王某等4人刑事拘留。公安机关立案后，津南区检察院第一时间介入侦查，先后四次与公安机关召开联席会议，建议公安机关及时固定涉案公司下属药店口罩、消毒液等物品的销售记录、出库单等证据，并对各药店销售情况进行审计，引导公安机关全面收集涉案证据。2月24日，天津市公安局津南分局对张某、贾某、苏某、王某等四人提请批准逮捕。津南区检察院通过网络远程提讯系统讯问了四名犯罪嫌疑人。经审查，张某等4人违反国家在预防、控制突发传染病疫情等灾害期间有关市场经营、价格管理等规定，哄抬物价、牟取暴利，严重扰乱市场秩序，情节严重，非法经营数额达一百余万元。当日，天津市津南区检察院决定对张某等 4 人以涉嫌非法经营罪批准逮捕。

【法律适用】 在疫情防控期间，违反国家有关市场经营、价格管理等规定，囤积居奇，哄抬疫情防控急需的口罩、护目镜、防护服、消毒液等防护用品、药品或者其他涉及民生的物品价格，牟取暴利，违法所得数额较大或者有其他严重情节，严重扰乱市场秩序的，依照刑法第二百二十五条第四项的规定，以非法经营罪定罪处罚。

【相关法律法规】

《中华人民共和国刑法》第二百二十五条："违反国家规定，有下列非法经营行为之一，扰乱市场秩序，情节严重的，处五年以下有期徒刑或者拘役，并处或者单处违法所得一倍以上五倍以下罚金；情节特别严重的，处五年以上有期徒刑，并处违法所得一倍以上五倍以下罚金或者没收财产：（一）未经许可经营法律、行政法规规定的专营、专卖物品或者其他限制买卖的物品的；（二）买卖进出口许可证、进出口原产地证明以及其他法律、行政法规规定的经营许可证或者批准文件的；（三）未经国家有关主管部门批准非法经营证券、期货、保险业务的，或者非法从事资金支付结算业务的；（四）其他严重扰乱市场秩序的非法经营行为。"

158. 骗取捐赠行为的法律适用

【典型案例】 广东揭阳蔡某涉嫌诈骗案。［来源：全国检察机关依法办理妨害新冠肺炎疫情防控犯罪典型案例（第一批）］

【案情介绍】 犯罪嫌疑人蔡某通过新闻媒体获悉近期湖北武汉等地发生新型冠状病毒感染肺炎疫情，遂产生利用疫情骗取群众爱心捐款的意图。2020年1月27日，蔡某使用其个人身份信息，通过互联网注册了名为“武汉市慈善会”的微信公众号，并使用其下载、修改的武汉市慈善总会会徽对微信公众号进行修饰、伪装。“武汉市慈善会”公众号开通后，陆续有多名群众通过网络搜索到该公众号并进行关注，部分群众通过该公众号的对话功能咨询捐款事宜。蔡某在微信对话中欺骗咨询群众说公众号的捐款功能还在完善中，暂时无法直接捐款，并误导群众通过扫描其本人提供的微信支付“二维码”进行捐款。1月27日16时至22时间，共有112名群众通过该方式向蔡某个人微信支付账户累计转入人民币八千八百余元，其中最大一笔为人民币三千元。蔡某在取得诈骗钱款后，大部分提现至其本人银行账户，后又转入到其本人的支付宝账户中，所得钱款被蔡某用于购买笔记本电脑等消费。

1月28日晚，广东省揭阳市公安局接被害人报警后于次日立案侦查，并在重庆市奉节县抓获犯罪嫌疑人蔡某。1月30日，犯罪嫌疑人蔡某被刑事拘留。揭阳市人民检察院于2月4日提前介入该案，提出补充相关证据材料，完善证据链条等意见建议。2月5日，揭阳市公安局提请揭阳市人民检察院审查逮捕。2月6日，揭阳市人民检察院审查认为，犯罪嫌疑人蔡某以非法占有为目的，冒充慈善机构通过互联网骗取数额较大的公私财物，其行为符合刑法第二百六十六条诈骗罪规定，涉嫌构成诈骗罪，同时考虑到犯罪嫌疑人在“武汉市慈善会”公众号因人举报被腾讯公司注销后，再次申请两个冒充慈善机构的公众号，可以认定其“可能实施新的犯罪”，依法对其批准逮捕。

【法律适用】 在疫情防控期间，假借研制、生产或者销售用于疫情防控的物品的名义骗取公私财物，或者捏造事实骗取公众捐赠款物，数额较大的，依照刑法第二百六十六条的规定，以诈骗罪定罪处罚。

【相关法律法规】

《中华人民共和国刑法》第二百六十六条："诈骗公私财物，数额较大的，处三年以下有期徒刑、拘役或者管制，并处或者单处罚金；数额巨大或者有其他严重情节的，处三年以上十年以下有期徒刑，并处罚金；数额特别巨大或者有其他特别严重情节的，处十年以上有期徒刑或者无期徒刑，并处罚金或者没收财产。本法另有规定的，依照规定。"

159. 造谣行为的法律适用

【典型案例】 辽宁省鞍山市赵某某涉嫌编造、故意传播虚假信息案。[来源：全国检察机关依法办理妨害新冠肺炎疫情防控犯罪典型案例（第二批）]

【案情介绍】 犯罪嫌疑人赵某某系无业人员，自 2018 年开始购置警用装备，并多次在社交平台发布其穿戴警用装备的视频冒充警察。2020 年 1 月 26 日，赵某某为满足虚荣心，扩大网络影响力，将自己身着警服的照片设为微信头像，同时将微信昵称设为"鞍山交警小龙"，并在微信朋友圈发布信息称："鞍山交警小龙温馨提示大家！今天鞍山市城市公交车！全部停运！从明天开始长途客运站停止营运所有长途汽车！今晚我值班由我带队出去执勤！今晚从半夜 12 点开始！由我带队在鞍山所有的高速公路口全城封闭！所有的车辆不准进入我们鞍山！""鞍山市今晚全城开始封路！请广大司机朋友们！没事请不要出门了"，并配发多张警察执勤图片。该条信息发布后，被多名网友转发至朋友圈和微信群，大量市民向相关部门电话咨询，鞍山市交通管理局接听95人次，鞍山市8890民生服务平台接听24人次，110接警中心接听78人次，引发社会不良影响，影响疫情防控工作的正常秩序。案发后，鞍山市铁西区人民检察院第一时间启动重大敏感案件快速反应工作机制，掌握案件进展与取证情况，就证据调取、适用法律问题与公安机关充分交换意见。2020年2月10日，铁西区人民检察院对犯罪嫌疑人赵某某以编造、故意传播虚假信息罪批准逮捕。

【法律适用】 在疫情防控期间，编造虚假的疫情信息，在信息网络或者其他媒体上传播，或者明知是虚假疫情信息，故意在信息网络上或者其他媒体上传播，严重扰乱社会秩序的，依照刑法第二百九十一条之一第二款的规定，以编造、故意传播虚假信息罪定罪处罚。

编造虚假信息，或者明知是编造的虚假信息，在信息网络上散布，或者组织、指使人员在信息网络上散布，起哄闹事，造成公共秩序严重混乱的，依照刑法第二百九十三条第一款第四项的规定，以寻衅滋事罪定罪处罚。

利用新型冠状病毒感染肺炎疫情，制造、传播谣言，煽动分裂国家、破坏国家统一，或者煽动颠覆国家政权、推翻社会主义制度的，依照刑法第一百零三条第二款、第一百零五条第二款的规定，以煽动分裂国家罪或者煽动颠覆国家政权罪定罪处罚。

网络服务提供者不履行法律、行政法规规定的信息网络安全管理义务，经监管部门责令采取改正措施而拒不改正，致使虚假疫情信息或者其他违法信息大量传播的，依照刑法第二百八十六条之一的规定，以拒不履行信息网络安全管理义务罪定罪处罚。

【相关法律法规】

《中华人民共和国刑法》第二百九十一条之一：“编造虚假的险情、疫情、灾情、警情，在信息网络或者其他媒体上传播，或者明知是上述虚假信息，故意在信息网络或者其他媒体上传播，严重扰乱社会秩序的，处三年以下有期徒刑、拘役或者管制；造成严重后果的，处三年以上七年以下有期徒刑。”

第二百九十三条：“有下列寻衅滋事行为之一，破坏社会秩序的，处五年以下有期徒刑、拘役或者管制：……（四）在公共场所起哄闹事，造成公共场所秩序严重混乱的。”

第一百零三条：“煽动分裂国家、破坏国家统一的，处五年以下有期徒刑、拘役、管制或者剥夺政治权利；首要分子或者罪行重大的，处五年以上有期徒刑。”

第一百零五条：“以造谣、诽谤或者其他方式煽动颠覆国家政权、推翻社会主义制度的，处五年以下有期徒刑、拘役、管制或者剥夺政治权利；首要分子或者罪行重大的，处五年以上有期徒刑。”

第二百八十六条之一：“网络服务提供者不履行法律、行政法规规定的信息网络安全管理义务，经监管部门责令采取改正措施而拒不改正，有下列情形之一的，处三年以下有期徒刑、拘役或者管制，并处或者单处罚金：（一）致使违法信息大量传播的；（二）致使用户信息泄露，造成严重后果的；（三）致使刑事案件证据灭失，情节严重的；（四）有其他严重情节的。”

第 28 章 传染病防控的适用法律问题

160. 妨害传染病防治的法律适用

违反传染病防治法律规定，拒不配合防治工作，造成新冠肺炎疫情扩散的，承担怎样的责任？

【解答】 视情节轻重可能承担民事赔偿、行政处罚或是刑事责任。

【典型案例】 田某某妨害传染病防治案——隐瞒武汉旅居史致多人被隔离观察。（来源：最高人民法院第一批 10 个依法惩处妨害疫情防控犯罪典型案例）

【案情介绍】 2019 年 12 月 22 日，被告人田某某乘坐火车从山东济宁前往湖北武昌打工。2020 年 1 月 9 日，田某某乘坐火车辗转湖北荆州、汉口、河南商丘等地后，返回山东成武县大田集镇家中。1 月 20 日，田某某出现发热、干咳等症状，即到本村卫生室就诊。1 月 22 日，田某某到大田集镇医院就诊，被诊断为肺炎。医护人员询问其是否有武汉旅居史，田某某隐瞒到过武昌、汉口的事实，谎称从石家庄返回家中。1 月 23 日，田某某到成武县人民医院就诊，医护人员询问其近期是否到过武汉，其仍故意隐瞒到过武昌、汉口的事实，被收治于该院呼吸内科普通病房。1 月 25 日，田某某在医护人员得知其有汉口旅居史再次询问时，仍予以否认，在被诊断疑似患有新冠肺炎而转入感染科隔离治疗过程中，不予配合并要求出院。1 月26 日，田某某被确诊患有新冠肺炎。因田某某违反新冠肺炎疫情防控相关规定，故意隐瞒从武昌、汉口返乡的事实，造成医护人员及同病房病人共 37 人被隔离观察。

【判决结果】山东省成武县人民法院经审理认为，被告人田某某违反传染病防治法规定，在国家卫生健康委员会宣布对新冠肺炎采取甲类传染病预防、控制措施后，明知应当报告武汉旅居史，却故意隐瞒，拒绝配合医护人员采取防治措施，造成新型冠状病毒传播的严重危险，致 37 人被隔离观察，其行为构成妨害传染病防治罪，应依法惩处。田某某如实供述自己的犯罪事实，认罪认罚。据此，于 2020 年 3 月 1 日以妨害传染病防治罪判处被告人田某某有期徒刑十个月。

【相关法律法规】

《中华人民共和国刑法》第三百三十条："违反传染病防治法的规定，有下列情形之一，引起甲类传染病传播或者有传播严重危险的，处三年以下有期徒刑或者拘役；后果特别严重的，处三年以上七年以下有期徒刑：……（四）拒绝执行卫生防疫机构依照传染病防治法提出的预防、控制措施的。"

161. 新冠肺炎患者或疑似病人传播病毒的法律适用问题

已经确诊的新冠肺炎病人、病毒携带者或者疑似病人拒绝治疗和隔离的，将承担什么责任？

【解答】对于以上人员，如果拒绝隔离治疗或隔离器未满擅自脱离治疗，并进入公共场所或乘坐公共交通工具的，根据其造成的危险程度，可能被以危险方法危害公共安全罪定罪处罚。

前一问题的适用对象为一般主体，而本问题的适用对象为特殊主体，即已确诊的病人、病毒携带者。由于此类人群具有更高的传染性，如果放任其在公共场合与他人接触，无疑会造成更严重的危险，因此相对于妨害传染病防治罪而言，对其科以更加严厉的罪名。对于已经确诊的新冠肺炎患者，由于其传播病毒的能力最强，社会危险程度更高，因此只要有拒绝隔离治疗或者隔离期未满擅自脱离隔离治疗并出入公共场合或乘坐公共交通工具的行为，就构成以危险方法危害公共安全，而不问是否造成危害结果或实际的危险。对于疑似病人，由于其尚未确诊，社会危险程度相对较低，因此只有在其拒绝隔离治疗或者隔离期未满擅自脱离隔离治疗，有出入公共场合或乘坐公共交通工具的行为，并造成了造成新型冠状病毒传播的，才以以危险方法危害公共安全罪对其定罪处罚。

对于其他主体而言，只有拒绝执行卫生防疫机构依照传染病防治法提出的防控措施，引起新型冠状病毒传播或者有传播严重危险的，才能构成以妨害传染病防治罪。

【典型案例】 四川南充孙某某涉嫌妨害传染病防治案。[来源：全国检察机关依法办理妨害新冠肺炎疫情防控犯罪典型案例（第一批）]

【案情介绍】 2020年1月20日，湖北武汉市某医院从事护工工作的孙某某随妻子、儿子、儿媳和孙女驾车返回四川省南充市嘉陵区吉安镇。1月21日，孙某某在嘉陵区吉安镇3社吃坝坝席，期间接触多人。1月22日，孙某某出现发热咳嗽症状，其儿子开车送其到李渡医院就诊，后孙某某乘坐客车从李渡返回吉安老家，车上接触多人。1月23日上午，孙某某病情恶化，其子开车将其送至南充市中心医院嘉陵院区就诊，医生怀疑其疑似“新型冠状病毒感染者”，让其隔离治疗，孙某某不听劝阻悄悄逃离医院，并乘坐客车返回吉安镇，车上接触多人。1月23日14时许，工作人员将孙某某强制隔离治疗。其在被确诊和收治隔离后，仍隐瞒真实行程和活动轨迹，导致疾控部门无法及时开展防控工作，大量接触人员未找回。现 21 人被隔离观察，吉安镇 2 社、3 社、4 社三个社区被隔离观察。2 月 5 日，南充市公安局嘉陵区分局对孙某某涉嫌妨害传染病防治一案立案侦查。南充市嘉陵区人民检察院第一时间派员提前介入，引导侦查取证。

【判决结果】 截止本书撰稿时该案尚未宣判，按照《关于依法惩治妨害新型冠状病毒感染肺炎疫情防控违法犯罪的意见》精神，孙某某的行为可能构成妨害传染病防治最甚至是以危险方法危害公共安全罪。

【法律适用】 故意传播新型冠状病毒感染肺炎病原体，具有下列情形之一，危害公共安全的，依照刑法第一百一十四条、第一百一十五条第一款的规定，以以危险方法危害公共安全罪定罪处罚：

1. 已经确诊的新型冠状病毒感染肺炎病人、病原携带者，拒绝隔离治疗或者隔离期未满擅自脱离隔离治疗，并进入公共场所或者公共交通工具的；

2. 新型冠状病毒感染肺炎疑似病人拒绝隔离治疗或者隔离期未满擅自脱离隔离治疗，并进入公共场所或者公共交通工具，造成新型冠状病毒传播的。

其他拒绝执行卫生防疫机构依照传染病防治法提出的防控措施，引起新型冠状病毒传播或者有传播严重危险的，依照刑法第三百三十条的规定，以妨害传染病防治罪定罪处罚。

【相关法律法规】

《中华人民共和国刑法》第一百一十四条：“放火、决水、爆炸以及投放毒害性、放射性、传染病病原体等物质或者以其他危险方法危害公共安全，尚未造成严重后果的，处三年以上十年以下有期徒刑。”

第一百一十五条：“放火、决水、爆炸以及投放毒害性、放射性、传染病病原体等物质或者以其他危险方法致人重伤、死亡或者使公私财产遭受重大损失的，处十年以上有期徒刑、无期徒刑或者死刑。”

第三百三十条：“违反传染病防治法的规定，有下列情形之一，引起甲类传染病传播或者有传播严重危险的，处三年以下有期徒刑或者拘役；后果特别严重的，处三年以上七年以下有期徒刑：……（四）拒绝执行卫生防疫机构依照传染病防治法提出的预防、控制措施的。”

162. 境外回国瞒报的法律责任

疫情期间从境外回国，瞒报行程不主动隔离的，将面临怎样的责任？

【解答】视情节轻重可能面临行政责任或刑事责任。

进入 3 月以后，新冠肺炎疫情在我国境内已得到有效的控制，但放眼全球，形势依然十分严峻，包括美国、德国、意大利等国在内的确诊病例已达数万，这就导致我国目前疫情防控的焦点从内防扩散转向外防输入。

目前，全国各地已经纷纷建立入境人员的隔离防控措施，要求入境人员及时主动申报自身状况和移动轨迹，并接受隔离。然而，仍有个别人出于害怕或是侥幸心理瞒报行程，逃避隔离，造成了极大的卫生安全隐患。

为了杜绝这一现象的发生，最高人民法院、最高人民检察院、公安部、司法部、海关总署日前联合印发《关于进一步加强国境卫生检疫工作　依法惩治妨害国境卫生检疫违法犯罪的意见》。根据该意见，检疫传染病染疫人或者染疫嫌疑人拒绝隔离、不如实填报健康申明卡等，可按妨害国境卫生检疫罪定罪处罚，对于违反国境卫生检疫法及其实施细则，尚不构成犯罪的行为，依法给予行政处罚。

该意见列举了六类妨害国境卫生检疫行为，分别是：1. 检疫传染病染疫人或者染疫嫌疑人拒绝执行海关依照国境卫生检疫法等法律法规提出的健康申报、体温监测、医学巡查、流行病学调查、医学排查、采样等卫生检疫措施，或者隔离、留验、就地诊验、转诊等卫生处理措施的行为；2. 检疫传染病染疫人或者染疫嫌疑人采取不如实填报健康申明卡等方式隐瞒疫情，或者伪造、涂改检疫单、证等方式伪造情节的行为；3. 知道或者应当知道实施审批管理的微生物、人体组织、生物制品、血液及其制品等特殊物品可能造成检疫传染病传播，未经审批仍逃避检疫，携运、寄递出入境的行为；4. 出入境交通工具上发现有检疫传染病染疫人或者染疫嫌疑人，交通工具负责人拒绝接受卫生检疫或者拒不接受卫生处理的行为；5. 来自检疫传染病流行国家、地区的出入境交通工具上出现非意外伤害死亡且死因不明的人员，交通工具负责人故意隐瞒情况的行为；6. 其他拒绝执行海关依照国境卫生检疫法等法律法规提出的检疫措施的行为。实施上述行为，引起鼠疫、霍乱、黄热病以及新冠肺炎等国务院确定和公布的其他检疫传染病传播或者有传播严重危险的，依照刑法第三百三十二条的规定，以妨害国境卫生检疫罪定罪处罚。

针对此次疫情防控而言，前两种行为是重点查处和防控的对象。全国各地海关、公安机关也重点查处并通报了一批典型的案例。

【典型案例】 宁夏中宁丁某某嫌妨害国境卫生检疫案

【案情介绍】 中宁县确诊新冠肺炎人员丁某某于2020年2月下旬自伊朗返回国内。经查，丁某某入境时存在涉嫌违反《中华人民共和国刑法》《中华人民共和国国境卫生检疫法》的情形，现以涉嫌妨害国境卫生检疫罪予以立案，截至3月14日中宁县公安局警情通报发布，该案目前正在进一步调查中。

【相关法律法规】

《中华人民共和国刑法》（2017年修正）第三百三十二条："违反国境卫生检疫规定，引起检疫传染病传播或者有传播严重危险的，处三年以下有期徒刑或者拘役，并处或者单处罚金。单位犯前款罪的，对单位判处罚金，并对其直接负责的主管人员和其他直接责任人员，依照前款的规定处罚。"

163. 外国人不配合防疫的法律处理

因为国外防疫形势紧张，而中国疫情形势缓和，有些外国人选择来中国躲避疫情，但是有些外国人不配合中国的防疫措施，对于他们，依法如何处理？

【解答】 对不配合防疫的外国人，可能不准入境或注销居留许可限期离境。

【分析】 1. 不准入境。关于不配合防疫的情形主要有：未持有效出境入境证件或者拒绝、逃避接受边防检查的；患有严重精神障碍、传染性肺结核病或者有可能对公共卫生造成重大危害的其他传染病的；可能危害中国国家安全和利益、破坏社会公共秩序或者从事其他违法犯罪活动的。有不准入境情形的，可以遣送出境。

2. 注销或者收缴出境入境证件，限期离境。签证、外国人停留居留证件等出境入境证件发生损毁、遗失、被盗抢或者签发后发现持证人不符合签发条件等情形的，由签发机关宣布该出境入境证件作废。公安机关可以对前款规定的或被他人冒用的出境入境证件予以注销或者收缴。未在规定期限内离境的，可以遣送出境。

【相关法律法规】

《中华人民共和国出境入境管理法》第二十一条："外国人有下列情形之一的，不予签发签证：（一）被处驱逐出境或者被决定遣送出境，未满不准入境规定年限的；（二）患有严重精神障碍、传染性肺结核病或者有可能对公共卫生造成重大危害的其他传染病的；（三）可能危害中国国家安全和利益、破坏社会公共秩序或者从事其他违法犯罪活动的；（四）在申请签证过程中弄虚作假或者不能保障在中国境内期间所需费用的；（五）不能提交签证机关要求提交的相关材料的；（六）签证机关认为不宜签发签证的其他情形。

对不予签发签证的，签证机关可以不说明理由。"

第二十五条："外国人有下列情形之一的，不准入境：（一）未持有效出境入境证件或者拒绝、逃避接受边防检查的；（二）具有本法第二十一条第一款第一项至第四项规定情形的；（三）入境后可能从事与签证种类不符的活动的；（四）法律、行政法规规定不准入境的其他情形。

对不准入境的，出入境边防检查机关可以不说明理由。"

第六十二条："外国人有下列情形之一的，可以遣送出境：（一）被处限期出境，未在规定期限内离境的；（二）有不准入境情形的；（三）非法居留、非法就业的；（四）违反本法或者其他法律、行政法规需要遣送出境的。

其他境外人员有前款所列情形之一的，可以依法遣送出境。被遣送出境的人员，自被遣送出境之日起一至五年内不准入境。”

第六十七条：“签证、外国人停留居留证件等出境入境证件发生损毁、遗失、被盗抢或者签发后发现持证人不符合签发条件等情形的，由签发机关宣布该出境入境证件作废。伪造、变造、骗取或者被证件签发机关宣布作废的出境入境证件无效。公安机关可以对前款规定的或被他人冒用的出境入境证件予以注销或者收缴。”